# 하루 만에 끝내는 제미나이 활용법

된다!

AI 활용 전문 강사 **권서림** 지음

이지스 퍼블리싱

능력과 가치를 높이고 싶다면
**된다!** 시리즈를 만나 보세요.
당신이 성장하도록 돕겠습니다.

# 된다! 하루 만에 끝내는 제미나이 활용법
Gotcha! How to Use Gemini That Ends in a Day

**초판 발행** • 2025년 11월 17일
**초판 4쇄** • 2025년 12월 31일

**지은이** • 권서림
**펴낸이** • 이지연
**펴낸곳** • 이지스퍼블리싱(주)
**출판사 등록번호** • 제313-2010-123호
**주소** • 서울특별시 마포구 잔다리로 109 이지스빌딩 3층(우편번호 04003)
**대표전화** • 02-325-1722 | **팩스** • 02-326-1723
**홈페이지** • www.easyspub.co.kr | **Do it! 스터디룸 카페** • cafe.naver.com/doitstudyroom
**인스타그램** • instagram.com/easyspub_it | **엑스(구 트위터)** • x.com/easys_IT
**페이스북** • facebook.com/easyspub

**총괄** • 최윤미 | **기획 및 책임편집** • 이수경 | **기획편집 1팀** • 임승빈, 이수경, 지수민 | **교정교열** • 박명희
**표지 디자인** • 김근혜 | **본문 디자인** • 김근혜, 트인글터 | **인쇄** • 미래피앤피 | **마케팅** • 권정하
**독자지원** • 박애림, 이세진, 김수경 | **영업 및 교재 문의** • 이주동, 김요한(support@easyspub.co.kr)

- 잘못된 책은 구입한 서점에서 바꿔 드립니다.
- 이 책에 실린 모든 내용, 디자인, 이미지, 편집 구성의 저작권은 이지스퍼블리싱(주)와 지은이에게 있습니다.



**ISBN** 979-11-6303-787-3 13000
**가격** 20,000원

**시간이 모든 것을 해결해 줄 것이라 기대하지 말고,
시간을 주도하라.**
We must use time as a tool, not as a crutch.

_ 미국 제35대 대통령 존 F. 케네디
(John F. Kennedy)

# AI 역량을 끌어올리는 건 기본!
# 생산성을 높여 소중한 시간을 확보하세요!

동료들이 AI를 활용하면서 시간을 아끼고 업무 결과물이 좋아졌다는 이야기를 듣고 AI를 적극 사용하기 시작했습니다. 물론 저도 처음에는 무수히 많은 AI 가운데 무엇을 선택하고 어떻게 활용해야 할지 막막했는데요. 챗GPT, 클로드를 제치고 제미나이를 선택한 이유는 구글의 다양한 서비스와 유연하게 연동되고 지속적으로 발전한다는 장점 때문이었습니다.

실제로 제미나이와 함께 구글에서 제공하는 노트북LM과 구글 AI 스튜디오를 적극 사용하면서 작업 시간을 단축했을 뿐만 아니라 결과물의 질도 눈에 띄게 향상되었습니다. 컨설턴트, 강사, 작가 그리고 대학원생으로 바삐 활동하며 업무부터 일상생활까지 대부분의 작업에 이 도구들을 활용하게 되었고, 그 활용법을 궁금해하는 분들께 저만의 비결을 공유하고 싶어 이 책을 집필했습니다.

 **업무부터 일상생활까지 모든 순간에 활용할 수 있는 70가지 예제 수록!**
**AI를 처음 사용해도 따라 하기 쉽게 설명합니다!**

AI를 처음 써보는 독자도 쉽게 따라 할 수 있도록, 제미나이가 어떤 서비스이고 회원 가입은 어떻게 하는지 쉽고 간단하게 소개합니다. 회사에서 보고서를 작성하거나 유튜브 콘텐츠를 활용하는 방법부터 PC에 문제가 생겼을 때 해답을 얻는 방법까지 손길이 닿는 모든 곳에 제미나이를 활용하는 내용을 전부 담았습니다. 책에서 소개하는 프롬프트 예제 70가지로 대화를 나누다 보면 어느덧 제미나이를 쉽게 다룰 수 있을 거예요. 아울러 생성형 AI의 필수 개념인 환각 현상을 줄이는 방법도 설명해서 제미나이의 활용도를 훨씬 더 높였습니다.

 **언제 어디서나 실시간으로 문제 해결!**
**스마트폰에서 제미나이를 활용하는 방법도 배워 가세요!**

스마트폰의 앱을 사용하면 언제 어디서든 제미나이를 활용할 수 있습니다. 이제 라이브 모드를 사용해 카메라로 눈앞의 문제를 비추거나 스마트폰 화면을 공유하며 대화할 수 있을 거예요. @을 입력하여 구글 캘린더, 지메일 등 다양한 구글 앱을 연동해서 생산성을 높이는 방법도 실습에서 자세히 안내하니 꼭 따라 해보길 바랍니다.

### 노트북LM과 구글 AI 스튜디오로 업무력 200% 상승!
### 이미지, 오디오, 동영상, 앱 모두 무료로 만들 수 있어요!

제미나이를 유료로 구독하지 않아도 오디오와 동영상 파일을 무료로 만들 수 있는 방법도 알려 드립니다. 특히 노트북LM을 사용하면 직접 선정한 자료를 활용해서 새로운 형태의 콘텐츠를 생성할 수 있고 링크를 통해 다른 구성원에게 쉽게 공유할 수 있습니다. 사내 정보가 담긴 문서나 학교 수업에서 다룬 자료를 특정 인원에게 배포할 때 매우 유용하죠. 또, 구글 AI 스튜디오에서 나노 바나나를 이용해 완성도 높은 이미지를 만들고, 사진을 영상으로 탈바꿈하는 방법도 수록했습니다. 이 2가지만 추가로 익히면 제미나이와 함께 압도적인 시너지를 낼 수 있습니다.

### 잠깐! 〈1분 완성 퀴즈〉로 복습하고 넘어가세요!
### 배운 내용을 응용할 수 있는 〈AI 활용 능력 점검〉으로 실력 완성!

절이 끝나는 부분에는 〈1분 완성 퀴즈〉가 있어서 제미나이를 제대로 학습했는지 스스로 확인할 수 있습니다. 옳은 표현에 동그라미 표시를 하며 내용을 한 번 더 복습해 보세요. 또, 장이 끝날 때마다 〈AI 활용 능력 점검〉에서 문제를 직접 해결하며 응용력을 높여 보세요. 어떤 과업도 거뜬하게 풀어 나갈 수 있는 능력이 자연스럽게 길러집니다.

AI를 활용하는 방법에 절대 정답은 없습니다. 하지만 이 책 한 권만 떼면 AI를 여러분의 업무와 일상에 충분히 접목할 수 있다고 자신합니다. 제미나이와 구글 AI 서비스를 익혀 역량을 한 단계 끌어올리고 생산성을 높여 소중한 여유 시간을 확보하길 바랍니다.

앞으로 업데이트될 제미나이와 구글 AI의 새로운 소식과 정보는 제가 운영하는 블로그(blog.naver.com/open_lab)에서 살펴볼 수 있습니다. 궁금한 점이 있다면 언제든지 찾아와 소통해 주세요. 여러분 모두 AI를 성공적으로 활용해 나갈 수 있기를 진심으로 응원합니다.

권서림 드림

### ✦ AI에게 일 시키는 방법을 터득할 수 있어요!

AI 시대를 잘 살아가고 싶은 직장인이라면 이제 이 책이 나왔으니 걱정하지 않아도 됩니다. 손이 많이 가는 업무를 제미나이에게 맡기면 우리는 더 가치 있는 일에 집중할 수 있어서 퇴근 걱정을 하지 않아도 됩니다. 이 책을 펴는 순간 AI에게 일 시키는 방법을 터득할 수 있겠다는 자신감이 생길 거예요.

— HD현대일렉트릭 **박주남** 연구원

### ✦ 제미나이의 모든 것을 체계적으로 정리해 놓은 교과서 같은 책!

최근 연구 현장에서 제미나이와 노트북LM의 활용도가 매우 높아졌습니다. 이 책은 제미나이의 기본 기능부터 프롬프트, 실제 활용 사례, 그리고 AI를 사용할 때 주의할 사항까지 체계적으로 정리해 놓아 단연코 제미나이 교과서라 할 수 있습니다. 연구자뿐만 아니라 실무에서 제미나이를 활용하고자 하는 일반 독자들에게도 유용한 지침서가 될 것입니다.

— 서울대학교 지구환경과학부 **박인우** 박사

### ✦ 이제 제미나이를 일상, 업무, 학습 전반에 활용할 수 있어요!

강사님의 제미나이와 노트북LM 활용법 강의를 들은 후 과제는 물론 취업 준비, 시험 공부에 효율을 높이고 좋은 성과도 낼 수 있었습니다. 이 책에는 일상생활은 물론 업무, 학습에 필요한 제미나이 활용 노하우가 모두 정리되어 있어요. 앞으로 제미나이를 어떻게 적용할지 고민될 때 찾아보는 제미나이 기본서로 추천합니다.

— 저자의 제미나이 강의를 수강한 대학생

# 이 책의 구성

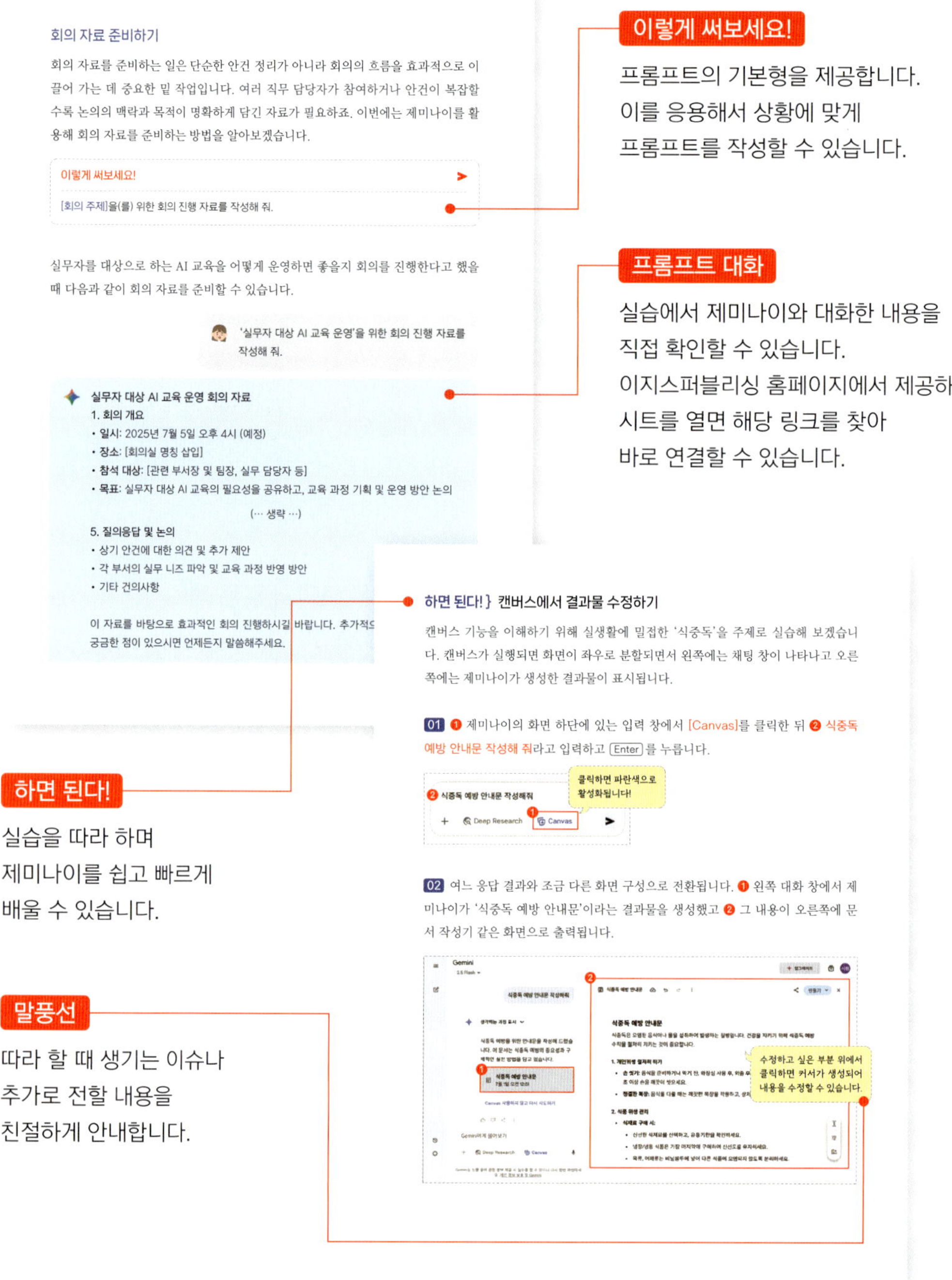





프롬프트의 기본형을 제공합니다.
이를 응용해서 상황에 맞게
프롬프트를 작성할 수 있습니다.



실습에서 제미나이와 대화한 내용을
직접 확인할 수 있습니다.
이지스퍼블리싱 홈페이지에서 제공하는
시트를 열면 해당 링크를 찾아
바로 연결할 수 있습니다.



실습을 따라 하며
제미나이를 쉽고 빠르게
배울 수 있습니다.



따라 할 때 생기는 이슈나
추가로 전할 내용을
친절하게 안내합니다.

그러므로 제미나이가 정보를 처리하고 응답하는 방법과 그럴듯하지만 사실이 아닌
정보를 제공하는 이유, 그리고 프롬프트를 어떻게 입력하느냐에 따라 결과물에 어떤
차이가 발생하는지 등의 원리를 이해하는 것이 매우 중요합니다. 또한 정보의 정확도
가 중요한 업무일수록 생성된 결과물을 그대로 사용하기보다 한 번 더 확인하고 직접
판단한 다음에 활용해야 한다는 걸 잊어서는 안 됩니다.

> **여기서 잠깐!** AI는 늘 신중하게 이용하세요!
>
> AI로 생성한 결과물이 여러 분야에 활발하게 사용되고 있지만 아직 저작권이나 책임에 대한 명
> 확한 법적 기준이 마련되지 않은 상태입니다. 따라서 사용자 스스로 AI를 신중하고 보수적으로
> 이용하는 태도를 가져야 합니다. 결과물을 생성하는 과정에서 단순한 프롬프트로 AI에게 전적으
> 로 의존하기보다 프롬프트를 상세하게 설계하고 보완해 가며 결과물을 생성해 나가는 것이 바람
> 직합니다.
> 그리고 AI가 생성한 결과가 100% 정확하지 않을 수 있으니 결과물을 중요한 상황이나 공개적
> 인 용도로 사용하는 경우 반드시 한 번 더 검토해야 합니다. 이때 제미나이의 [대답 재확인] 기능
> 을 사용하여 크로스 체크하는 것도 좋은 방법입니다.

프롬프트를 효과적으로 작성하는 방법은 둘째마당의 실습에서 자세하게 다루므로,
여기서는 프롬프트가 무엇이고 구체적으로 적는 게 어떤 건지 정도만 이해하고 넘어
가겠습니다. 02장에서는 제미나이의 기능을 좀 더 꼼꼼히 살펴보고 프롬프트를 효과
적으로 작성하는 노하우를 알아보겠습니다.

> **✏️ 1분 완성 퀴즈** | 제미나이를 사용할 때 알아 두어야 할 개념 3가지
>
> ❶ 제미나이를 비롯한 생성형 AI는 사용자가 입력한 프롬프트를 이해하고
>    반으로 그럴듯한 답변을 생성해 주므로 환각 현상이 일어나기 쉽다.
> ❷ 제미나이의 '(대답 재확인/사실 확인)' 기능을 이용하면 환각 현상의 0
> ❸ 생성형 AI를 이용할 때 하나의 대화 창에서 사용할 수 있는 (토큰/글자 4
>    따라서 질문하거나 요청하는 내용의 주제가 다르다면 새로운 채팅 창을 열
> ❹ 제미나이는 프롬프트를 (간단하게/구체적으로) 입력할수록 원하는 결
>    준다.

## 제미나이와 다양한 주제로 대화해 보기

제미나이와 자유롭게 대화하며 다음 미션을 수행해 보세요. 각 주제별로 질문과 답변을 최소 5
번 이상 주고받는 것을 목표로 합니다.

**미션 1  나만의 맞춤 여행 계획하기**

가족 또는 친구와의 2박 3일 여행 계획을 세워 보세요.
힌트 휴양, 관광, 맛집 탐방 등 선호하는 여행 스타일과 예산을 구체적으로 입력하면 더 구체적으로 계획을 수립
할 수 있습니다.

**미션 2  오늘 뭐 먹지? 맞춤 메뉴 추천받기**

집에 있는 재료를 제시하고 해당 재료로 만들 수 있는 메뉴를 추천받으세요.
힌트 요리 실력이나 조리 시간, 원하는 맛 등을 추가로 알려 주면 더 최적의 메뉴를 제안받을 수 있습니다.

**미션 3  영화 주인공과 가상 인터뷰하기**

특정 영화나 애니메이션 속 캐릭터를 명확하게 지정해서 가상의 자기소개를 요청해 보세요.
첫 질문으로는 "자기소개를 부탁해"라고 요청합니다.

✦ 답안 예시는 00쪽에서 확인할 수 있습니다.

---

**여기서 잠깐!**

본문을 좀 더 자세하게 보충하는
저자의 노하우를 살펴볼 수 있습니다.

**1분 완성 퀴즈**

절이 끝날 때마다 옳은 것에 표시하며
학습한 내용을 복습할 수 있습니다.

**AI 활용 능력 점검**

장이 끝날 때마다 실력을
점검할 수 있는 코너입니다.
미션을 혼자서도 해낸다면
AI 자격증을 딴 것과 다름없어요!

# 차례

## 둘째마당 ✦ 업무와 일상에서 제대로 활용하기

# 제미나이 '하루 정복' 계획표

이 계획표를 따라 하면 생성형 AI가 처음이어서 생소했던 일반인 누구라도 '하루' 만에 제미나이에 입문할 수 있습니다. 이 책과 함께 지금 당장 시작해 보세요!

| 구분 | 학습 내용 | 학습 범위 |
|---|---|---|
| 1교시 | 제미나이 이해하고 시작하기 | 01장 |
| 2교시 | 제미나이의 캔버스, 딥 리서치 기능 사용해 보고 구글 연동하기 | 02장 |
| 3교시 | 이메일 번역해 보고 제품 SWOT 분석해서 보고서 작성하기 | 03장 |
| 4교시 | 블로그 글 주제 추천받고 이미지 만들어 글 완성하기 | 04장 |
| 5교시 | 일상생활에서 궁금한 점 물어보고 취업 서류 준비하기 | 05장 |
| 6교시 | 스마트폰으로 주변 사물 찍어 정보 물어보기 | 06장 |
| 7교시 | 노트북LM과 구글 AI 스튜디오로 다양한 콘텐츠 만들기 | 07장 |

##  저자의 유튜브 강의와 함께 보세요!

제미나이를 좀 더 쉽게 공부하고 싶은 독자 분들을 위해 저자의 특별 강의를 무료로 제공합니다.

▶ **유튜브 채널 링크:** youtube.com/@ai_njob

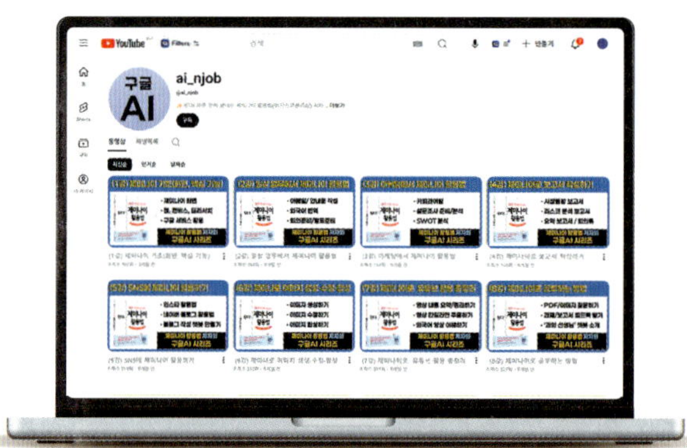

## 프롬프트 링크를 복사해서 사용하세요!

실습에서 제미나이와 대화한 내용은 이지스퍼블리싱 홈페이지에서 제공하는 프롬프트 링크 모음 시트에 모아 두었습니다. 다음처럼 프롬프트 링크 모음 시트에서 링크에 접속하면 책 속 대화 내용을 자세히 살펴볼 수 있습니다.

🔗 **제미나이 프롬프트 링크 모음:** bit.ly/easys_gemini

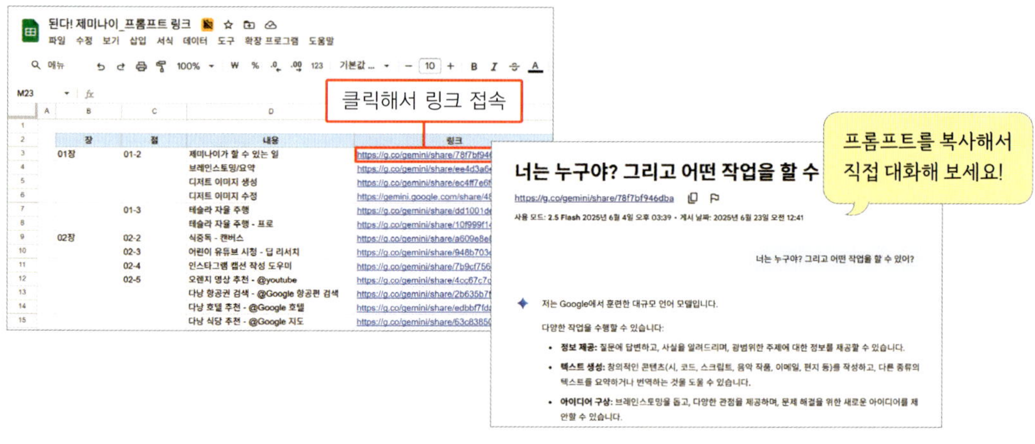

# 구글 제미나이 가볍게 시작하기

챗GPT에 익숙해졌나요? 아직 생성형 AI 세계에 발을 들여놓지 않았다고요? 어떤 경우든 상관없습니다. AI를 배운 적이 없어도 쉽게 이해할 수 있도록 제미나이가 어떤 서비스인지부터 차근차근 소개합니다. 또, 제미나이를 효과적으로 사용할 수 있는 상황과 활용법까지 구체적으로 안내하니 따라오기만 하면 됩니다. 부담은 덜어 놓고 제미나이를 가볍게 시작해 보겠습니다.

# '01
# 안녕,
# 제미나이!

최근에 인공지능(Artificial Intelligence, AI)을 다루는 수많은 전문가들은 챗GPT를 뛰어넘는 경쟁 서비스로 '제미나이'를 소개합니다. 제미나이(Gemini)는 구글에서 제공하는 생성형 AI입니다. 단순히 질문에 답하고 보고서를 작성해 주는 수준을 넘어, 사용자 개인의 상황에 맞춰 다양한 작업을 능동적으로 지원해 주는 디지털 비서 역할을 하죠. 업무, 학업, 일상생활 등 갖가지 상황에서 우리가 더 효율적이고 똑똑하게 살아갈 수 있도록 도와주는 유용한 도구 '제미나이'를 지금부터 알아보겠습니다.

# 제미나이는 왜 써야 하나요?

## 구글에서 개발한 챗GPT의 대항마, 제미나이!

제미나이는 구글이 개발한 생성형 AI 서비스입니다. 구글의 '제미나이' 라는 대규모 언어 모델을 기반으로 사용자가 질문하면 답변을 해주죠. 요청 사항에 따라 텍스트, 이미지, 동영상을 생성해 주기도 합니다.

제미나이 로고

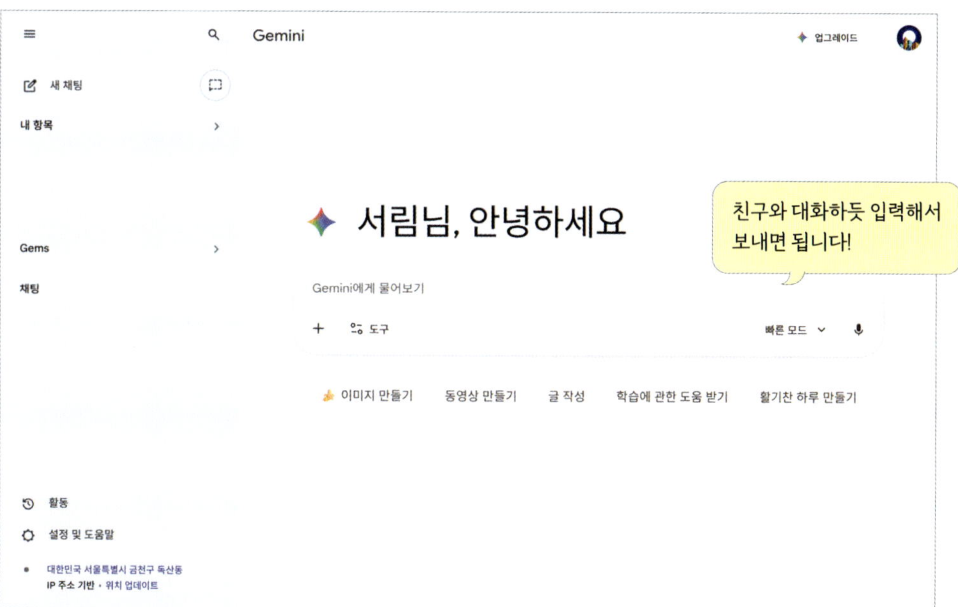


제미나이 시작 화면(gemini.google.com)

"제미나이라는 모델을 이용해서 만든 게 제미나이라고요?" 이해하기 좀 어렵죠? 구글에서는 제미나이, 구글 AI 스튜디오, 노트북LM, 구글 랩스 등 여러 가지 AI 서비스를 제공하는데, 이때 서비스의 뇌를 담당하는 기초 모델이 바로 제미나이입니다. 그리고 그 제미나이를 이용해서 출시한 서비스 가운데 채팅 방식으로 사용자의 요청을 받아 답변을 생성해 주는 '제미나이'가 있는 것이죠.

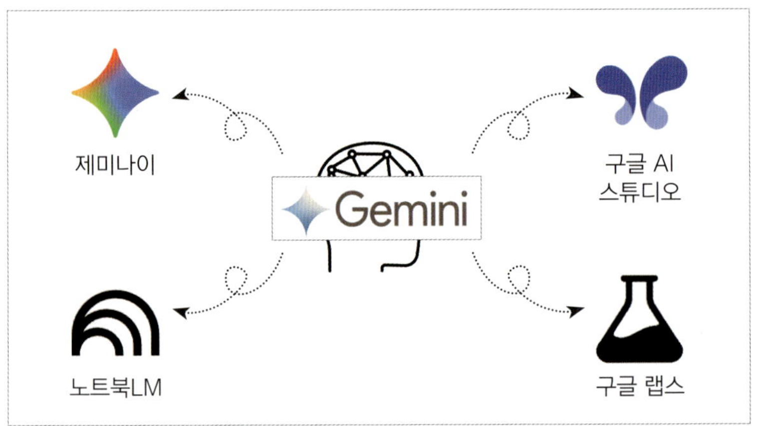


제미나이 모델을 사용하는 구글의 AI 서비스

쉽게 말해 제미나이는 구글에서 만든 생성형 AI 중 하나라고 생각하면 됩니다. 요즘은 의사결정과 문제해결, 상호작용과 더불어 코딩 이상의 복잡한 작업까지 스스로 이해하고 도와준다고 하여 제미나이를 'AI 에이전트(AI agent)'라고도 합니다.

제미나이는 사용자가 질문으로 작업을 요청하고 결과물을 얻을 수 있다는 점에서 챗GPT와 매우 흡사합니다. 그러나 제미나이는 구글 검색과 연동하여 최신 정보를 바탕으로 답변을 제공하며 그 답변조차 재검토해 주는 기능까지 갖추고 있어 여느 생성형 AI보다 정확도가 높은 편입니다. 그 밖에 구글의 다양한 서비스와 연동하여 사용자의 개인 비서 역할을 한다는 점에서도 크게 주목받고 있는데요. 제미나이의 강점을 좀 더 자세히 살펴보겠습니다.

## 범용성과 신뢰도를 모두 갖춘 무료 AI

2025년 12월 기준, 제미나이에서 제공하는 모델 중 가장 진보된 모델이라고 평가받는 제미나이 3 프로는 텍스트를 생성하는 것뿐만 아니라 코드를 작성하거나 이미지를 설명하고 데이터를 해석하는 등 복합적인 작업에서도 우수한 결과를 보여 줍니다. 그 덕에 제미나이는 제미나이 3와 나노 바나나 프로 모델이 공개된 이후 받는 관심과 비례하여 사용자 수가 지속해서 증가하고 있습니다.

제미나이는 챗GPT에서 제공하는 캔버스, 딥 리서치(deep research), 웹 검색, 맞춤형 챗봇 기능을 기본으로 탑재하고 있으면서도 그 성능이 매우 뛰어나 현재 여러 분야에서 회자되고 있습니다. 심지어 이 모든 기능을 '무료'로 사용할 수 있다는 것이 제미나이를 적극 추천하는 이유입니다.

✦ 제미나이 모델에 붙는 숫자는 모델의 세대를 의미하는데 1, 1.5, 2, 2.5를 지나 현재 3 버전을 출시했습니다.

제미나이는 구글의 전문 분야인 '웹 검색' 기능을 동원해 최신 정보까지 확인한 후 요청에 응답합니다. 게다가 '대답 재확인' 기능을 사용하면 생성된 결과물을 구글에서 다시 검색해 앞에서 놓친 부분을 재차 검토해 주는데요. 이 기능은 생성형 AI에서 거짓 답변을 제공하는 환각 현상(hallucination)을 ✦ 환각 현상은 01-4절에서 자세히 다룹니다. 줄일 수 있어서 매우 유용합니다.



제미나이의 '대답 재확인' 기능으로 출처를 확인하는 모습

이제 더 이상 여러 AI 서비스를 왔다 갔다 하지 않아도 제미나이 하나만으로 대부분의 작업을 빠르고 정확하게 처리할 수 있게 되었습니다. 앞으로 제미나이의 기능과 활용성은 더 좋아질 것으로 예상되니 이번 기회에 제미나이를 단짝 AI로 선택해 보세요.

## 구글 서비스와 연동되는 압도적인 편의성

제미나이를 추천하는 또 다른 중요한 이유는 **구글의 다양한 서비스와 강력하게 연동**된다는 점입니다. 우리는 이미 일상 깊숙이 구글의 서비스를 활용하고 있습니다. 정보를 찾을 때는 구글 검색을 이용하고, 이메일은 지메일로 주고받으며, 문서는 구글 독스에서 작성하고 공유합니다. 일정은 구글 캘린더로 관리하고, 자료나 사진은 구글 드라이브나 구글 포토에 저장하며, 유튜브를 통해 전 세계의 동영상을 시청하죠.

일상에서 자주 사용하는 대표적인 구글 서비스

이제 제미나이만 실행하면 구글 서비스를 편리하게 이용할 수 있습니다. 예를 들어 제미나이에서 작성한 문서를 구글 독스(Google Docs, 구글의 문서 도구)로 보내면 복사해서 옮기는 추가 작업을 하지 않아도 곧바로 문서로 만들 수 있습니다.

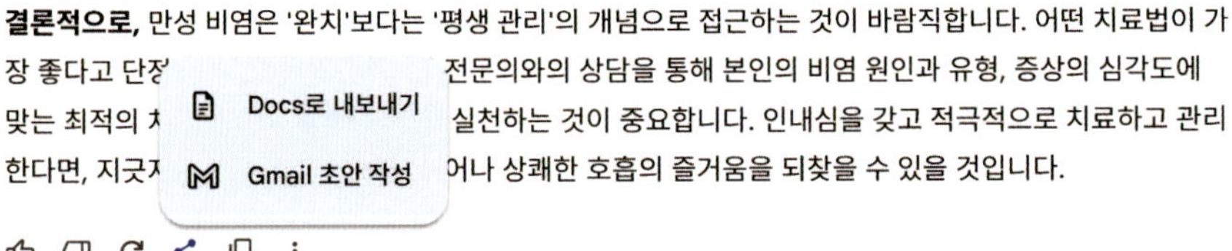


제미나이의 답변을 내보내는 방법 2가지

이뿐만 아니라 지메일에서 특정 주제로 주고받은 내용을 일일이 찾지 않아도 제미나이에게 요약해 달라고 요청할 수도 있고, 제미나이에서 이메일을 작성하고 지메일로 보내 전송할 수도 있습니다. 향후에는 사용자가 작성한 이메일 내용을 학습해서 사용자가 쓴 듯한 형식과 문체로 이메일을 작성해 주는 서비스를 제공할 예정이라고 합니다. 마찬가지로 구글 드라이브에 있는 수많은 파일에서 작업에 필요한 내용을 찾아서 요약해 주는 작업도 가능합니다.

또한 제미나이는 유튜브와 연동되므로 영상을 검색하거나 요약할 수 있고 타임라인을 추출할 수도 있는데요. 사용자가 유튜브 링크만 입력해도 영상의 내용을 아주 자세하게 또는 아주 간략하게 정리해 주기도 합니다.

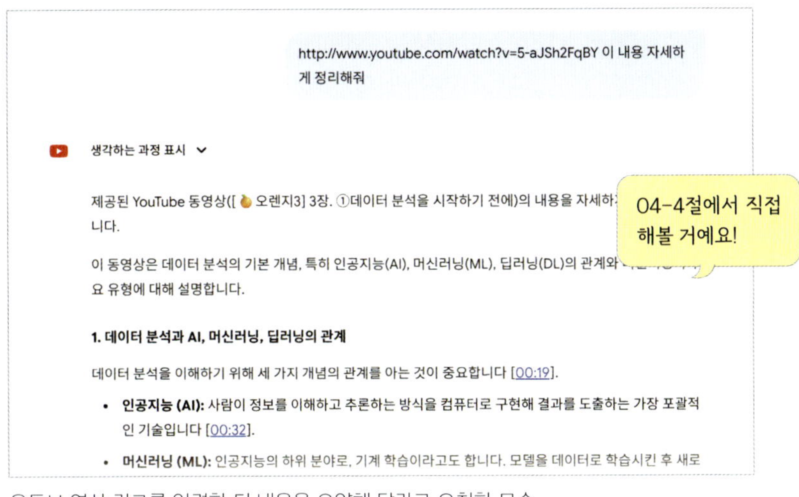


유튜브 영상 링크를 입력한 뒤 내용을 요약해 달라고 요청한 모습

따라서 제미나이는 **업무와 일상에서 구글 서비스를 이용하거나 유튜브에서 필요한 정보를 얻고 싶을 때 최고의 선택**이 될 수 있습니다. 지금은 꼭 필요한 기능은 아니라고 생각할 수도 있지만 시간이 흐르면서 지메일, 드라이브, 캘린더의 정보가 방대하게 축적되거나 N잡러가 되어 모든 상황을 일일이 챙길 수 없을 때 매우 유용할 것입니다. 앞으로 AI가 일상에 더 널리 사용된다면 제미나이는 나보다 나를 더 잘 아는 디지털 비서이자 동료가 되어 업무와 일상생활 전반을 더욱 편리하게 해줄 것입니다.

## 구글의 무궁무진한 AI 서비스 확장

구글에서는 제미나이 외에도 분야별로 최적화된 AI를 제공합니다. 보고서나 논문 PDF를 업로드해서 지식을 관리할 수 있도록 도와주는 **노트북LM**(NotebookLM), 다양한 AI 모델을 실험해 볼 수 있는 **구글 AI 스튜디오**(Google AI Studio)가 대표적입니다.

✦ 제미나이 모델을 활용한 구글의 AI는 07장에서 다룹니다.

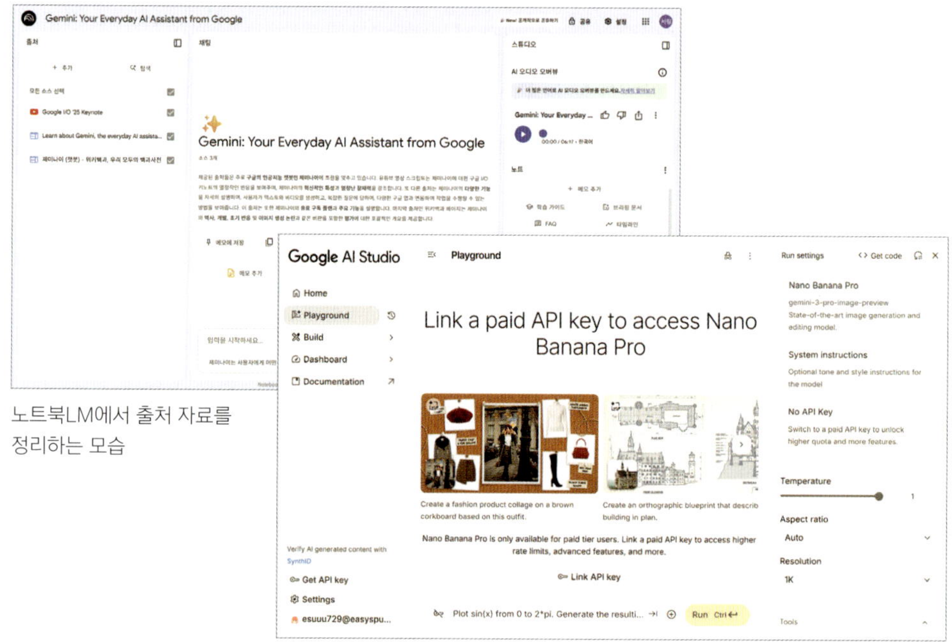

노트북LM에서 출처 자료를 정리하는 모습

구글 AI 스튜디오에서 이미지를 생성하는 모습

그리고 **구글 랩스**(Google Labs)에서는 여러 가지 AI 서비스를 베타(beta) 버전으로 제공하는데, 고화질 이미지를 생성할 수 있는 이미지FX, 이미지의 일관성을 유지하면서 가지각색의 이미지를 만들어 볼 수 있는 위스크(Whisk), 실제로 촬영한 듯한 수준의 영상을 만들어 주는 플로(Flow), 텍스트와 이미지를 입력하는 것만으로 UI를 디자인해 주는 스티치(Stitch) 등이 있습니다.

이 서비스들은 아직 베타 버전이므로 갑자기 중단되어 사용하지 못할 수 있습니다. 그러나 그 전까지는 무료로 마음껏 사용할 수 있으니 자유롭게 활용해 봐도 좋습니다. 최근에는 코딩 없이 자연어만으로 AI 기반의 미니 앱을 구축할 수 있는 오팔(Opal), 콘셉트 보드 형태의 이미지 생성·편집 AI인 믹스보드(Mixboard) 등 새로운 서비스도 계속 추가되고 있으니 체험해 보길 추천합니다.

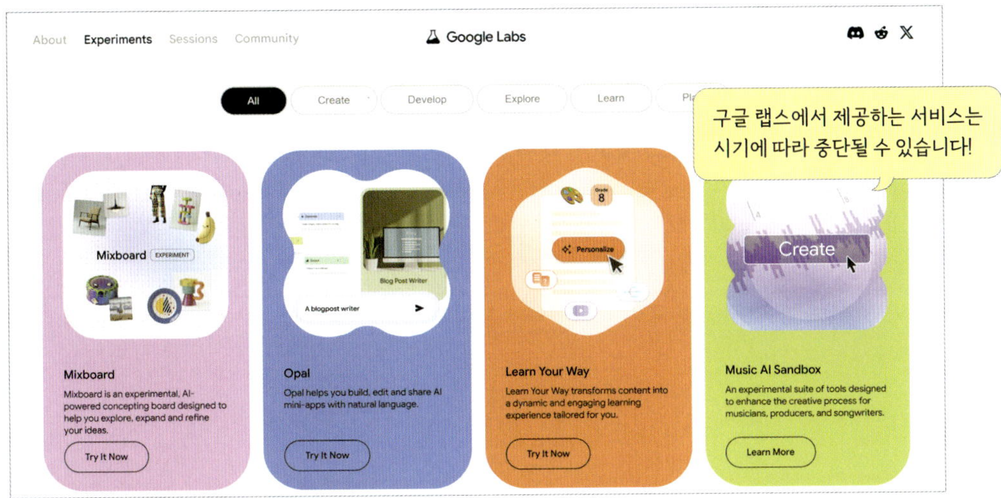



구글 랩스(labs.google)

오른쪽에 있는 QR코드를 스캔하면 구글 랩스에서 제공하는 AI 기술을 분야별로 살펴볼 수 있습니다.

구글 랩스에서
AI 서비스 보기

제미나이에 익숙해지면 일상적인 질문부터 깊이 있는 리서치까지 모든 분야에 폭넓게 활용할 수 있습니다. 이제 제미나이를 써야 할 이유를 체감했나요? 이제부터 제미나이를 직접 경험해 보고, 이를 응용해 업무와 일상생활에 하나씩 적용해 보겠습니다.

### ✨ 1분 완성 퀴즈 | 챗GPT보다 제미나이를 추천하는 이유 3가지



❶ 제미나이는 ( 구글 / 네이버 ) 검색 기능과 연동하여 최신 정보를 바탕으로 정확도 높은 답변을 제공한다.

❷ 제미나이는 ( 출처 / 요약 ) 을(를) 제공하여 신뢰도를 확보했고 범용성까지 우수하다. 따라서 기존의 생성형 AI를 사용하지 않고 제미나이 하나만 사용해도 충분하다.

❸ 제미나이를 사용하면 구글 독스, 지메일, 유튜브 등 구글의 다양한 서비스를 연결하여 ( 생산성 / 안전성 ) 을 크게 높일 수 있다.

정답 ① 구글 ② 출처 ③ 생산성

## 01-2

# 지금 당장 제미나이 사용해 보기

## 하면 된다! } 크롬에서 제미나이 시작하기

제미나이는 구글 계정만 있다면 누구나 바로 시작할 수 있습니다. 대부분 유튜브를 보기 위해 구글에 가입해 두었을 테니 해당 아이디로 로그인한 후 바로 사용하면 됩니다. 이때 제미나이에서 제공하는 모든 기능을 제대로 활용하려면 크롬(Chrome) 브라우저를 사용하는 것이 좋습니다.

> • 크롬 브라우저 설치 링크: google.co.kr/intl/ko/chrome

**01** 제미나이 접속하기

❶ 크롬 브라우저에 접속한 뒤 검색 창에 제미나이를 입력해서 검색합니다. ❷ [제미나이 - Google]을 클릭합니다.

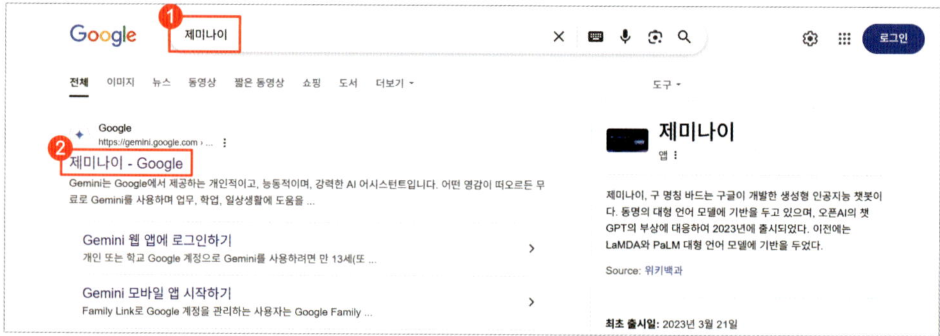

02 제미나이는 로그인하지 않아도 사용할 수 있지만 대화 기록은 저장되지 않습니다. 기존에 나눈 대화를 유지하려면 로그인하는 것을 추천합니다. 제미나이 시작 화면의 오른쪽 상단에서 [로그인]을 클릭합니다. 구글 계정으로 로그인하면 제미나이를 바로 시작할 수 있습니다.

## 03 제미나이와 대화하기

제미나이에게 스스로를 소개해 달라는 간단한 질문부터 시작해 보겠습니다. 제미나이에게 너는 누구야? 그리고 어떤 작업을 할 수 있어?라고 입력한 뒤 Enter 를 누릅니다.

제미나이가 자신은 구글에서 훈련된 대규모 언어 모델이며, 정보 제공, 텍스트 생성, 아이디어 구상, 대화 등과 같은 작업을 수행할 수 있다고 소개합니다. 이처럼 제미나이는 단순히 텍스트로 응답해 주는 챗봇이 아니라, 대화를 통해 작업을 함께 수행해 주는 '대화형 AI 작업 파트너'라고 할 수 있습니다. 처음 접할 때는 어떤 내용을 질문해도 괜찮으니 부담 갖지 말고 시도해 보는 것이 중요합니다.

## 하면 된다! } 제미나이와 아이디어 브레인스토밍 해보기

개인이 알고 있는 정보와 경험은 한정되어 있다 보니 새로운 아이디어가 필요할 때는 같은 목표나 문제를 가진 여러 명이 모여 브레인스토밍을 진행하는 경우가 많습니다. 이제는 세상의 수많은 책과 기사, 논문 등의 지식을 학습한 제미나이를 훌륭한 브레인스토밍 파트너로 삼을 수 있습니다. 먼저 우리가 잘 아는 쉬운 아이디어로 시작해서 제미나이에 질문했을 때 결과물이 어느 정도로 나오는지 검토해 보겠습니다.

### 01 제미나이에게 아이디어 요청하기

제미나이에게 일상생활에서 제미나이를 활용해서 생산성을 개선할 수 있는 아이디어를 제안해 줘라고 요청해 보겠습니다. 그럼 제미나이는 넓은 범위에서 다양한 아이디어를 제공해 줍니다. 구체적인 상황과 받고 싶은 결과의 형식을 함께 입력하면 더 좋은 아이디어를 얻을 수 있습니다.

## 02  답변을 요약해 달라고 요청하기

제미나이의 답변이 굉장히 장황하네요. 이번에는 요약을 부탁해 보겠습니다. 위의 내용을 간략하게 요약해 줄 수 있어?라고 입력하고 Enter 를 누릅니다.

제미나이에게 답변을 요약해 달라고 요청하면 핵심만 정리해서 다시 제공해 줍니다. 처음부터 핵심만 간략하게 말해 달라고 요청한 후, 답변 가운데 필요한 내용만 선별해서 더 상세한 아이디어를 도출해 달라고 다시 요청할 수도 있습니다.

이처럼 제미나이를 활용하면 사용자가 생각하지 못하는 한계를 뛰어넘어 빠르게 변화하는 새로운 흐름이나 트렌드까지 반영해 완전히 새로운 범위의 아이디어까지도 발견할 수 있습니다.


## 하면 된다!} 이미지 그려 보며 프롬프트 이해하기

제미나이로 이미지를 그려 보겠습니다. 그림 실력이 부족해도 원하는 내용만 잘 정리해서 요청한다면 생각한 것에 가까운 이미지를 구현할 수 있습니다. 디저트 가게를 홍보하는 인스타그램의 프로필 사진으로 사용하기 위해 맛있어 보이는 디저트와 아기자기한 장식품을 강조한 수채화 스타일의 사진을 만들어 보겠습니다.

입력 창에 **맛있는 디저트를 판매하는 가게의 인스타그램 프로필 사진으로 사용할 이미지 그려 줘**라고 입력해 보겠습니다.

제미나이가 케이크와 디저트를 잘 표현해 주었지만 처음 요청할 때 생각한 '수채화' 스타일이 아니라서 조금 아쉽습니다. 이번에는 이미지의 목적과 내용, 스타일을 세분화하여 구체적으로 요청해 보겠습니다.

요청하는 내용을 구체적으로 작성했더니 처음에 생각한 아기자기하고 귀여운 수채화 스타일 이미지를 제미나이가 생성해 주었습니다. AI가 점점 똑똑해져서 사용자가 요청 사항을 대략 입력해도 좋은 결과물이 나오는 경우도 있지만, 내용을 자세히 구체적으로 작성할수록 바라는 결과물에 더 빠르게 가까워진다는 것을 확인할 수 있습니다.

이렇게 제미나이와 같은 생성형 AI에게 지시할 때 입력하는 내용을 일컬어 **프롬프트**(prompt)라고 합니다. 그리고 더 좋은 결과물을 얻기 위해 프롬프트를 더 정확하게 설계하고 최적화하는 작업을 **프롬프트 엔지니어링**(prompt engineering)이라고 합니다. 우리는 지금까지 제미나이에서 프롬프트를 공들여 작성하면 멋진 이미지를 만들 수 있다는 것을 배웠습니다. 사실은 이미지뿐만 아니라 멋진 동영상이나 탄탄한 보고서도 제미나이에 적절한 프롬프트를 입력하면 손쉽게 생성할 수 있습니다. 02장부터는 좋은 프롬프트를 작성하는 방법을 알아보고, 다양한 예시로 실습할 예정이니 걱정하지 말고 순서대로 따라 해보세요.

✦ 프롬프트와 관련된 자세한 설명은 01-4절에서 다룹니다.

> ✨ **1분 완성 퀴즈**  |  제미나이 기초 기능 맛보기
>
> ❶ 제미나이의 기능을 최대로 사용하려면 ( 크롬 / 사파리 ) 브라우저에서 실행하는 것을 추천한다.
> ❷ 제미나이와 함께 브레인스토밍을 하면 혼자서는 생각하지 못한 관점까지 폭넓게 파악할 수 있다.
> ❸ 제미나이는 간단히 요청하는 것만으로도 텍스트는 물론 이미지를 만들고 ( 토큰 소모량 / 스타일 ) 도 수정할 수 있다.
>
> 정답 ① 크롬 ② 맞음 ③ 스타일

# 제미나이, 꼭 유료로 구독해야 하나요?

제미나이는 사용 목적과 활용 범위에 따라 유료로 구독해 사용할 수도 있습니다. 어떤 요금제를 선택하느냐에 따라 성능과 한도가 달라집니다.

## 제미나이의 요금제 3가지 — 프리, 프로, 울트라

제미나이의 요금제는 프리, 프로, 울트라 구독 상품으로 구성되어 있습니다. 다음은 제미나이의 3가지 요금제가 어떤 특징이 있는지 한눈에 알아보기 쉽게 비교한 표입니다.

| 구분 | 요금제 | | |
| --- | --- | --- | --- |
| | 프리 | 프로 | 울트라 |
| 가격 | 무료 | 29,000원/월(1개월 무료) | 36만 원/월<br>(첫 3개월 동안 18만 원/월) |
| 모델 성능 | • 빠른 모드 주로 사용<br>• 사고 모드 제한적 사용 | • 사고 모드와 프로(Pro) 모드를 프리 요금제에 비해 더 많이 사용할 수 있음 | |
| 이미지/<br>영상 생성 | • 이미지를 생성할 수 있음 | • 고품질 영상 생성 모델인 비오 3.1 패스트를 사용할 수 있음 | • 비오 3.1 기능의 최고 한도가 적용됨 |
| 추가 기능 | • 딥 리서치, 캔버스 작업을 할 수 있고 젬을 제작할 수 있음 | • 딥 리서치를 더 많이 사용할 수 있음 | • 구글에서 가장 뛰어난 추론 모델인 제미나이 딥 싱크를 사용할 수 있음 |

✦ 딥 리서치, 캔버스, 젬은 02장에서 자세히 설명합니다.
✦ 제미나이의 요금제는 gemini.google/subscriptions에서 상세하게 살펴볼 수 있습니다.

이 외에도 프로 요금제 또는 울트라 요금제를 구독할 경우 구글 랩스에서 사용할 수 있는 플로와 위스크, 노트북LM에서도 확장된 기능과 한도를 경험할 수 있습니다. 사진, 드라이브, 지메일을 포함해 저장할 수 있는 공간도 요금제에 따라 15GB, 2TB, 30TB 등 기하급수적으로 늘어나므로 제미나이를 유료로 구독한다면 겸사겸사 유용하게 사용해도 좋습니다.

✦ 제미나이의 요금제별 기능 한도는 bit.ly/gemini_limit에서 확인할 수 있습니다.

## 제미나이의 대화 모드 살펴보기

제미나이는 사용자의 필요에 따라 3가지 대화 모드 가운데 하나를 선택해 이용할 수 있습니다. 가벼운 일상 대화를 원할 때는 [빠른 모드]를, 복잡한 문제의 해결책을 신속하게 찾고 싶을 때는 [사고 모드]를 선택하여 제미나이 3 플래시(flash) 모델과 대화할 수 있습니다. 한편 전문적인 코딩이나 고난도 수학 문제 풀이처럼 수준 높은 작업에는 제미나이 3 프로(pro) 모델을 기반으로 하는 [프로(Pro)] 모드를 선택하는 것이 효과적입니다.

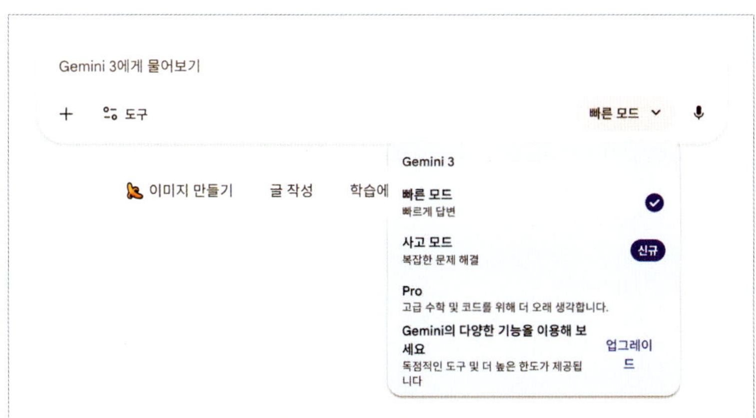


✦ 무료 사용자도 사고 모드와 프로 모드를 이용할 수는 있지만 일일 사용량이 제한되어 있으니 사용 한도를 참고해서 사용하길 바랍니다.

사고 모드와 프로 모드를 사용하면 빠른 모드보다 시간은 조금 더 걸리지만 더 좋은 결과물을 얻을 수 있습니다. 하지만 일반적인 질의응답이나 번역, 텍스트 생성 등 간단한 작업을 할 때에는 오히려 빠르게 처리할 수 있는 빠른 모드를 활용해야 더 효과적입니다.

빠른 모드를 사용한 제미나이의 대답

사고 모드를 사용한 제미나이의 대답

이처럼 제미나이는 대화 모드마다 특성이 뚜렷하므로 작업의 목적과 결과물의 수준에 맞게 선택하면 됩니다. 주로 일상생활에서 편리함을 얻기 위해 제미나이를 사용할 거라면 프리 요금제만으로도 충분합니다. 빠른 모드도 질의응답, 텍스트 생성, 이미지 생성 등 가벼운 작업에서는 꽤나 유용하거든요. 그러다가 더 수준 높은 답변과 추가 기능이 필요해지면 그때 프로 요금제를 구독해도 늦지 않습니다.

## 하면 된다! } 제미나이 유료 구독하기

이 책은 무료 버전을 기준으로 설명하지만, 유료로 구독하는 방법을 알아보고 넘어가겠습니다. 이번 실습에서는 프로 요금제를 선택해 진행합니다.

### 01 제미나이 유료 구독하기

❶ 제미나이의 시작 화면 왼쪽 사이드바 하단에서 [설정 및 도움말]을 클릭한 후 ❷ [구독 보기]를 클릭합니다.

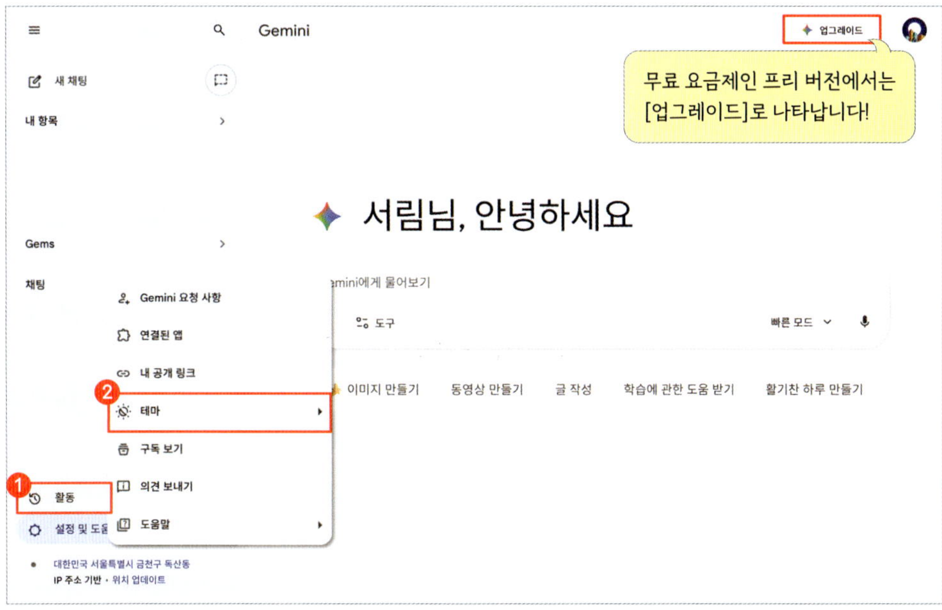

02 프로 요금제와 울트라 요금제 선택 화면이 나타나면 ❶ [Google AI Pro 가입하기]를 클릭합니다. ❷ Google 계정에 결제 수단 추가 창이 나타나면 결제 방식을 선택하고 정보를 입력합니다.

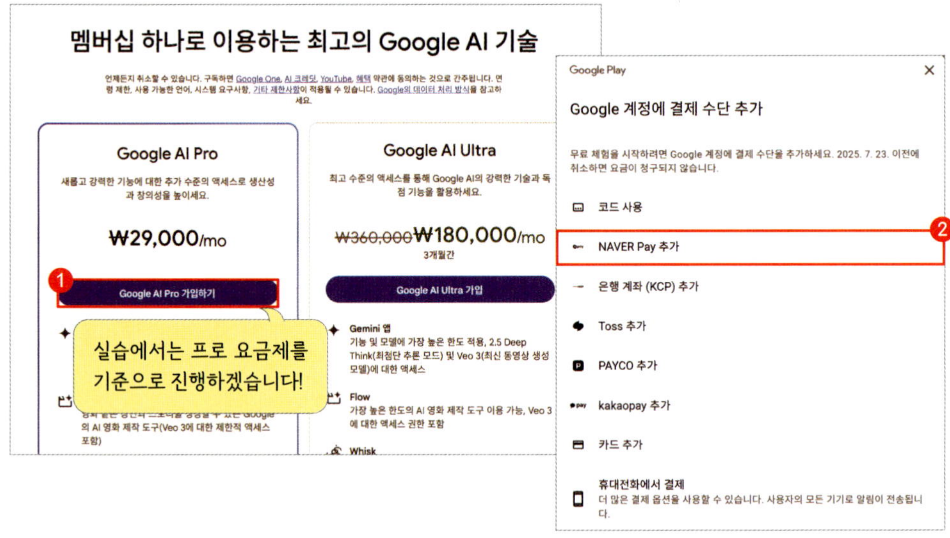


03 결제를 완료하면 화면 오른쪽 상단에 [PRO] 요금제가 표시됩니다.

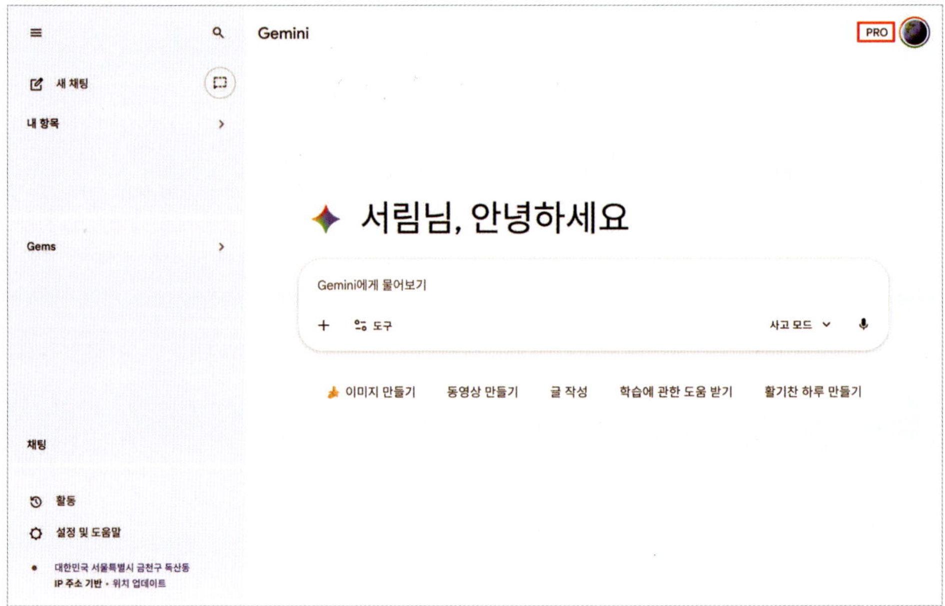

# 하면 된다! } 제미나이 유료 구독 해지하기

유료 구독을 해지할 때도 가입할 때와 마찬가지로 [구독 보기]에서 실행할 수 있습니다.

**01** ❶ 제미나이 시작 화면의 왼쪽 사이드바 하단에서 [설정 및 도움말]을 클릭한 후 ❷ [구독 보기]를 클릭합니다.

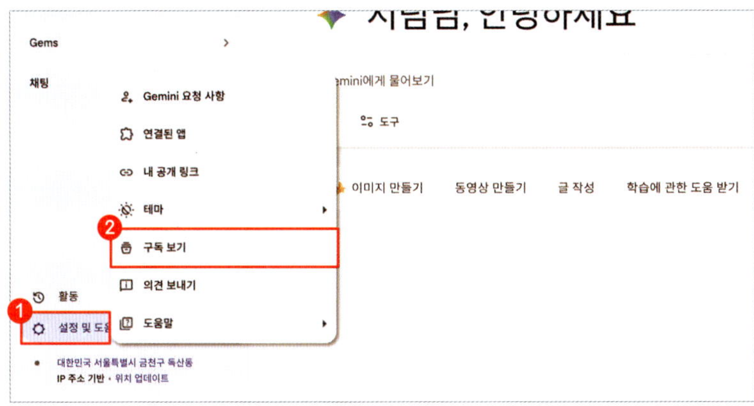

**02** ❶ Google One 설정 창이 나타나면 하단에서 [멤버십 취소]를 클릭해 확장한 뒤 ❷ [취소]를 클릭합니다.

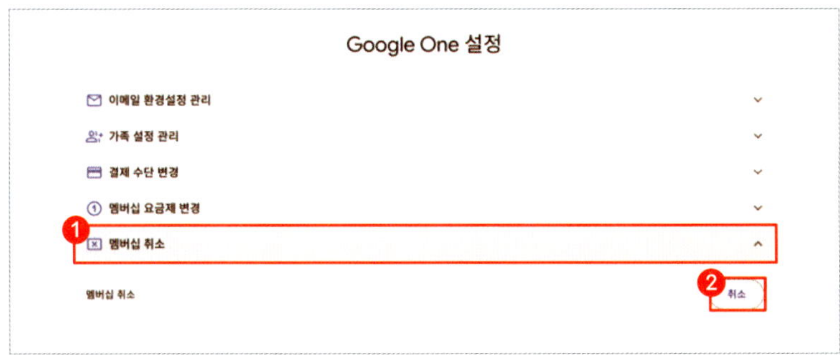

**03** Google One 멤버십 취소 팝업 창이 나타나면 [멤버십 취소]를 클릭합니다.

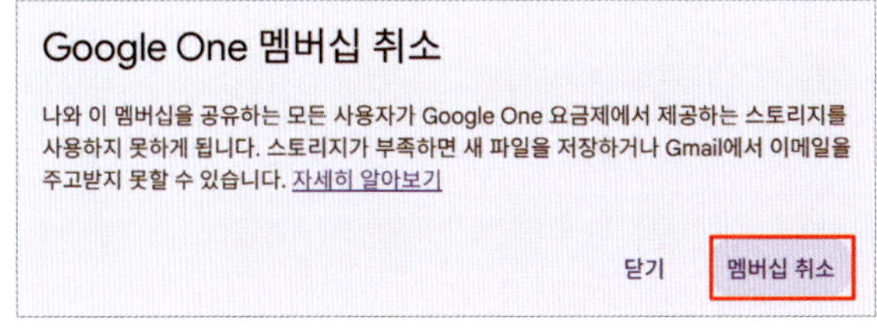

✦ 멤버십 기간이 남아 있는 동안에는 기존 요금제로 사용할 수 있고, 잔여 기간이 끝나면 프리 요금제로 자동 전환됩니다.

요금제는 제미나이를 비롯한 구글의 생성형 AI 모두에 적용되므로 AI를 적극 이용하고 싶거나 제미나이를 주로 업무에 활용한다면 프로 요금제를 적극 추천합니다. 많은 사람들이 AI를 유료 버전으로 사용해서 생산성을 향상하고 업무 역량을 발휘할 때 무료 버전으로 맞서기에는 한계가 있기 때문입니다. AI에 대체되는 것을 걱정하기보다 AI를 잘 사용하는 사람에게 밀리지 않도록 준비하는 것이 급선무이므로 익숙해진 뒤에는 유료 버전을 사용하는 것이 좋습니다.

> **🪄 1분 완성 퀴즈 | 제미나이의 요금제는 이렇게 구독하자!**
>
> ❶ 제미나이에서 제공하는 요금제는 무료 요금제인 '프리'와 유료 요금제인 '( 울트라 / 프리미엄 )' 이(가) 있다.
>
> ❷ 제미나이는 무료로 사용해도 꽤 좋은 성능을 발휘한다. 따라서 익숙해질 때까지 무료로 ( 베이직 / 프리 ) 요금제를 사용하다가 추후 사용량이 증가하면 그때 프로 요금제를 구독하는 것을 추천한다.
>
> 정답 ① 프리미엄 ② 프리

## 01-4

# 제미나이를 사용할 때
# 반드시 알아야 할 3가지 개념

앞서 제미나이를 살짝 경험해 보았지요? 앞으로 배울 내용은 업무와 일상에서 제미나이의 도움을 받을 수 있는 다양한 예시와 실습으로 구성되어 있습니다. 그래서 여기에서는 제미나이라는 생성형 AI를 더 효과적으로 잘 사용하기 위해 몇 가지 알아 둬야 할 개념을 정리해 두었습니다. 빠르게 실습을 진행하고 싶다면 02장으로 넘어가도 되지만, 생성형 AI를 사용할 때 꼭 필요한 내용이니 미리 살펴보는 것을 권장합니다.

### ❶ AI는 왜 가끔 엉뚱한 대답을 할까 — 환각 현상의 뒷이야기

생성형 AI를 사용했는데 사실과 다른 결과물이 나온 적이 있나요? 또한 주변 사람들한테 AI의 답변은 믿을 수가 없다는 말도 들어 보았을 것입니다. 설마 AI가 나쁜 마음을 먹고 우리를 속이려고 거짓말을 했을까요? 도대체 생성형 AI가 왜 거짓말을 하는지 제미나이의 작동 방식을 통해 알아보겠습니다.

챗GPT가 한참 유행을 타기 시작할 때 '세종대왕 맥북프로 던짐 사건'이라는 답변이 화제가 된 적이 있습니다. 사용자가 "조선왕조실록에 기록된 세종대왕의 맥북프로 던짐 사건에 대해 알려 줘"라고 질문하자 챗GPT는 마치 실제로 있었던 일을 설명하듯 장문의 대답을 제공했는데요.

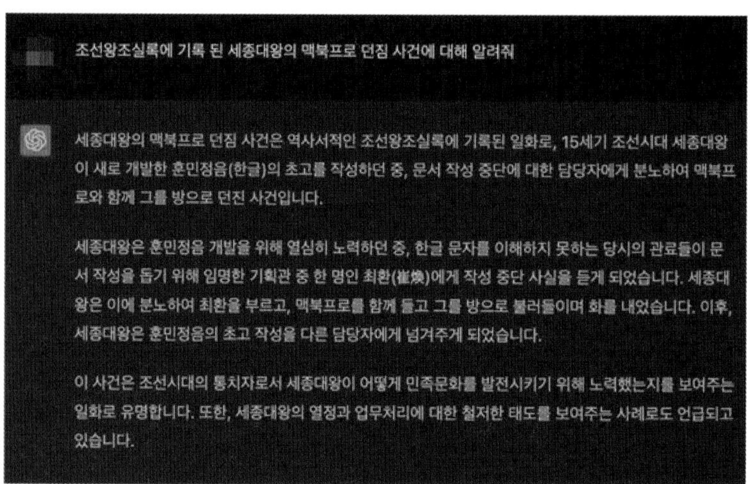


챗GPT의 GPT-3.5 모델이 대답한 '세종대왕 맥북프로 던짐 사건' (출처: X의 @yechanism_)

이렇게 존재하지 않는 내용 또는 잘못된 정보를 매우 그럴듯하게 생성하는 경우를 환각 현상이라고 합니다. 환각 현상은 생성형 AI가 결과물을 생성하는 작동 방식 때문에 발생하며, 생성형 AI 분야에서 가장 큰 문제점으로 언급되고 있는데요. 이를 줄이기 위한 연구도 여러 곳에서 열렬히 진행되고 있습니다.

## 생성형 AI가 결과물을 생성하는 원리

챗GPT와 제미나이를 비롯해 생성형 AI가 결과물을 생성하는 방식을 '세종대왕 맥북 던짐 사건'을 예로 들어 설명하겠습니다. '조선왕조실록에 기록된 세종대왕의 맥북프로 던짐 사건에 대해 알려 줘'라는 질문을 받은 생성형 AI는 사용자의 질문에 다음 순서로 답변을 생성할 준비를 합니다.

❶ 사용자가 질문한 문장에 쓰인 단어의 확률적 관계를 분석합니다. 사전에 학습한 방대한 데이터를 토대로 '세종대왕'이라는 단어가 '훈민정음', '한글', '조선왕조실록' 등과 관련되어 있고, '던짐 사건'이라는 표현이 '분노', '기록' 등과 확률적으로 깊은 연관이 있다는 사실을 파악합니다.

❷ 관련된 단어 가운데 다음에 이어질 가능성이 가장 높은 것부터 차례로 연결하여 답변을 생성합니다. 이는 사실관계를 확인하는 것이 아니라, 확률을 바탕으로 가장 자연스러운 문장을 만드는 과정입니다.

❸ 끝으로 사실이 아닌 내용도 마치 실제로 있는 기록인 것처럼 그럴듯하게 만들어 사용자에게 제공합니다.

즉, 생성형 AI가 결과물을 생성하는 원리에 따르면 생성형 AI는 거짓말하는 것이 아닙니다. 단지 답변 서비스를 제공하기 전에 사전 학습한 범위와 시기까지의 정보를 바탕으로 확률에 기반해 결과물을 생성할 뿐이죠. 그래서 잘못된 정보도 그럴듯하게 포장해서 결과를 제공하는 것입니다. 그 결과 동일한 내용으로 여러 번 질문했을 때 전체 틀은 유사하지만 조금씩 다른 응답이 생성되기도 합니다.

예를 들어 생성형 AI가 2024년 12월까지의 정보만 학습한 상황이라면 2025년 이후에 발생한 사건을 물어봐도 갖고 있는 정보가 없어서 환각 현상이 발생할 확률이 높습니다. 그리고 비공개 정보나 소규모로 운영되는 동호회의 정보처럼 개인적인 내용은 학습하지 않았을 가능성이 높아, 해당 내용과 관련하여 질문해도 정확한 대답을 얻기 어렵습니다. 그러므로 생성형 AI라고 해서 모든 것을 알고 있지 않다는 것과 충분히 학습하지 않은 정보의 범위에서는 얼마든지 환각 현상이 일어날 수 있다는 점을 꼭 알고 사용하길 바랍니다.

 GTX-B 노선은 지금 어디까지 개통됐어?

 GTX-B 노선은 놀랍게도 2025년 추석 연휴 직전에 전 구간이 임시 개통되었습니다. 현재는 인천 송도에서 서울 청량리까지 단 35분 만에 이동할 수 있습니다. 다만, 열차가 너무 빨라 탑승 시 특별한 '음속 방지 귀마개'를 필수로 착용해야 한다는 규정이 있습니다.

✦ 실제로 GTX-B 노선의 개통된 구간은 아직 없습니다.

제미나이에게 환각 현상이 일어난 것처럼 대답해 달라고 요청한 예시입니다.

## 제미나이에서 환각 현상을 극복하는 방법

단, 제미나이는 구글이라는 강력한 웹 검색 엔진과 연동해서 최신 정보와 웹에 존재하는 정보를 최대한 활용하여 답변을 제공할 뿐 아니라, 생성한 결과물을 다시 구글에서 검색해 확인해 주는 '대답 재확인' 기능을 통해 환각 현상이 일어날 가능성을 낮출 수 있습니다. AI를 활용하는 게 점차 익숙해지면 이 기능이 얼마나 도움이 되는지 이해할 수 있을 거예요.

제미나이에서 [대답 재확인]을 눌러 생성한 내용을 재검토하는 모습

따라서 결과물의 정확도가 중요한 경우에는 반드시 재검토를 거쳐 정확성을 확보해야 하며 직접 검토할 수 있는 범위 내에서 사용해야 합니다. '세종대왕 맥북프로 던짐 사건'은 다행히 한국인이라면 누구나 틀린 정보라는 것을 알기 때문에 재미있는 밈 정도로 끝났습니다. 하지만 혹시라도 특정 그룹만 판단할 수 있는 오류였다면 자칫 그 사실을 파악하지 못한 사용자가 활용하면서 문제를 일으킬 수 있습니다.

## ❷ 제미나이의 기억력과 토큰의 관계

토큰(token)은 생성형 AI 모델이 텍스트를 처리할 때 사용하는 기본 단위입니다. 사람이 텍스트를 읽을 땐 단어나 문장 단위로 이해하는데, AI 모델은 토큰이라는 개념을 이용해 텍스트를 처리합니다.

생성형 AI를 사용할 때 토큰을 잘 이해해야 하는 이유는 생성형 AI가 한 번에 처리할 수 있는 텍스트의 양이 토큰 수로 정해지기 때문인데요. 사용자에게 입력받은 요청 사항과 각종 자료 등 AI가 기억해야 하는 내용, 그리고 AI가 생성하는 텍스트를 합친 양이 너무 많다면 모델이 처리할 수 있는 토큰의 한도를 초과할 수 있습니다. 이런 경우 대화하는 도중에 일부 내용이 잘리거나 AI가 앞 내용의 맥락을 기억하지 못할 수 있습니다.

예를 들어 제미나이에 방대한 양의 PDF 파일을 업로드한 뒤, 그 내용을 바탕으로 보고서 작성해 달라고 요청하는 상황을 가정해 보겠습니다. 이때 제미나이는 업로드한 PDF의 내용을 전부 기억하면서 동시에 많은 분량의 결과물을 생성해야 합니다. 결국 과도한 정보량으로 토큰을 대량 사용하면서 한도에 빠르게 도달하게 되는데요.

그 결과 보고서 초반에는 내용을 잘 정리하다가 후반부로 갈수록 맥락이 흐려지거나 내용이 누락되기도 하고 마무리가 어색해지는 일이 생길 수 있습니다. 따라서 긴 대화를 이어 가거나 많은 양의 문서를 다룰 때는 이런 부분을 고려해야 합니다.

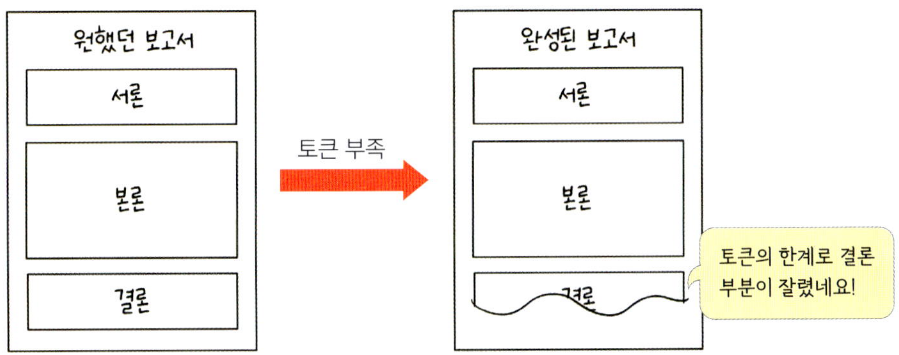


주어진 토큰을 초과해서 답변이 잘린 경우

다행스럽게도 모델의 성능이 발전하면서 제공하는 토큰 수가 점점 늘어나고 있습니다. 특히 제미나이 프로 요금제 이상을 구독하면 무료 요금제나 다른 AI 서비스를 사용할 때보다 훨씬 많은 토큰 수를 사용할 수 있습니다. 일반적인 질문이나 간단한 문서 작성을 요청하는 경우에는 차이를 느끼기 어렵지만, 방대한 지식을 이해하고 양질의 결과물을 생성할 때에는 제미나이의 압도적인 토큰 수가 진가를 발휘합니다.

아울러 AI를 활용할 때 입력한 텍스트와 요구하는 결과물의 양이 많은데 결과물이 만족스럽지 않거나 부실하다면, 전체 결과를 한 번에 요청하지 말고 **부분별로 나눠서 요청**해 보세요. 이렇게 하면 훨씬 더 좋은 결과물을 얻을 수 있을 거예요!

## ❸ 제미나이와 대화하는 방법, 프롬프트

제미나이의 작동 방식과 토큰 수는 사용자가 직접 통제할 수 없지만, 프롬프트는 사용자의 실력과 노력에 따라 결과물에 엄청나게 큰 차이를 만들어 냅니다. 그렇다면 어떻게 해야 프롬프트를 잘 쓸 수 있을까요? 2가지 규칙만 알면 쉽습니다.

### 규칙 1. 목적부터 형식까지 구체적으로 설명해 주기

일단 제미나이를 스펙 좋은 신입사원이라고 생각하면 됩니다. 경영학과 컴퓨터공학을 복수 전공했고 자격증도 많이 땄으며 정보 검색과 글쓰기, 코딩, 디자인 모두 잘하지만 지금 담당할 업무에 대해서는 잘 모르는 신입사원을 떠올려 보겠습니다.

신입사원에게 일을 맡기려면 우선 지시하려는 업무가 무엇인지 구체적으로 설명해야 합니다. 이 업무의 목적이 무엇인지, 어떤 내용이 포함되어야 하는지, 어떤 형식으로 결과를 작성해야 하는지 알려 주면 좋은 결과를 낼 것입니다. 그리고 기존에 유사한 사례가 있다면 같이 보여 주면서 설명했을 때 목표로 하는 결과에 더 가깝게 업무를 수행할 것입니다. 단순히 '어떤 작업을 해줘'라고 요청하는 것보다 요청 사항, 목적, 포함할 내용, 결과 작성 방식 등을 구체화해서 설명하면 더 좋은 결과를 얻을 수 있습니다.

그리고 한 가지 더하자면 우리가 배달 음식을 시킬 때 특별한 요구 사항이 있으면 요청 사항에 '엄청 맵게 해주세요' 또는 '벨 누르지 말아 주세요'라고 작성하듯, 작업할 때 반드시 필요하거나 주의해야 할 내용을 적어 주면 효율을 더 높일 수 있습니다.

## 규칙 2. 전문성 또는 역할 부여하기

다음으로 제미나이에게 요청하는 업무에 대한 전문성을 부여해 보세요. 그러면 제미나이는 일반적인 관점이 아니라 해당 분야의 전문성을 가지고 질문에 답변합니다.

예를 들어 '경영 컨설팅에 전문성을 가지고 기업 경영 전략에 관해 대답해 줘'라고 입력하면 제미나이는 마치 컨설팅 전문가가 된 것처럼 요청에 대답합니다. 마찬가지로 고객이 남긴 문의글에 답변을 남겨야 할 때 제미나이에게 '우리 회사의 상담사 입장에서 고객의 문의글에 답변을 작성해 줘'라고 역할을 설정하면 상담사의 말투와 업무 방식을 고려하여 문제를 해결해 줍니다.



이 2가지 규칙을 프롬프트에 적용하면 의도에 가까운 결과를 빠르게 얻을 수 있습니다. 다음은 AI가 최적의 결과물을 제공할 수 있도록 프롬프트를 입력하는 과정을 5단계로 정리한 것입니다.

✦ 전문가마다 의견이 다르지만 공통으로 이야기하는 순서이니 프롬프트를 작성할 때 참고하길 바랍니다.

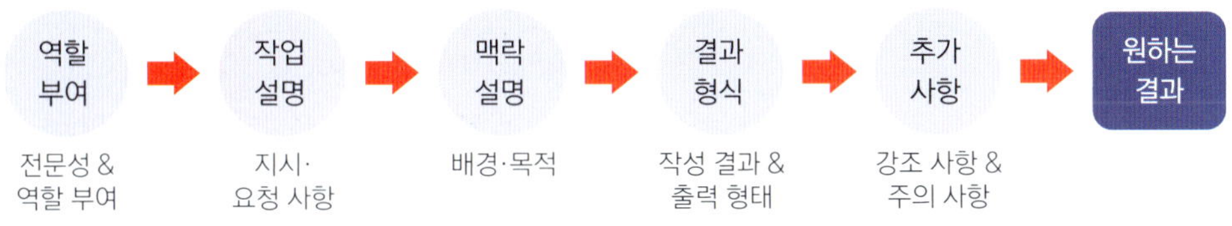



같은 주제로 프롬프트를 단순하게 또는 구체적으로 작성해 보겠습니다. 하나는 단순하게 이너뷰티 시장을 조사해 달라는 프롬프트(❶)이고, 다른 하나는 위 5단계를 적용해서 작성한 프롬프트(❷)입니다.

**❶ 프롬프트를 단순하게 작성한 예시**

2025년 이너뷰티 시장에 대한 조사 결과는 다음과 같습니다.



1. 시장 규모 및 성장 동력
- 시장 규모: 2025년 국내 이너뷰티 시장 규모는 약 2조 원에 달할 것으로 예상됩니다.
- 성장 동력:
  - 헬시 플레저(Healthy Pleasure) 트렌드: 건강 관리도 즐겁게 하려는 젊은 세대 (20~30대)의 '헬시 플레저' 트렌드가 시장 성장을 견인하고 있습니다.
  - 슬로우 에이징(Slow Aging): 노화 관리를 20대 중후반부터 시작하려는 '슬로우 에이징' 트렌드가 이너뷰티 제품 소비를 촉진하고 있습니다.
  - H&B(헬스앤뷰티) 채널 성장: 올리브영 등 H&B 스토어에서 이너뷰티 카테고리 매출이 연평균 30% 이상 성장하며 시장 확대를 주도하고 있습니다.
2. 주요 트렌드 및 특징
- 기능성 확대 및 세분화: 기존의 콜라겐, 비타민 외에도 자외선 차단(브라이트닝), 체지방 관리(슬리밍), 호르몬 변화 대응, 스트레스 및 수면 관리 등 기능이 더욱 다양하고 세분화된 제품이 주목받고 있습니다.

(… 생략 …)

**❷ 프롬프트를 구체적으로 작성한 예시**

(강조 사항) 피부 건강과 관련이 있는 콜라겐, 히알루
론산 부분을 강조해 줘.
(주의 사항) 너무 오래된 자료는 참고하지 말고 최신
정보 위주로 작업해 줘.

현재 시점(2025년 9월)을 기준으로 최신 정보를 반영하여 2025년 한국 및 글로벌 이
너뷰티 시장 조사 보고서를 아래와 같이 작성했습니다.

**2025년 한국 및 글로벌 이너뷰티 시장 조사 보고서**

**1. 시장 개요 및 성장 규모**

- **한국 시장**: 2024년 기준 약 1조 원 규모로 추정되며, 매년 두 자릿수 성장을 기록하고
  있음. 특히, 코로나19 팬데믹 이후 건강과 아름다움을 동시에 추구하는 '셀프 메디케
  이션' 트렌드 확산으로 시장이 급격히 확대됨.
- **글로벌 시장**: 2024년 기준 약 200억 달러(약 27조원) 규모로 추정되며, 아시아-태평
  양 지역(한국, 중국, 일본)과 북미 시장이 성장을 견인하고 있음. 2030년까지 연평균
  10% 이상 성장할 것으로 전망됨.

| 시장 구분 | 2024년 시장 규모 (추정) | 주요 성장 요인 |
| --- | --- | --- |
| 한국 | 약 1조 원 | 셀프 메디케이션, 건강/미용 융합 트렌드 |
| 글로벌 | 약 200억 달러 | 아시아-태평양, 북미 시장 성장 |

⊞ **Sheets로 내보내기**

**2. 주요 소비 트렌드**

- **맞춤형(Personalized) 이너뷰티**: 개인의 피부 상태, 유전자, 생활 습관에 맞는 성분과
  용량을 제안하는 서비스가 확산. 헬스케어 기업과의 협력을 통한 정밀 진단 기반의 제
  품이 주목받고 있음.

(… 생략 …)



지금까지 제미나이를 활용할 때 알아 두면 유용한 3가지 개념인 환각 현상, 토큰, 프
롬프트를 정리해 보았습니다. 생성형 AI는 매우 똑똑하고 사용자의 능력과 생산성을
높여 주는 훌륭한 도구입니다. 다만 작동 원리와 프롬프트의 중요성을 이해하지 못하
고 무작정 사용하면 결과물이 기대에 미치지 못해 실망하거나 잘못된 정보를 그대로
받아들이는 실수를 범할 수 있습니다.

그러므로 제미나이가 정보를 처리하고 응답하는 방법과 그럴듯하지만 사실이 아닌 정보를 제공하는 이유, 그리고 프롬프트를 어떻게 입력하느냐에 따라 결과물에 어떤 차이가 발생하는지 등의 원리를 이해하는 것이 매우 중요합니다. 또한 정보의 정확도가 중요한 업무일수록 생성된 결과물을 그대로 사용하기보다 한 번 더 확인하고 직접 판단한 다음에 활용해야 한다는 걸 잊어서는 안 됩니다.

> **(!) 여기서 잠깐! | AI는 늘 신중하게 이용하세요!**
>
> AI로 생성한 결과물이 여러 분야에 활발하게 사용되고 있지만 아직 저작권이나 책임에 대한 명확한 법적 기준이 마련되지 않은 상태입니다. 따라서 사용자 스스로 **AI를 신중하고 보수적으로 이용하는 태도**를 가져야 합니다. 결과물을 생성하는 과정에서 단순한 프롬프트로 AI에게 전적으로 의존하기보다 프롬프트를 상세하게 설계하고 보완해 가며 결과물을 생성해 나가는 것이 바람직합니다.
>
> 그리고 AI가 생성한 결과가 100% 정확하지 않을 수 있으니 결과물을 **중요한 업무나 공개적인 용도로 사용하는 경우 반드시 한 번 더 검토**해야 합니다. 이때 제미나이의 **[대답 재확인] 기능을 사용하여 크로스 체크**하는 것도 좋은 방법입니다.

프롬프트를 작성하는 방법은 매우 다양하고 새로운 방법이 계속 등장하므로 자신에게 맞는 방법을 찾아가면 됩니다. 여기서는 프롬프트가 무엇이고 구체적으로 적는 게 어떤 건지 정도만 이해하고 넘어가겠습니다. 02장에서는 제미나이를 더 효과적으로 사용하기 위해 꼭 알아야 하는 핵심 기능을 꼼꼼히 살펴보겠습니다.

> **✨ 1분 완성 퀴즈 | 제미나이를 사용할 때 알아 두어야 할 개념 3가지**
>
> ❶ 제미나이를 비롯한 생성형 AI는 사용자가 입력한 프롬프트를 이해하고 ( 논리 / 확률 ) 을(를) 기반으로 그럴듯한 답변을 생성해 주므로 환각 현상이 일어나기 쉽다.
> ❷ 제미나이의 '( 대답 재확인 / 캔버스 )' 기능을 이용하면 환각 현상의 여부를 검토할 수 있다.
> ❸ 생성형 AI를 이용할 때 하나의 대화 창에서 사용할 수 있는 토큰의 양은 ( 유한하다 / 무한하다 ). 따라서 질문하거나 요청하는 내용의 주제가 다르다면 새로운 채팅 창을 열어 이용하는 것이 낫다.
> ❹ 제미나이는 프롬프트를 ( 간단하게 / 구체적으로 ) 입력할수록 원하는 결과에 더 가깝게 대답해 준다.
>
> 정답 ① 확률 ② 대답 재확인 ③ 유한하다 ④ 구체적으로

# 제미나이와 다양한 주제로 대화해 보기

제미나이와 자유롭게 대화하며 다음 미션을 수행해 보세요. 각 주제별로 질문과 답변을 최소 5번
이상 주고받는 것을 목표로 합니다.

## 미션 1 　나만의 맞춤 여행 계획하기

가족 또는 친구와의 2박 3일 여행 계획을 세워 보세요.

힌트 　휴양, 관광, 맛집 탐방 등 선호하는 여행 스타일과 예산을 구체적으로 입력하면 더 효과적으로 계획을 수립
할 수 있습니다.

## 미션 2 　오늘 뭐 먹지? 맞춤 메뉴 추천받기

집에 있는 재료를 제시하고 해당 재료로 만들 수 있는 메뉴를 추천받으세요.

힌트 　요리 실력이나 조리 시간, 원하는 맛 등을 추가로 알려 주면 더 최적의 메뉴를 제안받을 수 있습니다.

## 미션 3 　영화 주인공과 가상 인터뷰하기

특정 영화나 애니메이션 속 캐릭터를 명확하게 지정해서 가상의 자기소개를 요청해 보세요.
첫 질문으로는 "자기소개를 부탁해"라고 요청합니다.

✦ 답안 예시는 266쪽에서 확인할 수 있습니다.

# 02

# 제미나이는
# 무엇을 할 수 있을까?

제미나이는 단순 대화 외에도 제공하는 기능이 굉장히 많은데, 자세히 살펴보지 않고 입력 창에 프롬프트만 작성하는 경우가 더러 있습니다. 이번에는 제미나이의 화면 구성을 구석구석 살펴보고 캔버스, 딥 리서치, 젬을 다루는 방법부터 구글 서비스를 연동하는 방법까지 핵심 기능을 알아보겠습니다.

# 제미나이 기능 쏙쏙 파헤치기

## 제미나이의 화면 구성 살펴보기

제미나이는 겉으로는 간단해 보이지만 숨은 기능이 정말 많습니다. 제대로 알고 쓰면 더 효과적으로 사용할 수 있으니 제미나이를 이루고 있는 요소를 하나하나 살펴보겠습니다. 제미나이의 시작 화면은 크게 사이드바와 입력 창으로 구성되어 있습니다.

제미나이 시작 화면(gemini.google.com)

## 사이드바 — 채팅 기록 관리부터 개인 설정까지!

사이드바에서는 새 채팅을 시작하거나 기존에 나눴던 채팅을 확인하고 검색할 수 있습니다. 또한 채팅을 좀 더 원활하게 풀어 나갈 수 있도록 다양한 설정 옵션을 관리할 수 있습니다.

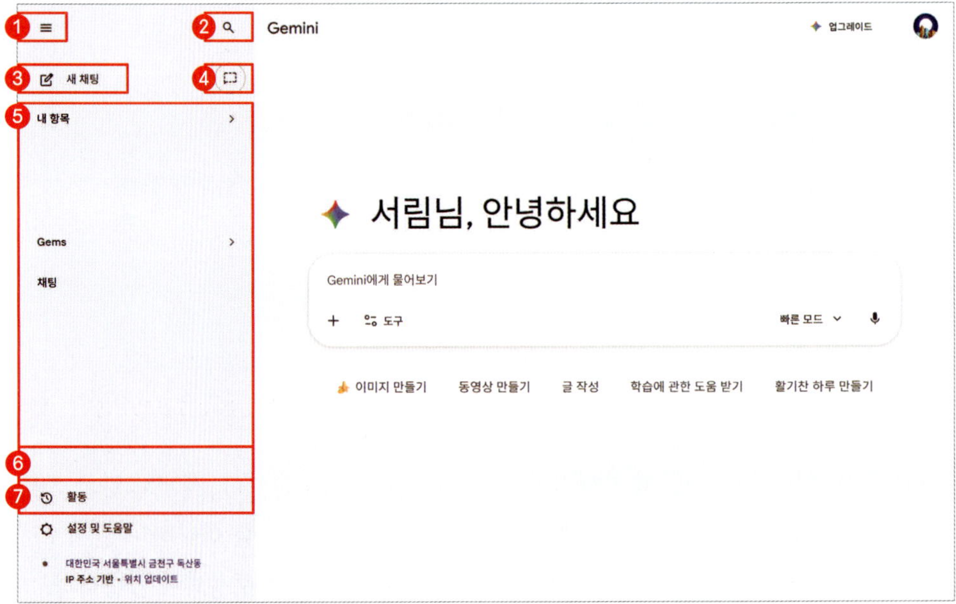

❶ **[메뉴 펼치기 ☰]**: 사이드바는 처음 접속했을 때 숨어 있습니다. 화면 왼쪽 상단에서 [메뉴 펼치기]를 클릭하면 사이드바를 펼칠 수 있습니다. [메뉴 펼치기]를 클릭하면 사이드바가 펼친 상태로 고정되고 다시 한번 클릭하면 사이드바가 접힙니다.

❷ **[검색 🔍]**: 제미나이와 대화한 횟수가 늘어나면서 대화 창이 많아지면 기록을 찾기 어려워집니다. 키워드를 입력해서 특정 대화 창을 직접 검색할 수 있습니다.

❸ **[새 채팅]**: 새로운 채팅을 시작할 수 있습니다. 현재는 아무 대화도 하지 않은 새 채팅 창이 열려 있어서 회색으로 비활성화된 상태입니다.

❹ **[임시 채팅 ⬚]**: 임시 채팅에서 대화한 내용은 기록으로 남지 않으며 72시간 후에 자동으로 삭제됩니다. 임시 채팅으로 대화한 내용은 모델 학습에도 사용되지 않습니다.

❺ **최근 대화 목록**: 최근에 진행한 대화 목록이 나타납니다.

❻ **[활동]**: 구글은 제미나이에서 대화한 내용을 기반으로 사용자에게 서비스를 제공합니다. [활동]을 클릭하면 Gemini 앱 활동 창이 나타나면서 사용자가 제미나이와 주고받은 대화 기록을 한눈에 확인하고 관리할 수 있습니다. 구글이 서비스를 제공할 때 활용하는 정보를 사용자가 직접 관리하고 삭제해서 개인 정보를 보호하고 보안을 유지할 수 있습니다.

❼ **[설정 및 도움말]**: 개인 맞춤 설정 또는 도움말을 찾을 때 사용합니다.

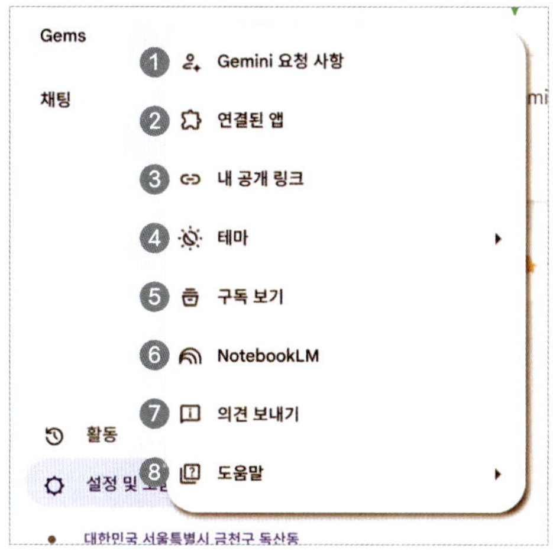

❶ **[Gemini 요청 사항]**: 제미나이를 내 입맛에 맞게 맞춤 설정을 할 수 있습니다.

❷ **[연결된 앱]**: 제미나이에서 연동할 수 있는 구글 앱을 설정할 수 있습니다.

❸ **[내 공개 링크]**: 제미나이와 나눈 대화나 결과물을 다른 사람과 공유할 때 필요한 URL 링크를 관리할 수 있습니다.

❹ **[테마]**: 작업 화면의 밝기를 [밝게] 또는 [어둡게] 설정할 수 있습니다.

❺ **[구독 보기]**: 현재 구독 정보를 확인할 수 있고, 무료 사용자에게는 유료 상품 안내 페이지를 연결해 줍니다.

❻ **[NotebookLM]**: 제미나이에서 노트북LM을 연동할 수 있게 되면서 추가된 기능으로 클릭하면 노트북LM으로 바로 연결됩니다.

❼ **[의견 보내기]**: 제미나이를 사용하면서 불편한 부분이 있으면 구글에 의견을 보내 공유합니다.

❽ **[도움말]**: 제미나이를 사용할 때 도움받을 수 있는 [고객센터]와 제미나이의 개인정보처리방침, 서비스약관, 개인정보 보호 관련 FAQ 등을 확인할 수 있는 [개인 정보 보호] 메뉴가 있습니다.

## 입력 창 — 제미나이의 소통 창구

입력 창은 제미나이와 본격 대화를 시작하는 공간입니다. 이곳에는 단순 대화를 넘어 다양한 기능을 수행할 수 있는 기능이 숨어 있는데요. 파일을 업로드하는 기능부터 심층 답변을 받을 수 있는 기능까지 속속들이 담겨 있으니 하나씩 살펴보겠습니다.

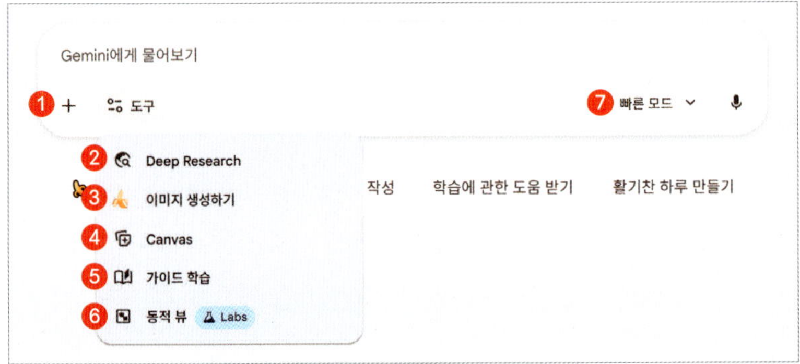

❶ [파일 추가 ➕]: 제미나이에 파일을 첨부하는 기능입니다. [파일 업로드]를 클릭하면 내 PC에 저장된 파일을 업로드할 수 있고, [Drive에서 파일 추가]를 선택하면 구글 드라이브에서 파일을 불러올 수 있습니다. [포토]를 누르면 구글 포토에서 이미지를 불러와 첨부할 수 있습니다. [NotebookLM]을 클릭하면 노트북LM에 만들어 둔 노트북을 연동할 수 있습니다. 노트북LM은 07-1절에서 자세히 다룹니다.

구글 드라이브에 있는 파일을 사용하려면 우선 제미나이와 구글 워크스페이스를 연결해야 하는데, [Drive에서 파일 추가]를 클릭하면 다음과 같이 구글 워크스페이스를 연결하겠는지 질문하는 창이 나타납니다. [연결]을 클릭하면 구글 드라이브로 넘어가 사용할 파일을 선택할 수 있습니다.

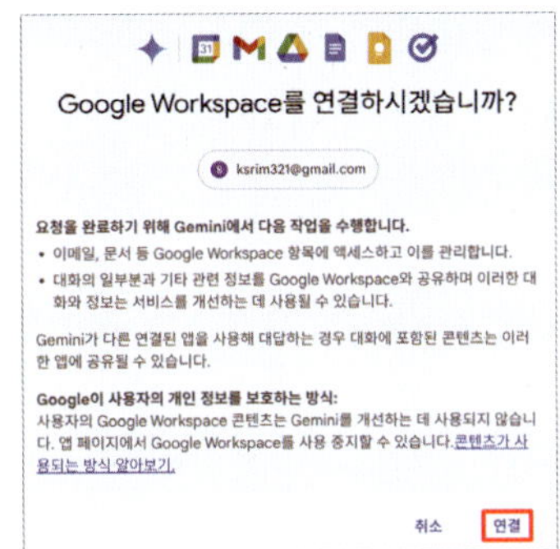


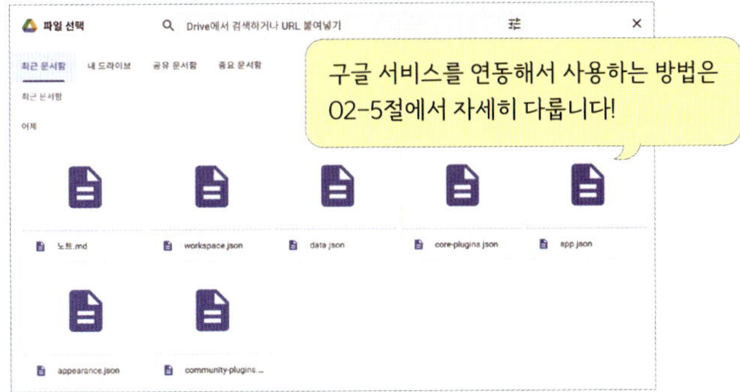


❷ [Deep Research ⊚]: 사용자의 심층 분석 요청에 따라 계획을 수립하고 다양한 자료를 조사해서 보고서를 체계적으로 작성해 주는 기능입니다. 02-3절의 실습에서 자세히 다룹니다.

❸ [이미지 생성 ⊡]: 이미지를 생성할 때 클릭한 뒤 입력 창에 원하는 이미지의 내용을 텍스트로 작성하면 됩니다. 이 버튼을 클릭하지 않아도 이미지를 생성할 수는 있지만, 클릭했을 때 프롬프트로 입력한 요청 사항의 목적은 이미지를 만드는 것이라는 사용자의 의도를 명확하게 전달할 수 있습니다.

❹ [Canvas ⊡]: 제미나이의 일방적인 답변을 받는 것이 아니라, 사용자가 최종 결과물을 생성하는 데 참여할 수 있는 작업 환경을 제공합니다. 사용자가 내용을 직접 수정하거나 새로운 콘텐츠를 추가로 생성할 수 있습니다. 02-2절의 실습에서 자세히 알아보겠습니다.

❺ [가이드 학습 ⊡]: 사용자가 관심 있어 하는 주제를 더 깊이 탐구하고 가장 효과적인 방식으로 학습할 수 있도록 도와주는 학습 가이드를 제공합니다.

❻ [동적 뷰 ⊡]: 사용자가 입력한 프롬프트에 맞게 UI를 실시간으로 디자인하고 코딩합니다. 예를 들어 '한국의 주요 관광지를 소개해 줘'라고 요청하면 결과물을 고정된 형태나 캔버스가 아니라, 한국의 주요 관광지를 소개하는 웹페이지처럼 만들어서 사용자가 클릭하고 스크롤하면서 학습할 수 있도록 지원합니다.

❼ [모델 선택]: 제미나이에서 대화할 모델을 선택할 수 있습니다. 일상 대화에서는 [빠른 모드]를, 복잡한 문제를 해결해야 할 때는 [사고 모드]를 주로 사용합니다. 전문적인 코딩이나 수학 문제 풀이처럼 높은 수준의 작업이 필요하다면 [Pro]를 사용하는 걸 추천합니다.

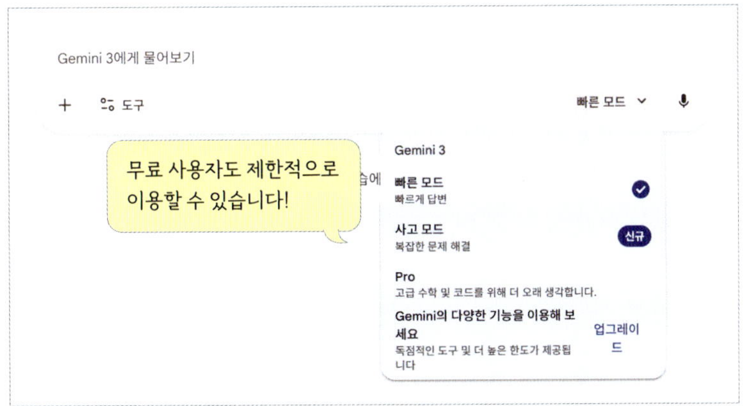

이처럼 입력 창에는 프롬프트를 작성했을 때 더 좋은 결과물을 얻을 수 있도록 도와주는 기능이 배치되어 있습니다. 02-2절부터는 이 기능들을 직접 사용해 보며 제미나이를 효과적으로 활용할 수 있는 방법을 배웁니다. 우선 제미나이를 나만의 비서로 지정할 수 있도록 입맛에 맞게 설정해 보겠습니다.

## 하면 된다! } 나에게 딱 맞는 제미나이로 설정하기

사이드바 하단에서 [설정 및 도움말]을 누르면 나타나는 세부 메뉴에서 사용자의 특성에 맞춰 제미나이를 설정해 보겠습니다.

### 01 맞춤 설정하기

❶ 사이드바 하단에서 [설정 및 도움말 → Gemini 요청 사항]을 클릭합니다. [Gemini 요청 사항]에서는 사용자의 관심사, 기본 요청 사항 등을 제미나이에게 공유할 수 있습니다. ❷ 사용자가 Gemini에게 저장하도록 요청한 정보 창이 나타나면 [+ 추가]를 클릭합니다.

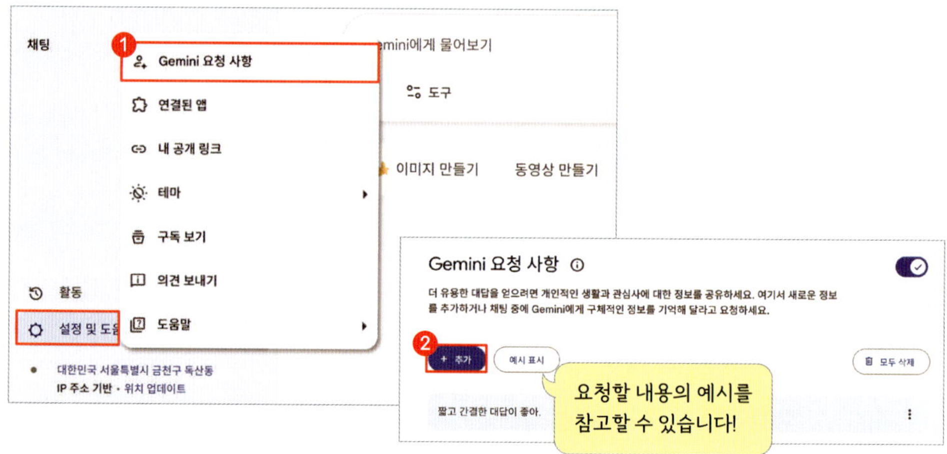


### 02 ❶ 다음과 같이 제미나이가 대화 과정에서 항상 기억해 주길 바라는 내용을 입력하고 ❷ [제출]을 클릭해 저장합니다.

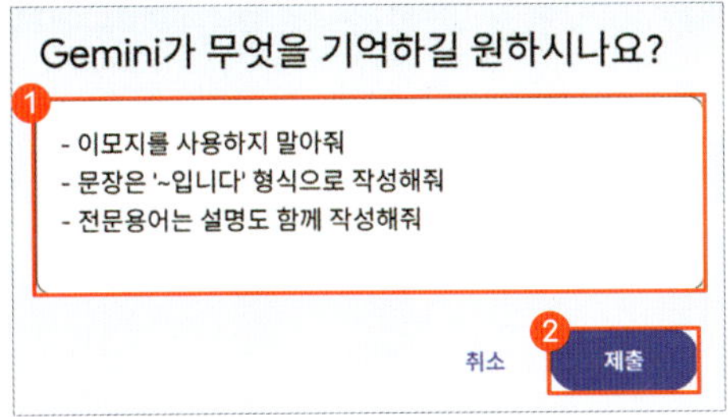


✦ 관심사, 주의 사항, 요청 사항 등을 입력하면 됩니다. 지금 당장 어떤 내용을 적어야 할지 모르겠다면 실습을 진행하다가 추가해도 좋습니다.

### 03 구글 앱 연동 활성화하기

❶ 화면 상단에서 [Gemini]를 눌러 시작 화면으로 돌아옵니다. ❷ 프롬프트 입력 창에 @을 입력하면 ❸ 연동해서 사용할 수 있는 구글 앱이 목록으로 나타납니다.

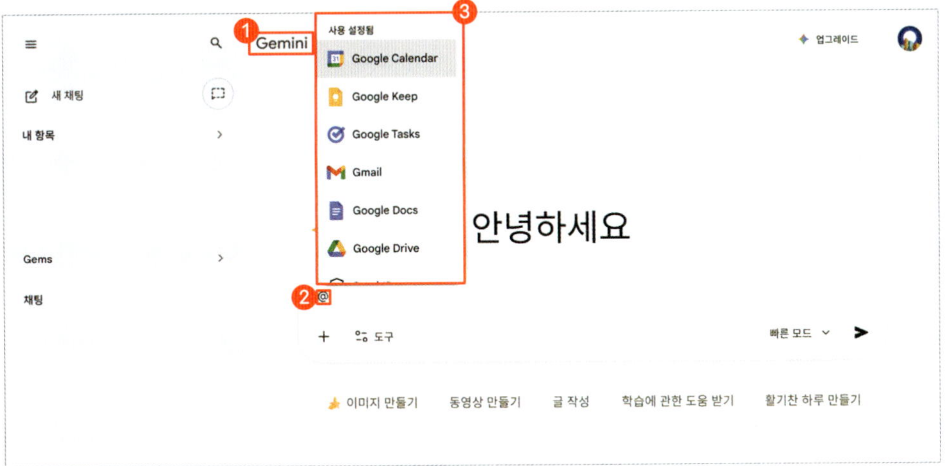


### 04 @을 입력했을 때 나타나는 구글 앱 목록을 설정해 보겠습니다. [설정 및 도움말 → 연결된 앱]을 클릭합니다.

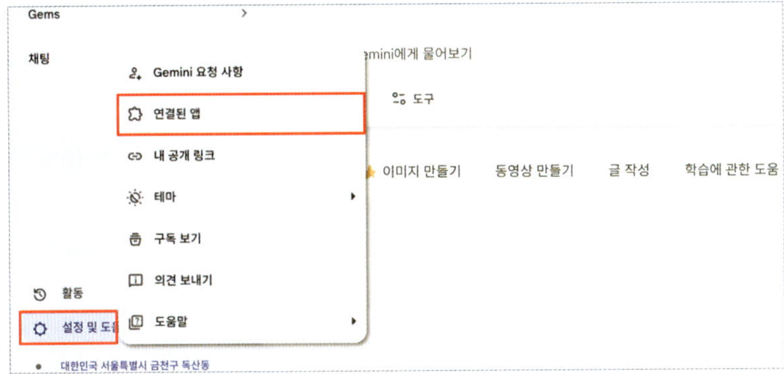

[05] 생산성 등 카테고리와 각 카테고리에 해당하는 앱을 확인할 수 있습니다. 앱마다 파란색 토글을 클릭하면 제미나이와 해당 앱을 연동하거나 연동 해지할 수 있습니다. 구글 서비스를 연동해 볼 것이므로 여기서는 [생산성] 카테고리의 토글을 활성화된 상태로 둡니다.

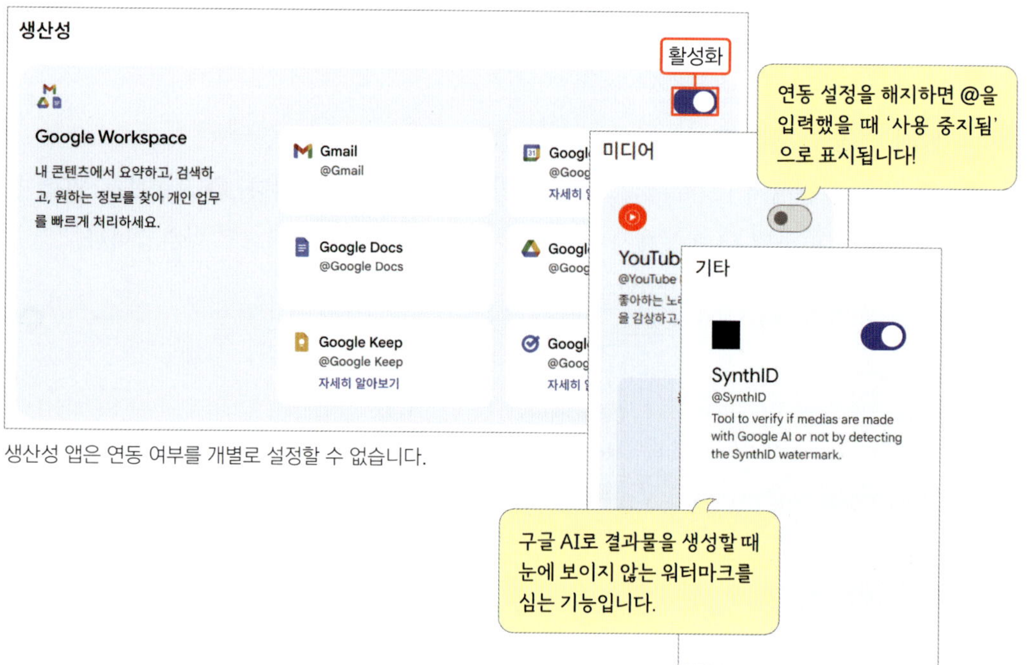


생산성 앱은 연동 여부를 개별로 설정할 수 없습니다.

제미나이의 화면을 살펴보며 몇 가지 기능을 다뤄 보았습니다. 이제 입력 창에 있는 캔버스와 딥 리서치를 직접 사용해 보고, 구글 서비스를 연동해 시간을 아끼는 방법을 배워 보겠습니다.

> ✨ **1분 완성 퀴즈** | 제미나이 화면 살펴보기
>
> ❶ 제미나이의 ( 사이드바 / 입력 창 ) 에서는 대화 기록 확인, 새로운 채팅 시작, 설정 등의 기능을 빠르게 사용할 수 있다.
> ❷ 입력 창에는 텍스트를 입력할 뿐만 아니라 파일이나 이미지, 링크도 첨부할 수 있어서 프롬프트를 다양한 방식으로 전달할 수 있다.
> ❸ [ ( 설정 및 도움말 / 계정 관리 ) ] 에서는 개인의 관심사, 말투, 선호 방식 등을 설정해 맞춤형 응답을 받을 수 있다.
>
> 정답 ① 사이드바 ② 창 입력 ③ 관리 계정 및 설정

# 자유롭게 편집하고 구현하는 공간, 캔버스!

## 번거로운 문서 작업은 모두 캔버스에서!

'캔버스' 하면 그림을 그릴 수 있는 넓은 도화지가 떠오릅니다. 제미나이에서 제공하는 캔버스 역시 아이디어를 문서, 인포그래픽, 퀴즈, 앱 등으로 구현하는 공간입니다. 제미나이가 대답한 결과를 캔버스에서 수정하면서 이 기능의 진가를 알아보겠습니다.

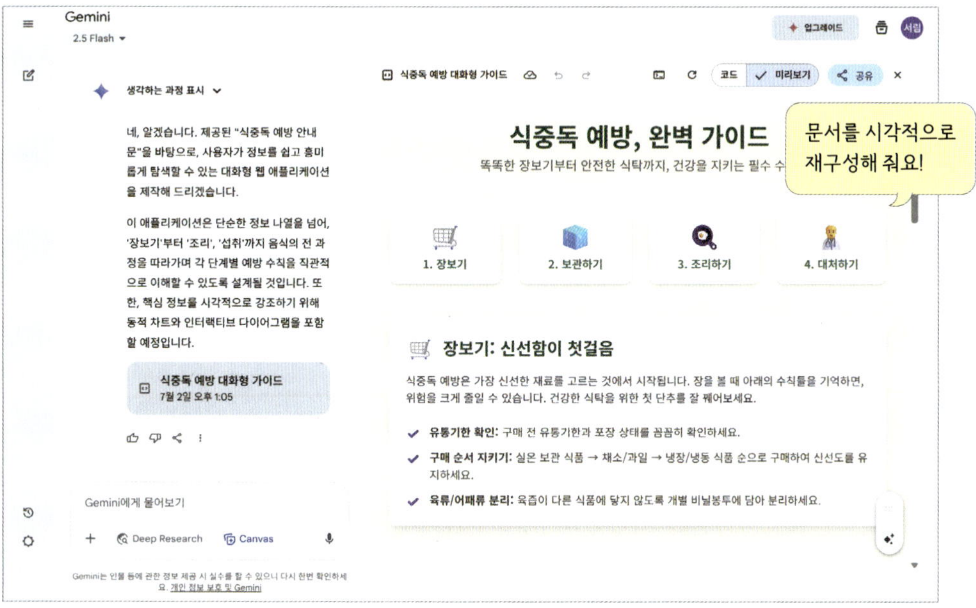


캔버스 기능으로 인포그래픽 이미지를 만든 모습

## 하면 된다! } 캔버스에서 결과물 수정하기

캔버스 기능을 이해하기 위해 실생활에 밀접한 '식중독'을 주제로 실습해 보겠습니다. 캔버스가 실행되면 화면이 좌우로 분할되면서 왼쪽에는 채팅 창이 나타나고 오른쪽에는 제미나이가 생성한 결과물이 표시됩니다.

**01** ❶ 입력 창에서 [도구 🎛]를 클릭한 뒤 ❷ [Canvas]를 선택합니다. ❸ 식중독 예방 안내문 작성해 줘라고 입력하고 [Enter]를 누릅니다.

**02** 여느 응답 결과와 조금 다른 화면 구성으로 전환됩니다. ❶ 왼쪽 대화 창에서 제미나이가 '식중독 예방 안내문'이라는 결과물을 생성했고 ❷ 그 내용이 오른쪽에 문서 작성기 같은 화면으로 출력됩니다.

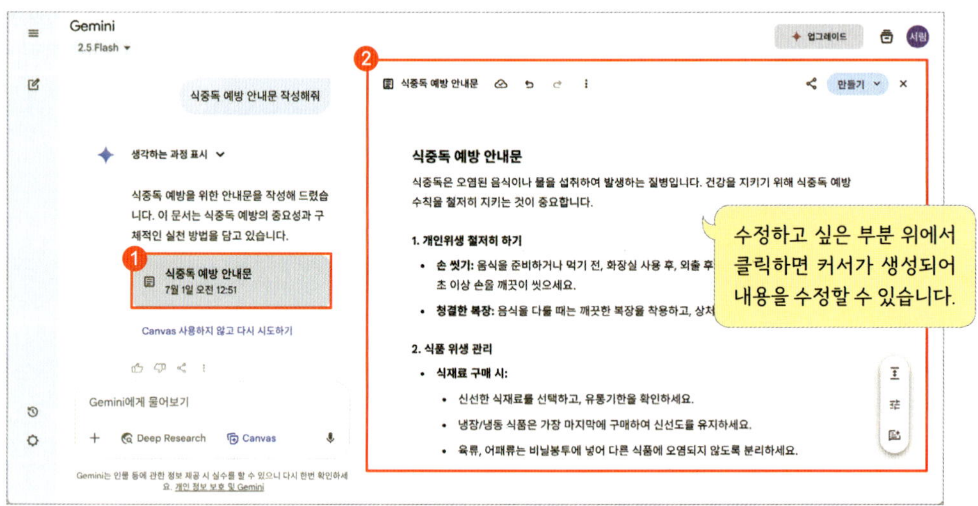

## 03 대답 스타일 바꾸기

이번에는 제미나이의 대답을 좀 더 짧게 수정해 보겠습니다. ❶ [길이 변경 ⬍]을 누르면 나타나는 목록에서 ❷ [짧게]를 선택합니다.

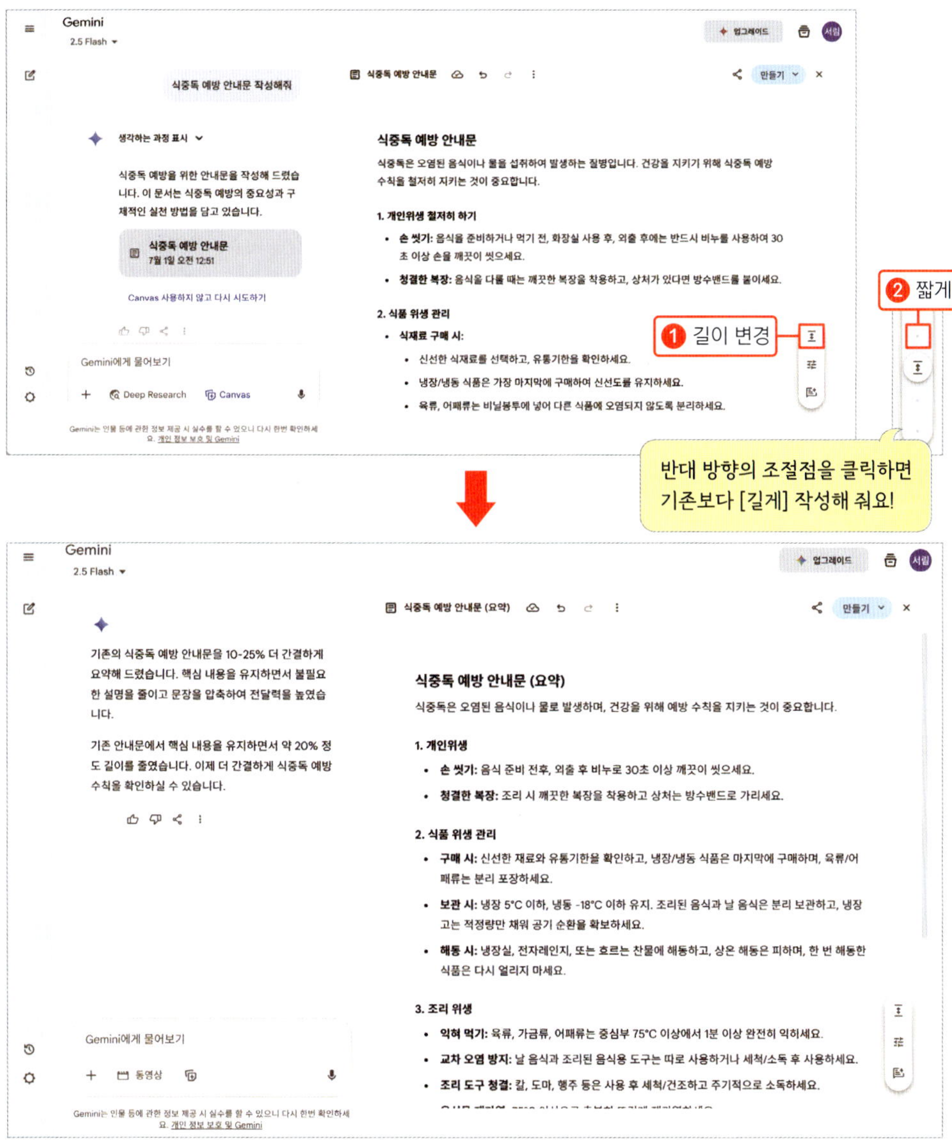



식중독 예방 안내문의 길이를 짧게 조정한 결과

 이번에는 어조를 좀 더 캐주얼하게 수정해 보겠습니다. ❶ [어조 변경 🎛]을 클릭한 뒤 ❷ [편하게]를 선택합니다.

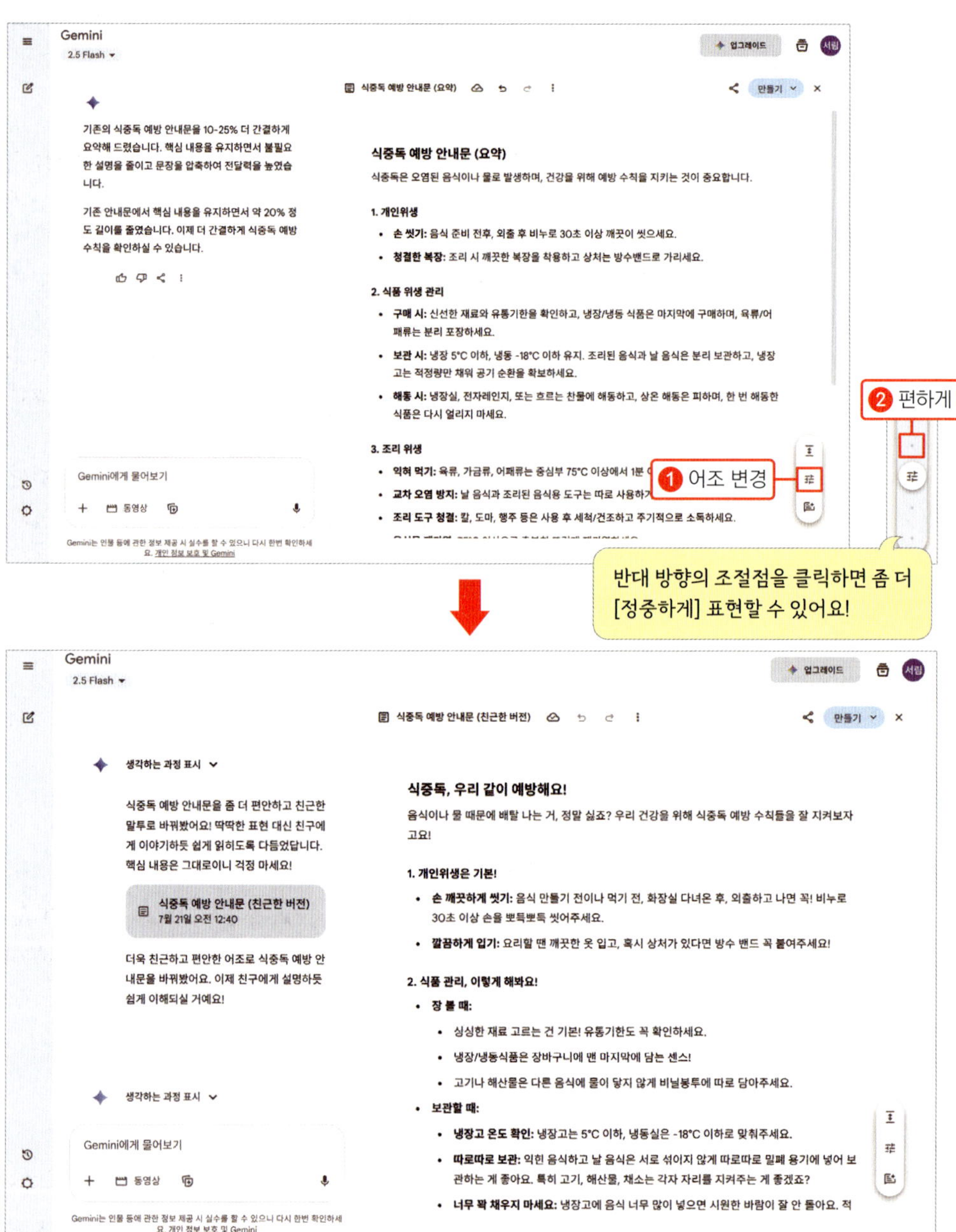


식중독 예방 안내문의 어조를 좀 더 편하게 조정한 결과

❶ 캔버스 화면 상단에서 [서식 설정 ⋮]을 클릭하면 문서를 편집할 수 있는 서식 도구 모음이 나타납니다. ❷ [제목]을 눌러 스타일을 지정할 수 있고, ❸ 글꼴을 [굵게 B] 또는 [기울이게 I]로 설정할 수도 있습니다. ❹ [글머리 기호 ≣]와 ❺ [번호 매기기 ≣]를 적용할 수도 있습니다.

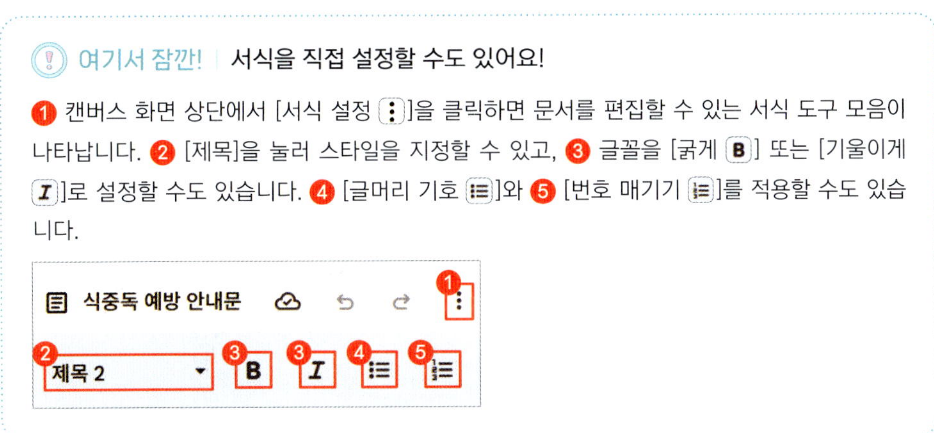

**05** ❶ 마지막으로 [수정 제안 ✎]을 클릭하면 제미나이가 현재 결과물을 검토한 뒤 수정할 부분과 이유를 제안해 줍니다. ❷ [모두 적용]을 눌러 제안을 수락하면 그 내용대로 자동 수정됩니다. 이 기능은 초기에 생성된 내용을 전반적으로 피드백받고 싶을 때 사용하는 것을 추천합니다.

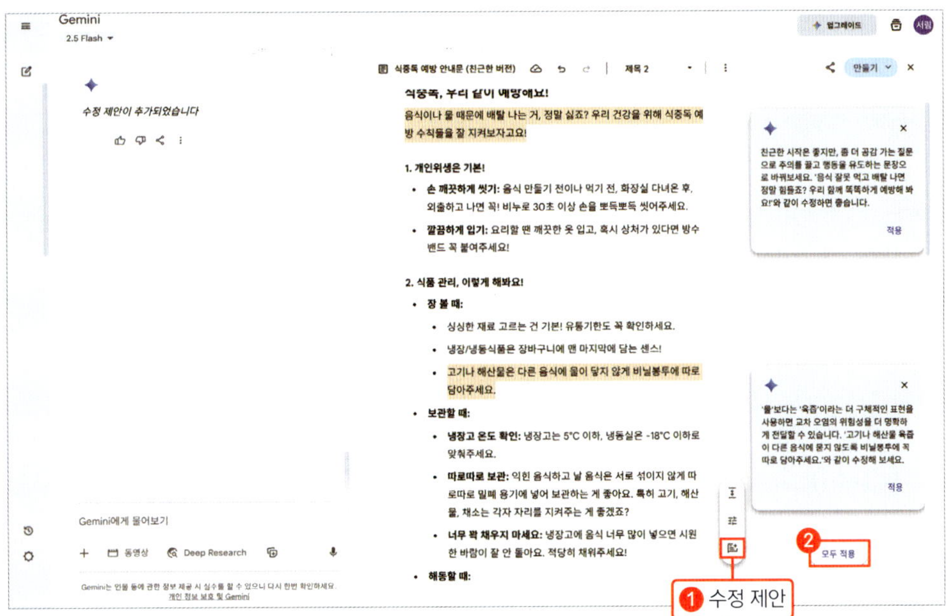

캔버스에서 완성한 텍스트를 구글 독스로 보내서 다른 사람과 바로 공유할 수 있는 문서로 만들어 보겠습니다. ❶ 화면 오른쪽 상단에서 [공유 <]를 클릭한 뒤 ❷ [Docs로 내보내기]를 선택합니다.

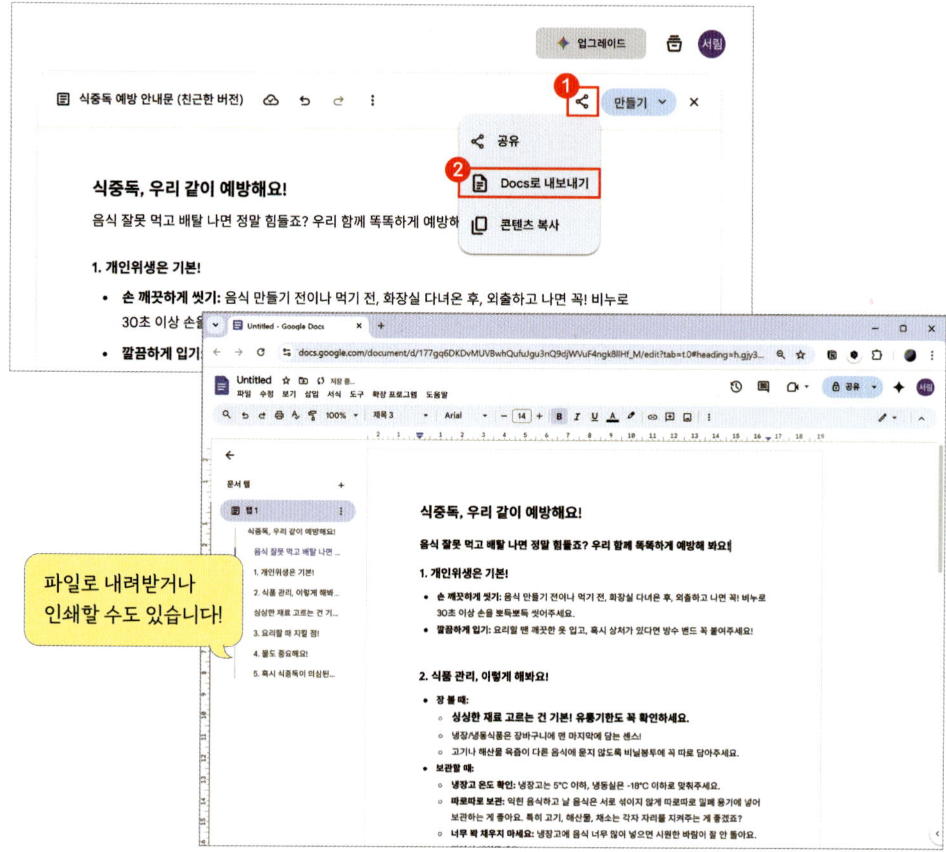


캔버스에서 작업한 내용이 구글 독스로 바로 옮겨진 모습

내 계정의 구글 독스로 내보내기가 되면서 새 창에서 결과물을 확인할 수 있습니다. 문서 서식이나 구조 등을 따로 편집하지 않고도 실제 보고서나 과제로 바로 활용할 수 있습니다.

# 텍스트의 변신은 무죄! — 웹페이지부터 오디오까지

이번에는 캔버스에서 '만들기' 기능을 소개하겠습니다. 캔버스 화면 오른쪽 상단에서 [만들기]를 클릭하면 생성된 텍스트 결과물을 [웹페이지], [인포그래픽], [퀴즈], [AI 오디오 오버뷰] 등 사용자가 원하는 형태의 앱으로 다시 생성할 수 있습니다.

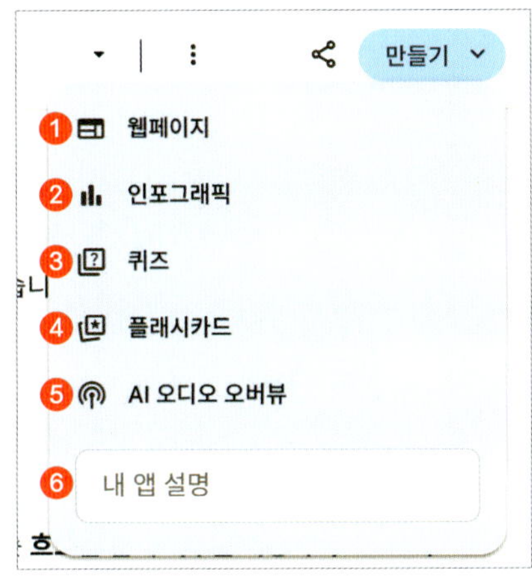

❶ [웹페이지]: 단순 정보를 전달하는 간단한 형태의 웹페이지를 제작합니다.

❷ [인포그래픽]: 텍스트 형태의 정보를 시각 정보로 만들어서 보는 사람이 쉽게 이해할 수 있도록 도와줍니다.

❸ [퀴즈]: 텍스트 내용을 바탕으로 간단한 문제와 힌트로 퀴즈를 생성해 줍니다.

❹ [플래시카드]: 텍스트 내용을 바탕으로 키워드를 암기할 수 있도록 플래시카드를 생성합니다.

❺ [AI 오디오 오버뷰]: 텍스트 내용을 활용해 실제 성우가 말하는 듯한 오디오를 만들어 줍니다.

❻ [내 앱 설명]: 텍스트 내용을 활용해서 내가 원하는 앱의 형태로 만들어 주는 기능으로, 사용자의 아이디어만 있으면 무엇이든 만들 수 있습니다. 예를 들어 체크리스트, 간단한 게임 등을 만들어 볼 수 있으니 자유롭게 요청해 봐도 좋습니다.

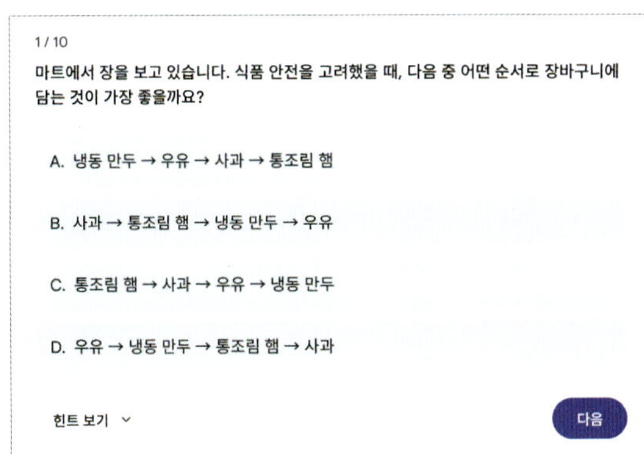

캔버스 내용을 [퀴즈]로 만든 모습

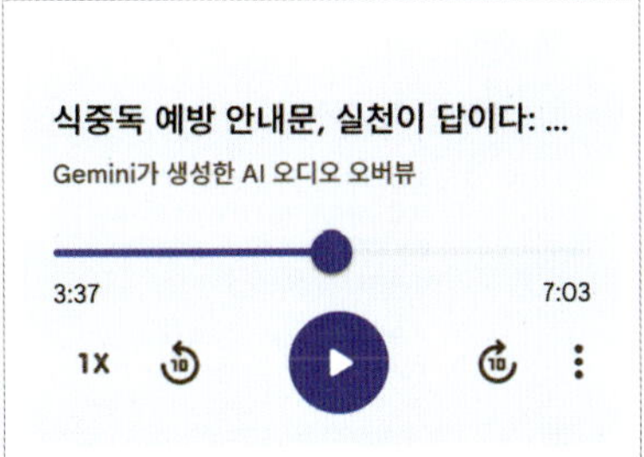

캔버스 내용을 [AI 오디오 오버뷰]로 만든 모습

# 하면 된다!} 개발 지식 없이 쉽게 웹페이지 만들기

제미나이는 사람의 언어만 잘 생성하는 것이 아니라 컴퓨터의 언어를 다루는 코딩도 곧잘 해냅니다. 우리가 간단한 웹페이지를 만든다고 해도 HTML과 CSS 등을 배워야 하는데, 이는 생각보다 복잡하고 그럴듯한 결과물을 만들어 내는 것도 쉽지 않습니다. 하지만 제미나이를 사용하면 몇 분 만에 웹페이지를 뚝딱 만들 수 있습니다. 앞서 만든 '식중독 예방 안내문'을 웹페이지 형태로 만들어 보겠습니다.

**01** 캔버스 화면 오른쪽 상단에서 [만들기 → 웹페이지]를 클릭합니다.

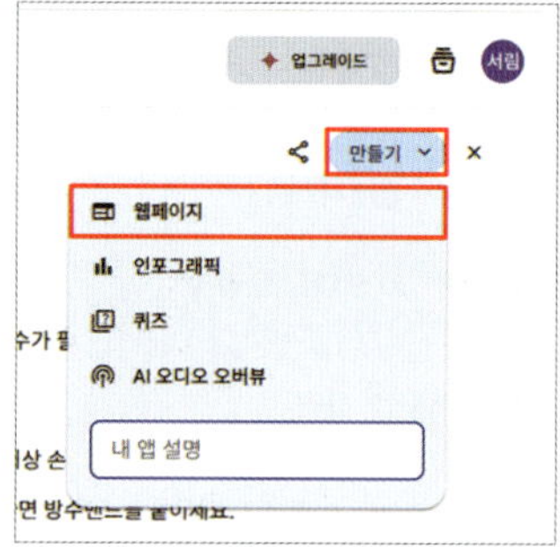

**02** 텍스트 내용을 바탕으로 코드가 주르륵 배열되면서 웹페이지가 생성됩니다. 배경 색상, 내용, 구성 등 수정하고 싶은 내용은 프롬프트 입력 창에 작성해서 바꿀 수 있습니다. 화면 오른쪽 하단에서 [Gemini 기능 추가 ✦]를 클릭해 보겠습니다.

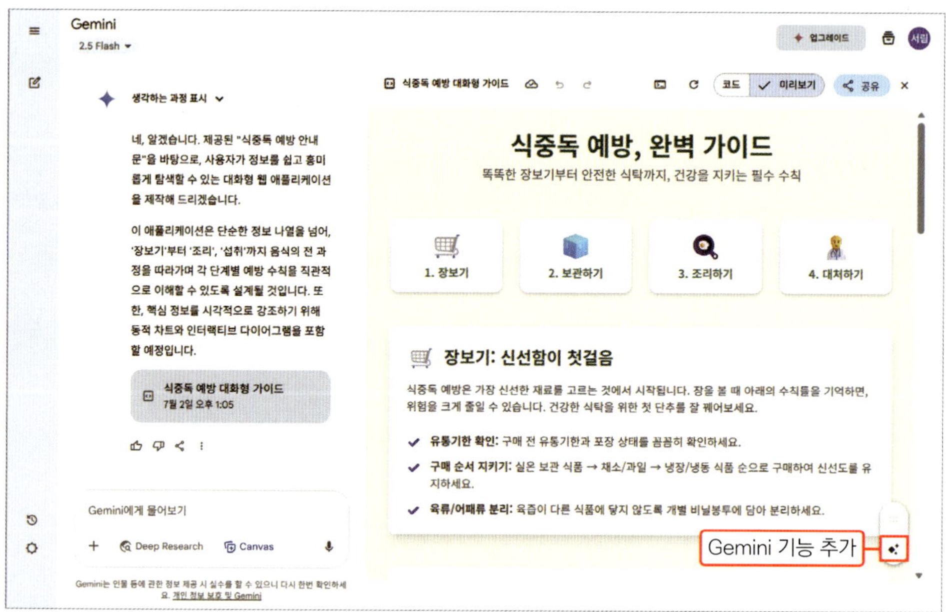

03 ❶ 제미나이가 이 웹사이트에 어울리는 '레시피 안전성 분석'이라는 기능을 추가해 주었습니다. 가지고 있는 레시피를 입력하면 AI가 식중독 위험 요소를 분석하고 안전한 조리법을 제안해 주는 기능이네요! ❷ 완성한 웹페이지는 [공유 ⛯ → Canvas 공유하기]를 눌러 다른 사람에게 공유할 수 있습니다.

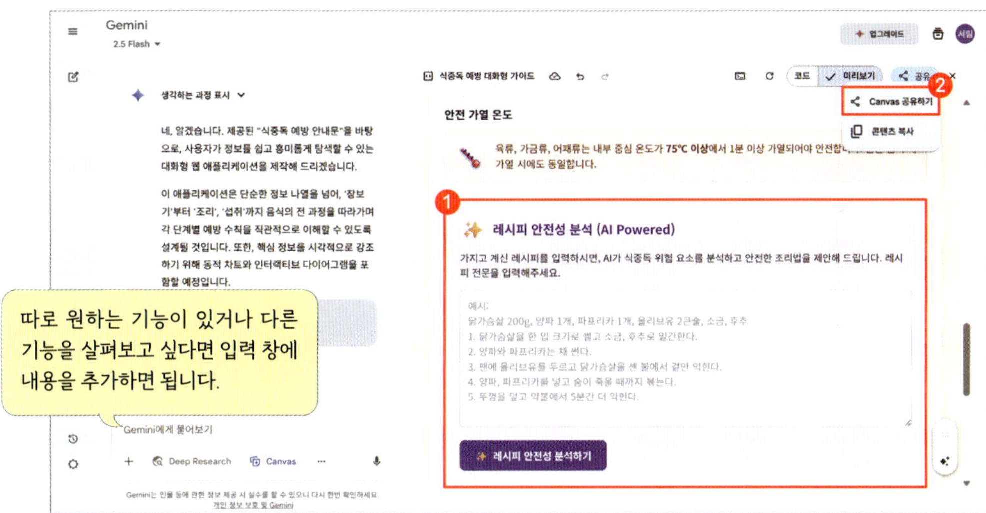


## 하면 된다! } 정보를 한눈에 전달하는 인포그래픽 만들기

아무리 중요한 정보라도 내용이 너무 많으면 효과적으로 전달하기 어렵습니다. 이럴 땐 정보를 시각화해서 전달하는 인포그래픽을 사용하는 것이 좋습니다. 보는 사람이 쉽게 이해할 수 있도록 도와줄 인포그래픽을 제미나이로 빠르게 만들어 보겠습니다.

01 ❶ 다시 채팅 창 상단으로 이동해서 처음에 생성한 [식중독 예방 안내문]을 클릭합니다. ❷ 이번에는 [만들기 → 인포그래픽]을 클릭합니다.

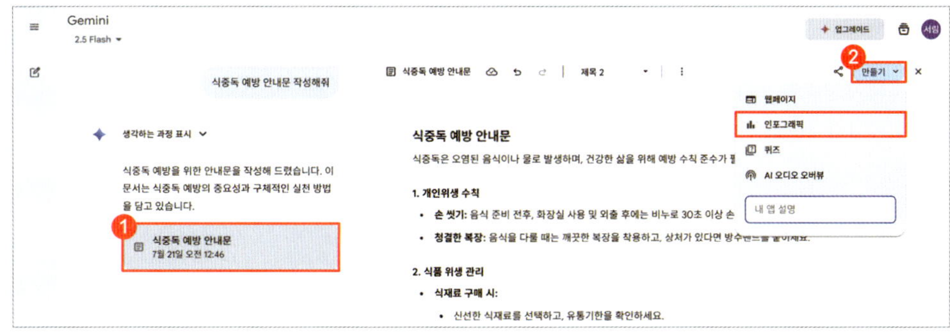

**02** ❶ 다음과 같이 텍스트에 담긴 정보를 시각화해서 인포그래픽을 생성해 줍니다.
❷ 마찬가지로 화면 오른쪽 상단에서 [공유]를 누르면 URL을 생성할 수 있고, 다른 사람에게 전달하거나 웹에 게시하는 형태로 활용할 수 있습니다.

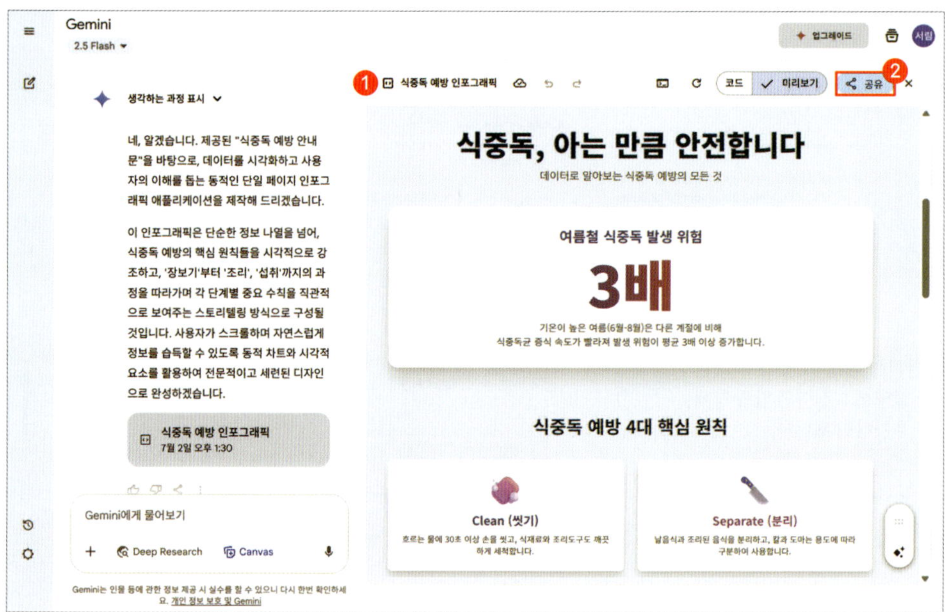


보고서나 데이터 분석 결과, 자기소개서 등으로 인포그래픽을 만들고 싶다면 마찬가지로 입력 창에 관련된 파일을 첨부하거나 텍스트를 입력한 후, [Canvas]를 활성화한 상태에서 프롬프트 입력 창에 '이 정보로 인포그래픽을 만들어 줘'라고 요청하면 됩니다.

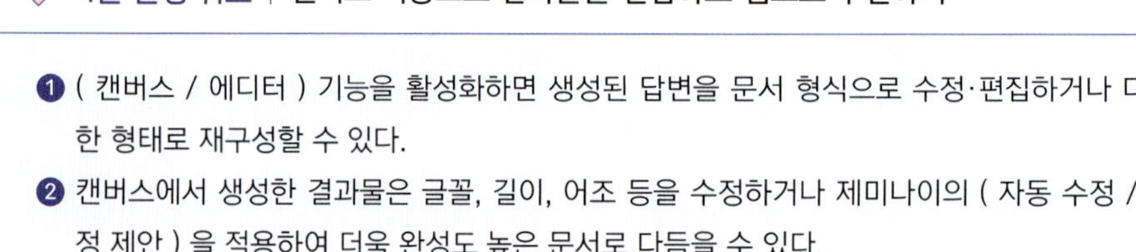

### ✦ 1분 완성 퀴즈 | 캔버스 기능으로 결과물을 편집하고 앱으로 구현하기

❶ ( 캔버스 / 에디터 ) 기능을 활성화하면 생성된 답변을 문서 형식으로 수정·편집하거나 다양한 형태로 재구성할 수 있다.

❷ 캔버스에서 생성한 결과물은 글꼴, 길이, 어조 등을 수정하거나 제미나이의 ( 자동 수정 / 수정 제안 ) 을 적용하여 더욱 완성도 높은 문서로 다듬을 수 있다.

❸ 완성된 결과물은 ( MS 워드 / 구글 독스 ) 로 바로 내보낼 수 있으며, 웹페이지·인포그래픽·퀴즈·오디오 등의 형태로도 변환하여 활용할 수 있다.

❹ 웹페이지나 인포그래픽으로 만든 결과물은 URL을 통해 외부로 쉽게 공유할 수 있다.

정답 ① 캔버스 ② 수정 제안 ③ MS 워드 / 구글 독스 ④ 맞음

## 02-3

# 자료 분석 전문가, 딥 리서치

## 자료 조사부터 보고서 작성까지 한 번에! 딥 리서치

특정 주제의 보고서를 작성할 때는 관련 자료를 찾아보고 그 안에서 중요한 내용을 발췌하는 것만 해도 상당한 시간과 노력을 들여야 합니다. 그러나 제미나이의 **딥 리서치** 기능을 활용하면 사용자는 자신의 **연구 주제와 목적, 분량 등을 포함한 프롬프트만 입력**하고 나서 제미나이의 작업 결과를 기다리면 됩니다.

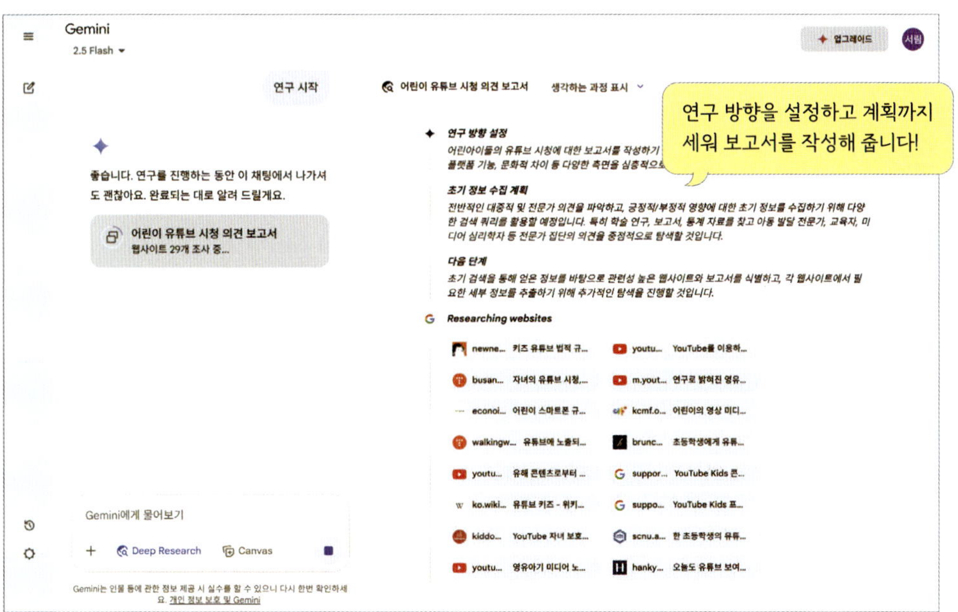


딥 리서치의 연구 진행 화면

딥 리서치는 말 그대로 사용자를 대신해서 수백 개의 웹사이트를 탐색하고, 그 결과를 활용해 심층 분석을 거쳐 통찰력 있는 보고서를 작성해 주는 기능입니다. 쉽게 말해 제미나이가 나만의 연구원이 되어 내가 궁금한 내용을 대신 조사해서 보고서로 만들어 준다고 볼 수 있어요. 조사 계획·수립, 자료 탐색·수집, 심층 분석·추론, 보고서 작성까지 모든 단계를 제미나이가 직접 수행하므로 사용자는 프롬프트만 잘 작성하면 고품질 보고서를 손쉽게 얻을 수 있습니다.

## 하면 된다! } 심층 자료 조사 보고서 만들기

'어린이의 유튜브 시청'을 주제로 하는 찬반 토론 보고서를 딥 리서치 기능을 활용해 작성해 보겠습니다. 제미나이 화면의 왼쪽 사이드바에서 [새 채팅]을 클릭해 새로운 채팅을 열고 진행합니다.

**01** ❶ 입력 창에서 [Deep Research]를 활성화하고 ❷ 어린 아이들의 유튜브 시청에 대한 다양한 의견을 수집해서 보고서를 작성해 줘라고 입력한 뒤 (Enter)를 누릅니다.

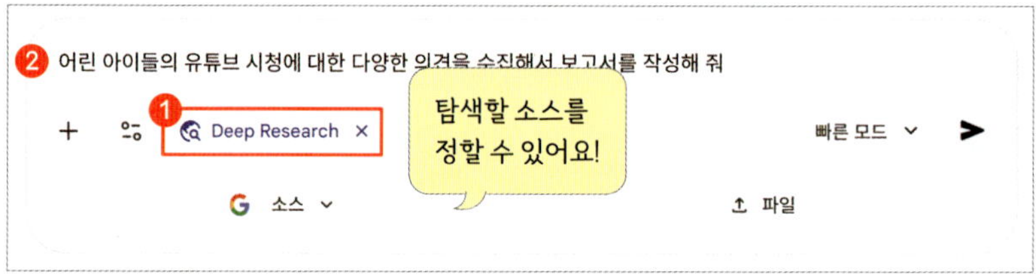


**02** 제미나이가 어떤 식으로 리서치를 진행할 것인지 다음과 같이 계획을 수립해서 보여 줍니다. [연구 시작]을 클릭해서 바로 리서치를 진행합니다.

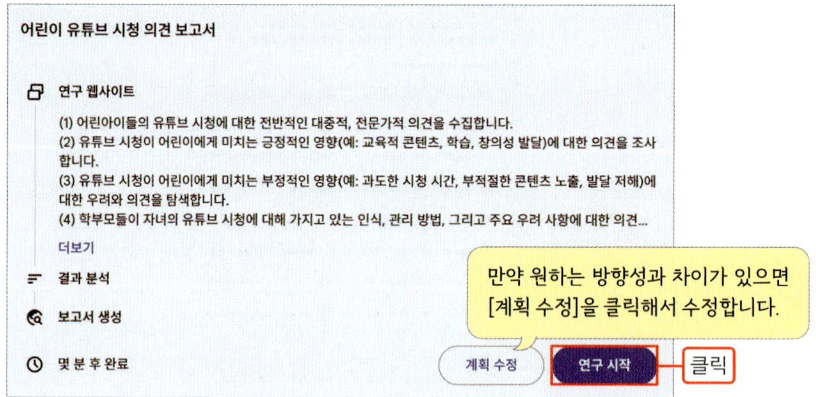

03 연구가 시작되면 제미나이는 수많은 웹사이트를 조사해서 보고서를 작성해 줍니다. 보고서 주제에 따라 완성 시간에 차이가 있으니 여유를 두고 작업하는 것을 추천합니다.

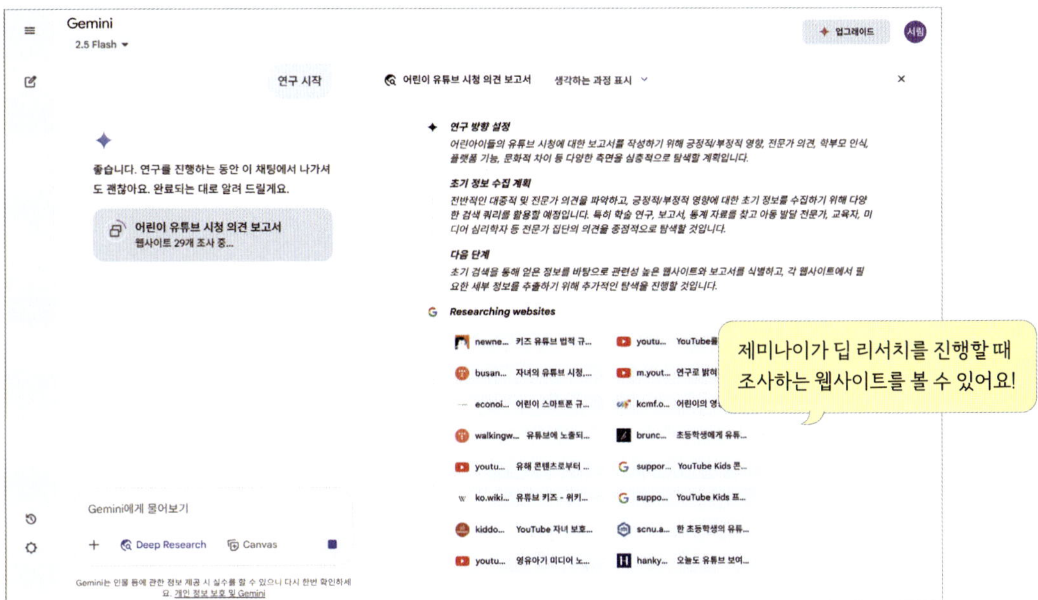


04 제미나이가 완성해 준 보고서를 확인해 보면, 단순한 정보 나열을 넘어 수집한 정보를 종합해서 분석하고 추론하여 인사이트를 도출한 것을 파악할 수 있습니다.

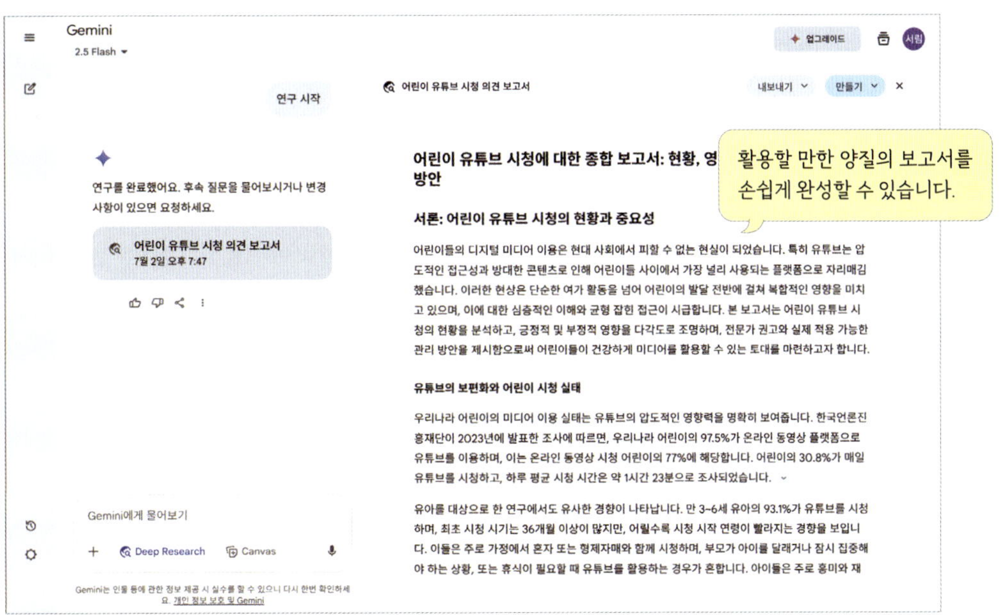

단, 딥 리서치 기능은 결과물을 확인할 때까지 시간이 오래 걸립니다. 또한 프리 요금 제를 구독하는 무료 사용자라면 한 달에 사용할 수 있는 횟수가 제한되어 있어서 한 번에 제대로 진행해야 합니다.

따라서 '~에 관해 조사해 줘'라는 프롬프트로 바로 딥 리서치를 수행하기보다 '~에 관한 딥 리서치를 진행하려고 하는데 프롬프트를 작성해 줘'라고 요청한 후, 제미나 이가 제공해 준 해당 프롬프트를 활용해서 딥 리서치를 실행하는 것을 추천합니다.

## 제미나이의 조사 결과를 온전히 믿어도 될까?

딥 리서치를 활용해 보고서를 작성해 보았는데, 이 내용을 100% 믿어도 될까요? 제 미나이의 답변은 매우 유용하고 인사이트도 풍부하지만, 생성형 AI의 특성상 완전히 신뢰할 수 있다고 단정할 수 없습니다. 특히 딥 리서치 기능을 사용해서 정보 조사와 관 련된 내용을 요청할 때에는 그 결과를 어느 정도까지 신뢰할 수 있는지 스스로 점검 하는 태도를 가져야 합니다. 제미나이가 조사한 결과를 검토하고 활용할 때 유의할 점을 함께 살펴보겠습니다.

### 검토할 수 있는 범위 내에서 사용하자

제미나이는 많은 정보를 빠르게 정리해 주는 훌륭한 도구이지만, 생성형 AI라는 기술 적 한계 때문에 환각 현상이 발생할 수 있습니다. 즉, 실제로 존재하지 않거나 근거가 모호한 내용을 사실처럼 만들어 내는 경우가 있다는 뜻입니다. 따라서 제미나이의 생 성 결과는 반드시 '내가 검토할 수 있는 범위 내에서 활용한다'고 전제하는 것이 중요 합니다. 스스로 검증할 수 없는 내용이라면 참고 자료로만 활용하는 것이 낫습니다. 만약 업무나 중대한 사안을 판단할 만한 근거로 사용하고 싶다면 모든 출처 페이지에 직접 들어가서 내용을 살펴보길 권장합니다. 특히 통계, 수치, 인용구처럼 정확도가 중요한 내용은 반드시 출처와 원문을 대조해 보아야 합니다. 제미나이가 생성해 준 최종 보고서 역시 내용을 살펴보면서 혹시 틀린 내용이 있는지 확인한 후 활용하는 것이 바람직합니다.

## 신뢰도 높은 출처를 조건으로 추가하자

제미나이가 제시하는 출처에 관해서도 주의할 점이 있습니다. 제미나이가 제시하는
출처 목록에는 개인 블로그나 원출처가 불분명한 자료가 포함될 수 있습니다. 좀 더
신뢰도 높은 정보를 수집하고 싶다면 프롬프트에 조건을 추가해 보세요. 예를 들어 '국
가, 대기업, 연구소 등에서 나온 신뢰할 수 있는 자료나 논문, 기사, 도서처럼 출처가
명확한 자료로만 조사해 줘'라고 요청하면 출처가 분명하고 믿을 만한 문서를 중심으
로 결과를 정리해 줍니다.

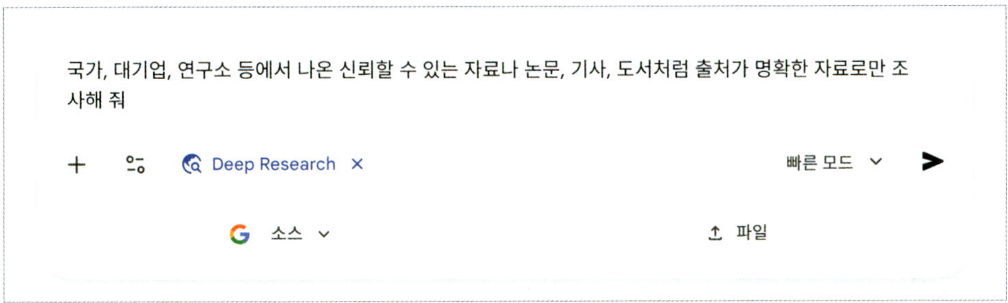


딥 리서치를 사용한 결과물의 내용과 구조가 그럴듯해 보이지만 무조건적으로 수용
하기보다 사용자 스스로 정보의 진위를 판단하는 태도가 필요합니다. 조건을 조절하
거나 보완해서 요청하면 훨씬 더 안전하고 효과적으로 사용할 수 있습니다.
참고로 2025년 12월 기준으로 프리 요금제를 사용할 경우 딥 리서치는 빠른 모드로
만 한 달에 5번까지 사용할 수 있는데요. 프로 요금제를 구독하면 하루에 20개씩 딥
리서치를 이용할 수 있고 사고 모드를 사용할 수 있어 완성도가 훨씬 더 높습니다. 요
금제별 이용 한도는 bit.ly/gemini_limit에 접속하면 확인할 수 있습니다.

> 🪄 **1분 완성 퀴즈** | 심층 분석을 위한 리서치 도우미, 딥 리서치 활용하기
>
> ❶ ( 올 / 딥 ) 리서치를 활용하면 사용자의 요청에 따라 수많은 웹사이트를 탐색하고 핵심 내용
> 을 분석해 구조화된 보고서를 생성해 준다.
> ❷ 주제, 목적, 분량 등의 정보를 함께 입력하면 보다 정밀하고 목적에 부합하는 보고서를 받을
> 수 있다.
> ❸ 딥 리서치는 제미나이를 ( 대화형 / 리서치형 ) AI로 활용하고 싶을 때 유용하게 사용할 수 있다.
> ❹ 딥 리서치 결과를 중요한 용도로 활용할 때는 ( 검토할 수 있는 / 최대한 넓은 ) 범위 내에서
> 사용하는 것을 권장한다.
>
> 정답 ① 딥 ② 맞음 ③ 리서치형 ④ 검토할 수 있는

# 자주 하는 작업에는
# 젬을 활용하자!

## 제미나이의 챗봇, 젬!

젬(Gem)은 특정 요청 사항 또는 역할을 설명하는 프롬프트와 참고 파일 등을 미리 저장해 놓고 필요할 때 불러 사용하는 '전문화된 제미나이'라고 볼 수 있습니다. 자주 수행하는 작업은 젬으로 만들어 두면 반복되는 업무를 크게 줄일 수 있습니다.

제미나이 화면의 왼쪽 사이드바에서 [Gems]를 클릭해 보겠습니다. 구글에서는 이미 활용성이 높은 브레인스토밍 도우미, 커리어 컨설턴트, 코딩 파트너, 과외 선생님, 작문 에디터 젬 등을 사전 제작해서 제공하고 있습니다.

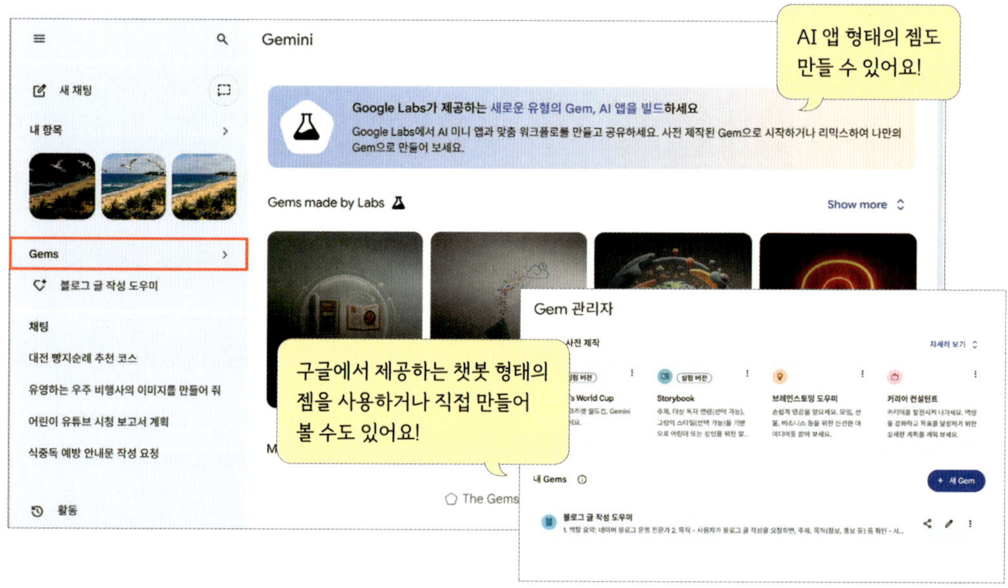

Gem 관리자 화면에서 [작문 에디터]를 클릭해 보면 기존의 제미나이 화면과 달리 상단에 '작문 에디터'라고 표시되고 대화를 시작할 수 있는 주제를 제시해 줍니다. '문법 실수를 고쳐 줘', '특정 문체에 맞춰서 이 글을 수정해 줘' 등 작문과 관련해서 요청할 수 있는 다양한 작업을 제시하고 있으니 목적에 맞게 활용하기 좋습니다.

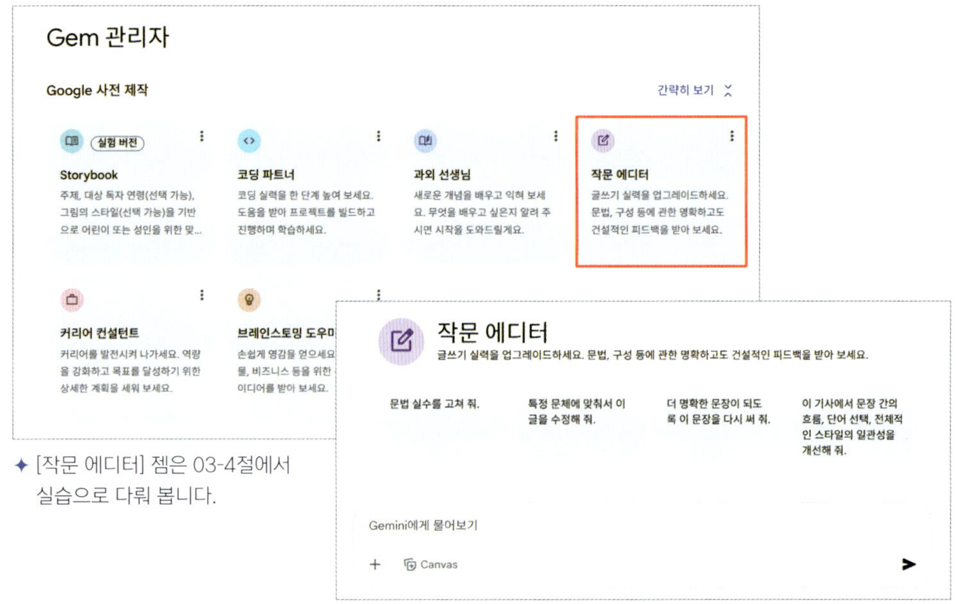


✦ [작문 에디터] 젬은 03-4절에서 실습으로 다뤄 봅니다.

'제미나이도 같은 일을 충분히 잘하지 않나?'라고 의문을 품을 수도 있어요. 기본 제미나이와 젬을 음식점에 비유하자면 우선 기본 제미나이는 모든 음식을 다 파는 거대한 뷔페와 같습니다. 한식, 중식, 양식 등 못하는 요리가 없죠. 하지만 가장 맛있는 스테이크를 먹고 싶다면 뷔페보다는 최고의 스테이크 전문점으로 가는 것이 만족도가 훨씬 높을 겁니다. 이때 '코딩 파트너', '작문 에디터' 같은 젬들이 바로 이 전문점에 해당합니다.

제미나이는 지속해서 업데이트하며 자체적으로 제공하는 젬의 수를 늘려 가고 있습니다. 업무에 맞춰 제미나이에서 제공하는 젬을 활용해도 좋고, 나만의 젬을 직접 만들어 사용해도 됩니다. 이어서 젬을 만드는 방법을 실습으로 알아보겠습니다.

# 하면 된다! } 매일 쓰는 나만의 젬 만들기

인스타그램 콘텐츠에는 짧고 재미있는 문장에 이모지를 사용하는 경우가 많습니다. 이렇게 인스타에서 작성하는 글을 캡션이라고 하는데, 평소에 사용하는 문체가 아니다 보니 홍보를 하거나 SNS 운영 업무를 할 때 작성하는 데 어려움이 있습니다. 그때 사용할 수 있는 '인스타그램 캡션 작성 도우미' 젬을 만들어 보겠습니다.

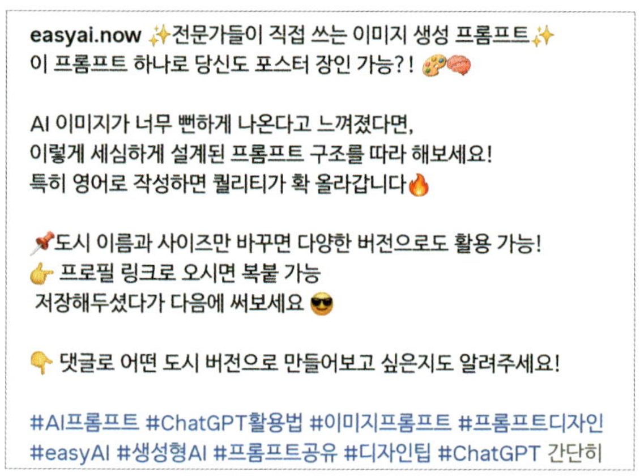


실습으로 만든 젬을 활용해서 작성한 인스타그램 캡션

**01** ❶ 제미나이 화면의 왼쪽 사이드바에서 [Gems]를 클릭하고 ❷ [+ 새 Gem]을 누릅니다.

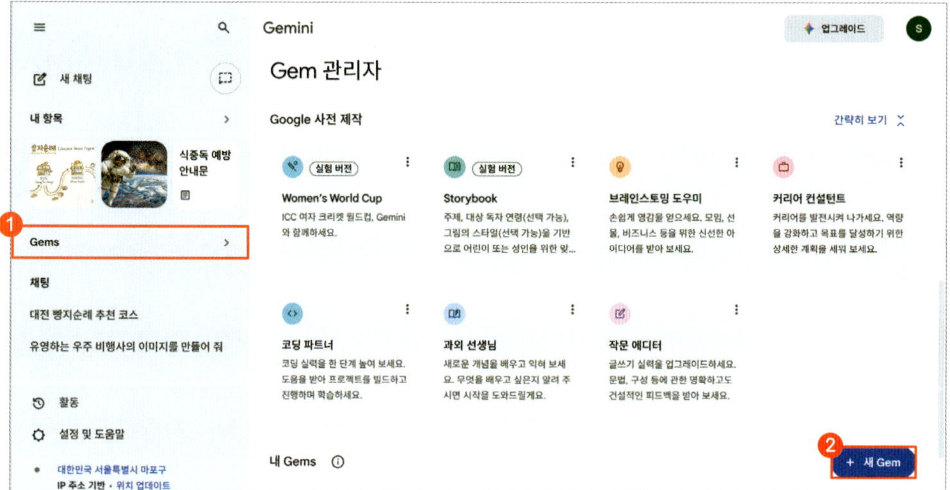

02 다음과 같이 젬 작업 화면이 나타납니다. ❶ 젬의 이름으로 인스타그램 캡션 작성 도우미라고 입력하고 ❷ 젬에게 요청할 사항을 입력합니다. ❸ [저장]을 클릭해서 젬을 저장합니다.

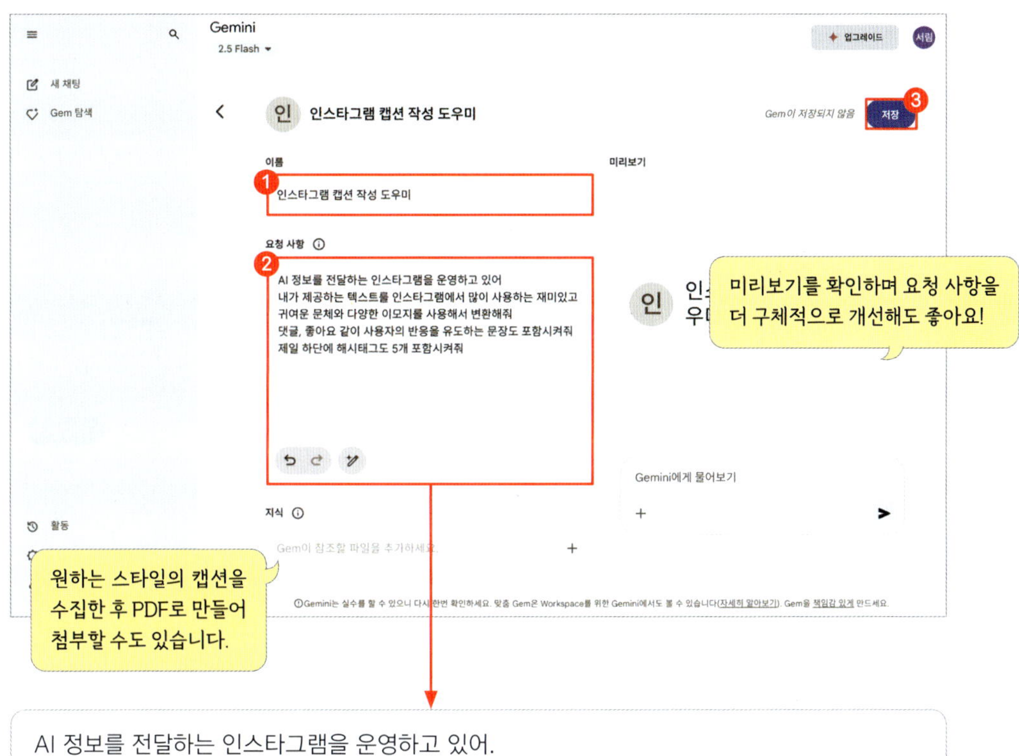


AI 정보를 전달하는 인스타그램을 운영하고 있어.

내가 제공하는 텍스트를 인스타그램에서 많이 사용하는 재미있고 귀여운 문체와 다양한 이모지를 사용해서 변환해 줘.

댓글, 좋아요 같이 사용자의 반응을 유도하는 문장도 포함시켜 줘.

제일 하단에 해시태그도 5개 포함시켜 줘.

03 젬이 생성되면 다음과 같은 안내 창이 나타납니다. [채팅 시작]을 클릭하면 인스타그램 캡션 작성 도우미 젬 화면으로 이동합니다.

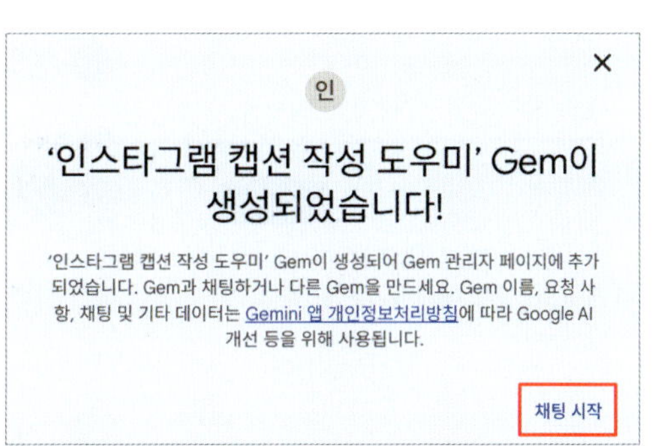

**① 이제 사이드바에서 [Gems]를 클릭하면 ② 내 Gems에서 [인스타그램 캡션 작성 도우미] 젬을 확인할 수 있습니다. [인스타그램 캡션 작성 도우미]를 클릭해 보세요.**

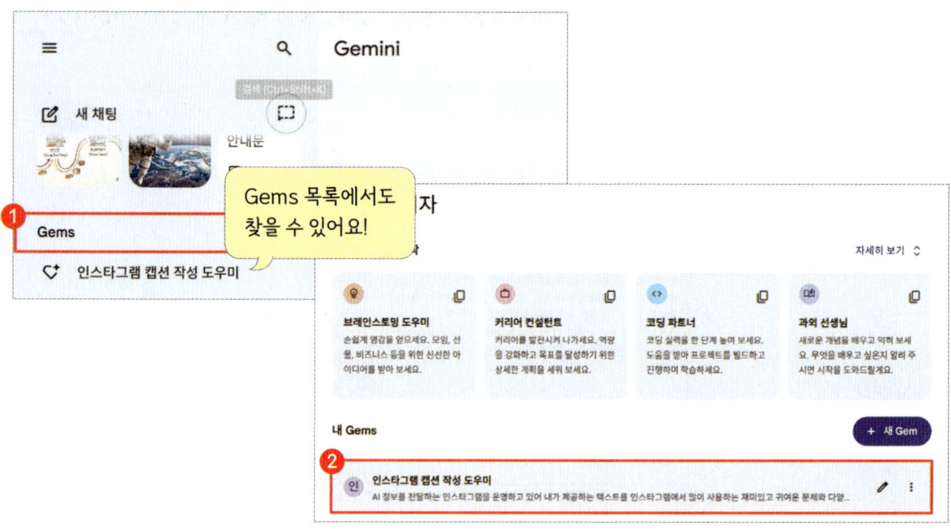


---

**⚠ 여기서 잠깐! | 내가 만든 젬을 공유해 보세요!**

내가 만든 젬은 다른 사람에게도 공유할 수 있습니다. **①** 젬에 나타나는 [공유 < ]를 클릭하고 **②** 공유 창에서 일반 액세스로 **③** [링크가 있는 모든 사용자]를 선택합니다. **④** 그리고 하단에서 [링크 복사]를 클릭해 젬에 접속할 수 있는 URL을 복사한 뒤 **⑤** [완료]를 클릭해서 설정을 저장합니다. 이제 링크를 공유받은 사람은 내가 만든 젬을 함께 사용할 수 있습니다.

05 [인스타그램 캡션 작성 도우미]를 클릭하면 프롬프트를 작성할 수 있는 대화 창이 나타납니다. 입력 창에 다음과 같이 프롬프트를 입력하고 (Enter)를 누릅니다.

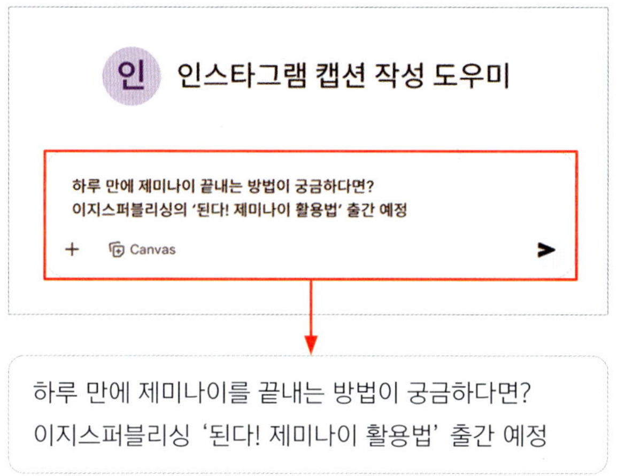


하루 만에 제미나이를 끝내는 방법이 궁금하다면?
이지스퍼블리싱 '된다! 제미나이 활용법' 출간 예정

06 주제만 간단하게 넣은 문장이 아기자기한 인스타그램 캡션으로 바뀐 것을 확인할 수 있습니다.

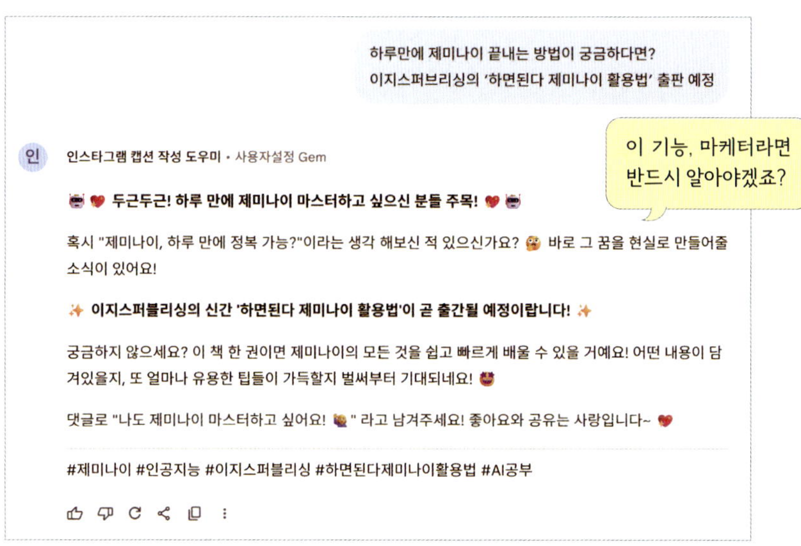

이처럼 반복되고 번거로운 작업을 요청 사항으로 저장해 젬을 만들어 두면 매번 프롬프트를 입력하지 않아도 주제만 교체해 가며 사용할 수 있어서 편리합니다. 둘째마당에서는 목적과 상황에 따라 적절하게 사용할 수 있는 젬을 알아보고, 전용 젬이 등록되어 있지 않은 경우 젬을 직접 만들어 활용해 보겠습니다.

---

**🪄 1분 완성 퀴즈 | 젬으로 자주 하는 작업 빠르게 해결하기**

❶ ( 젬 / 잼 ) 은 자주 사용하는 프롬프트나 작업 흐름을 저장해 두었다가 쉽게 불러와 사용할 수 있도록 도와주는 제미나이의 맞춤형 챗봇이다.

❷ 사용자는 제목, 프롬프트, 설명 등을 입력해 젬을 직접 만들 수 있으며, 이 젬은 목록에서 ( 클릭하기만 하면 / 실행 코드를 입력하면 ) 바로 실행할 수 있다.

❸ 보고서 작성 또는 요약, 블로그 글 작성, 고객 문의 답변 등 동일한 형태 또는 ( 반복 / 창의적 ) 업무에 젬을 활용하면 편리하다.

❹ 젬의 링크를 공유하면 다른 사람도 내가 만든 젬을 사용할 수 있다.

정답 ① 젬 ② 클릭하기만 하면 ③ 반복 ④ 없음

---

# 생산성 향상부터 여행 계획까지!
# 구글 서비스 연동하기

구글이 제공하는 다양한 서비스를 이용하려면 원래 각각 앱을 열고 확인해야 했지만 이제는 제미나이 내에서 모든 것을 해결할 수 있습니다.

제미나이에서 구글 서비스를 연동해서 사용하려면 입력 창에 @을 입력한 뒤 필요한 서비스를 선택하면 됩니다. 만약 맨 위에 있는 [Google Calendar]를 선택했다면 입력 창에 @Google Calendar가 자동으로 입력되며, 그 뒤에 프롬프트를 작성하면 됩니다.

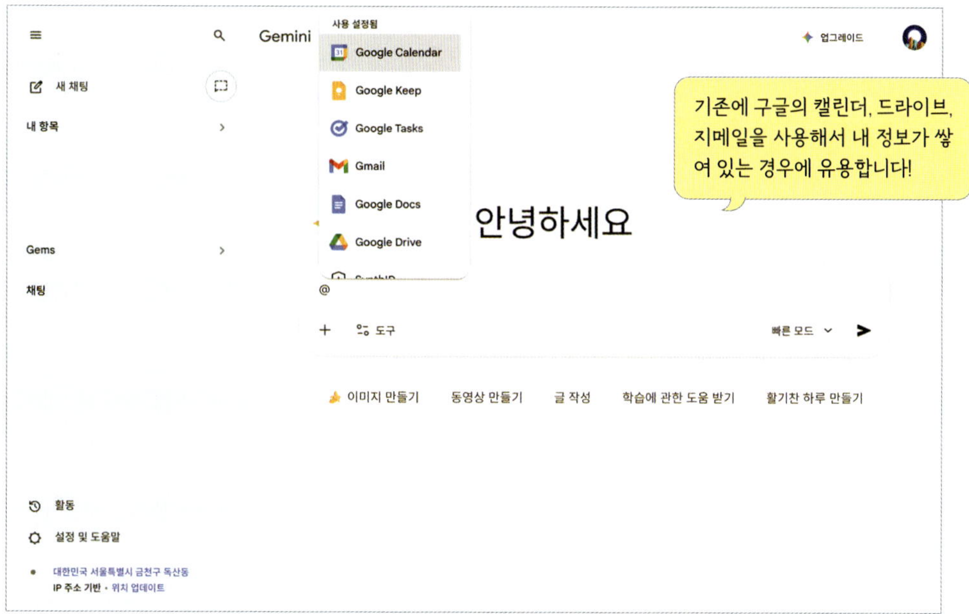


제미나이 입력 창에 @을 입력하면 나타나는 앱 목록

## 제미나이 안에서 모두 해결! — 일정 검색부터 이메일 관리까지

구글의 워크스페이스를 사용하는 것만으로도 업무 생산성을 크게 높일 수 있지만 이를 제미나이 하나로 다룰 수 있다면 얼마나 편리할까요? 예를 들어 구글 캘린더에서 특정 월에 학교나 수업과 관련된 일정을 검색해 달라고 하면 다음과 같이 다른 일정은 제외하고 해당하는 주제와 관련된 것만 정리해서 보여 줍니다.

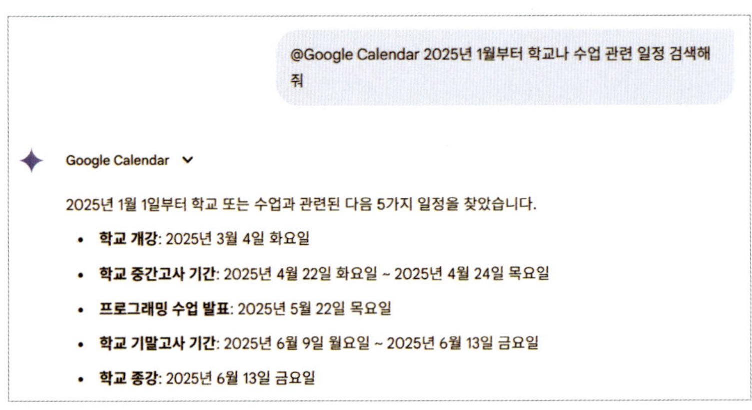

제미나이에서 캘린더를 연동하고 일정을 검색해 달라고 요청한 경우

이처럼 특정한 일정과 관련된 정보를 요청할 수도 있고, 캘린더에서 직접 관리하지 않더라도 제미나이에서 입력하는 프롬프트만으로 캘린더 내의 일정을 입력·수정·삭제할 수 있습니다. 예시에서처럼 '2025년 1월부터 학교나 수업 관련 일정 검색해 줘'라고 요청할 수도 있지만 '내일 오후 3시에 팀 회의 잡아 줘' 등 일정을 추가하는 것도 가능하죠. 평소 구글 캘린더로 일정을 관리하는 사용자에게 매우 유용한 기능입니다.

다른 예시를 하나 더 볼까요? 구글 드라이브에 자료가 쌓이고 자료를 공유한 이력도 늘어나면서 원하는 파일을 찾기 쉽지 않아 답답한 경우가 있습니다. 그럴 때도 이 기능을 추천합니다. 파일 검색, 파일 내용 요약 등을 요청할 수 있어서 구글 드라이브로 파일을 관리할 때 정말 편리합니다. 특정 주제와 관련된 자료를 검색해 달라고 요청하면 관련 자료의 요약본과 링크를 제공합니다.

제미나이에서 구글 드라이브를 연동한 경우

그럼 @ 하나로 구글 서비스를 연동하는 실습을 시작해 보겠습니다. 02-1절에서 실습한 맞춤 설정에서 [생산성] 카테고리의 토글을 활성화해야 다음 실습을 진행할 수 있습니다.


## 하면 된다! } 제미나이로 지메일 속 특정 인물과의 대화 찾기

제미나이에서 지메일을 연동하면 지메일 앱에 들어가 이메일 내용을 일일이 확인하지 않고 요청하는 것만으로도 필요한 내용을 빠르게 찾아 링크도 제공해 줍니다. 지메일로 자주 소통하는 경우 이 기능을 사용하면 시간을 절약하는 데 큰 도움이 됩니다.


**01** ❶ 입력 창에 @을 입력한 뒤 ❷ 앱 목록에서 [Gmail]을 선택합니다.

**02** 자신의 지메일 계정 메일함에서 찾아보고 싶은 주제, 인물, 기간 등에 관해서 요약해 달라고 프롬프트를 입력하고 (Enter)를 누릅니다.

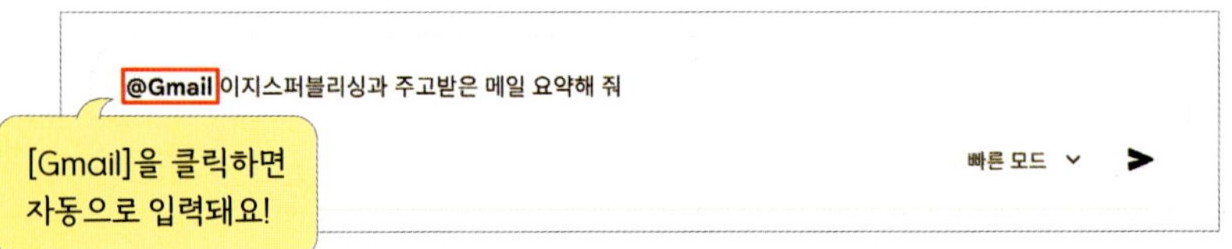


✦ 처음 연동할 경우 구글 워크스페이스와 연결할 것인지 묻는 창이 나타나는데, 이때 [연결]을 클릭하면 됩니다.

**03** 다음은 이지스퍼블리싱 출판사와 진행한 업무 내용을 한눈에 확인하기 위해 주고받은 메일을 요약해 달라고 요청해서 받은 결과물입니다.

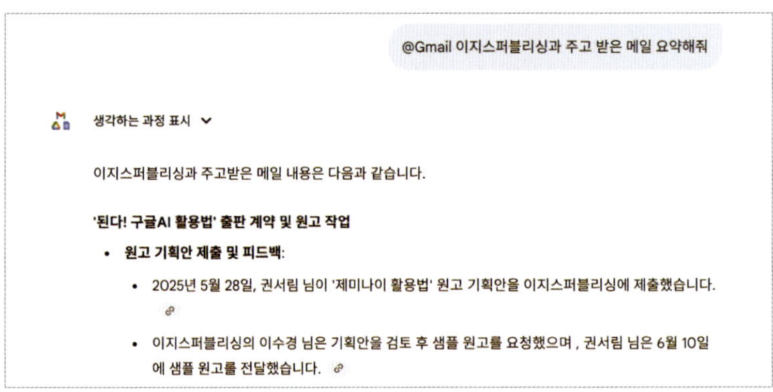


이처럼 제미나이의 구글 연동 기능을 이용하면 지메일에 접속해서 검색해 보지 않고도 관련 정보를 쉽게 찾을 수 있습니다. 이어서 제미나이를 활용해 여행 일정을 짜보겠습니다.

## 번거로운 여행 계획도 제미나이로 뚝딱! — 항공편 검색, 호텔, 지도

국내 여행을 계획할 땐 숙박 예약 앱이나 지도 앱이 사용하기 편리하지만, 해외 여행을 갈 때에는 구글 서비스를 활용하는 것이 좋습니다. 구글 항공편 검색, 호텔, 지도 앱을 이용해 해외 여행을 계획하고 있다면 이제부터 제미나이를 활용하세요.

## 항공편 빠르게 검색하기 ― Google 항공편 검색

제미나이 입력 창에 출발지, 도착지, 일정, 인원을 적고 해당하는 비행기 표를 찾아 달라고 요청하면 구글의 항공편 검색 서비스가 자동으로 연결됩니다.

여기서는 '인천공항에서 다낭으로 가는 비행기 표 찾아 줘. 9/15~9/18 일정이고 성인 1명이야'라고 입력해 보겠습니다. 시간대나 가격대 등을 포함해서 검색하면 더 자세한 결과를 얻을 수 있습니다.

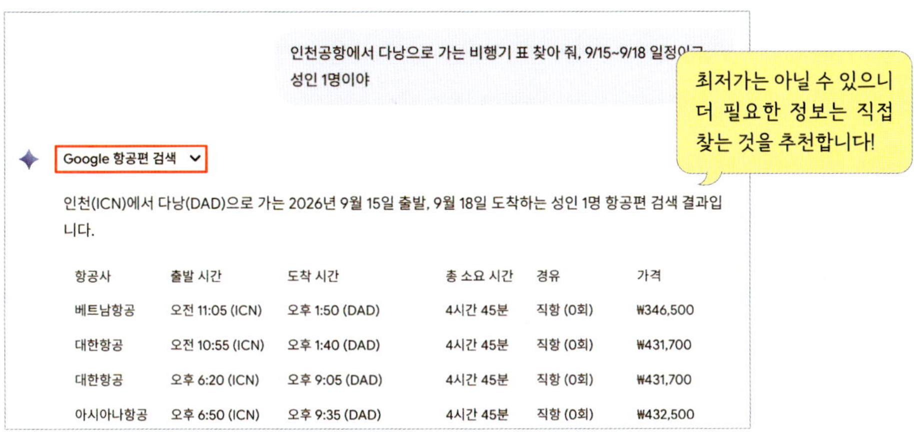


| 항공사 | 출발 시간 | 도착 시간 | 총 소요 시간 | 경유 | 가격 |
| --- | --- | --- | --- | --- | --- |
| 베트남항공 | 오전 11:05 (ICN) | 오후 1:50 (DAD) | 4시간 45분 | 직항 (0회) | ₩346,500 |
| 대한항공 | 오전 10:55 (ICN) | 오후 1:40 (DAD) | 4시간 45분 | 직항 (0회) | ₩431,700 |
| 대한항공 | 오후 6:20 (ICN) | 오후 9:05 (DAD) | 4시간 45분 | 직항 (0회) | ₩431,700 |
| 아시아나항공 | 오후 6:50 (ICN) | 오후 9:35 (DAD) | 4시간 45분 | 직항 (0회) | ₩432,500 |

## 리뷰 좋은 숙박 시설 찾기 ― Google 호텔

이제 3박 4일 동안 묵을 호텔을 찾아보겠습니다. 마찬가지로 입력 창에서 호텔 예약과 관련된 프롬프트를 입력하면 구글의 호텔 서비스가 자동으로 연결됩니다.

여기서는 '베트남 다낭 시내에서 평점 높고 리뷰가 2,000개 이상인 호텔 찾아 줘'라고 입력했습니다. 조건이나 가격대 등을 포함해서 검색하면 더 자세한 결과를 얻을 수 있습니다.

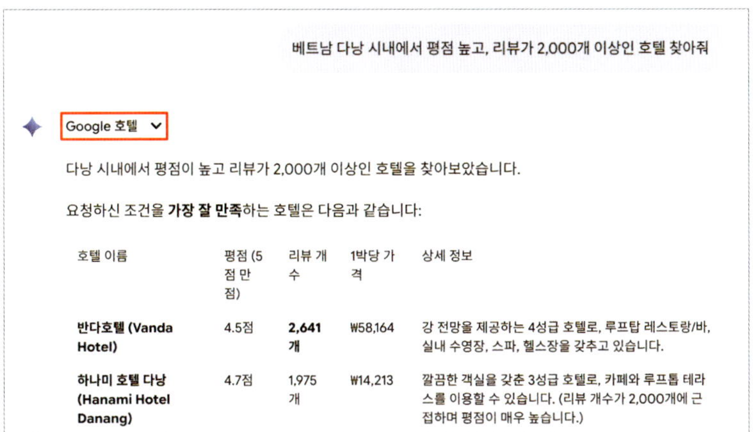


| 호텔 이름 | 평점 (5점 만점) | 리뷰 개수 | 1박당 가격 | 상세 정보 |
| --- | --- | --- | --- | --- |
| 반다호텔 (Vanda Hotel) | 4.5점 | 2,641개 | ₩58,164 | 강 전망을 제공하는 4성급 호텔로, 루프탑 레스토랑/바, 실내 수영장, 스파, 헬스장을 갖추고 있습니다. |
| 하나미 호텔 다낭 (Hanami Hotel Danang) | 4.7점 | 1,975개 | ₩14,213 | 깔끔한 객실을 갖춘 3성급 호텔로, 카페와 루프톱 테라스를 이용할 수 있습니다. (리뷰 개수가 2,000개에 근접하며 평점이 매우 높습니다.) |

## 여행의 완성은 음식! 주변 맛집 찾기 — Google 지도

마지막으로 지도를 활용해서 현지 맛집을 찾아보겠습니다. 입력 창에 현재 위치와 원하는 정보를 적고 요청하면 구글의 지도 서비스로 연결되는데, 이때 메뉴, 가격대 등을 포함해서 검색하면 더 자세한 결과를 얻을 수 있습니다.

여기서는 '다낭 반다 호텔에서 걸어서 15분 거리에 있는 평점이 높은 식당 몇 개 추천해 줘'라고 입력했고, 제미나이는 설명 하단에 위치를 표시한 지도를 함께 제공해 주었습니다. 이제 이 기능을 사용하여 더 편리하게 동선을 짤 수 있습니다.

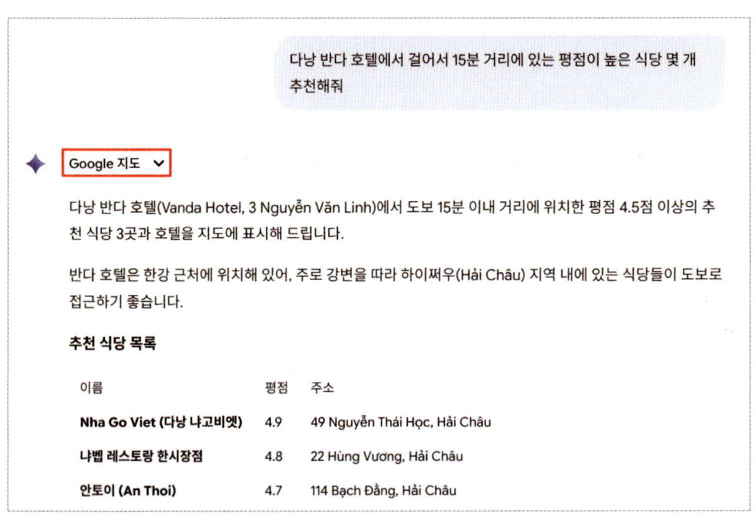


지금까지 제미나이와 구글의 여러 서비스를 연동해서 활용하는 방법을 알아보았습니다. 실습에서 소개한 내용은 극히 일부이고 상황에 따라 다양하게 응용할 수 있습니다. 목적에 따라 활용해 보면서 자신만의 활용 팁을 만들어 보기 바랍니다.

---

### 🪄 1분 완성 퀴즈 | 구글 앱과 연결해서 구글 서비스 편리하게 이용하기

❶ 제미나이 입력 창에 ( # / @ ) 을 입력하면 지메일, 구글 캘린더, 드라이브, 유튜브 등 주요 구글 앱을 바로 연동하여 사용할 수 있다.

❷ 구글 항공편 검색, 호텔, 지도 서비스는 @을 ( 입력하지 않고 / 반드시 입력해야 ) 연동할 수 있다.

❸ 구글 앱 연동은 [설정 및 도움말 → 연결된 앱]에서 간편하게 관리할 수 있고, 필요에 따라 토글로 활성화 여부를 선택할 수 있다.

정답 ① @ ② 반드시 입력해야 ③ 토글

# AI의 원리를 설명하는 발표 준비하기

다음 미션을 순서대로 수행하며 AI의 원리를 파악하고 이해한 내용을 바탕으로 발표 자료를 만들어 보세요.

## 미션 1    인포그래픽으로 발표 자료 만들기

제미나이로 AI의 원리를 쉽게 설명하는 발표 자료를 만들어 보세요. 이때 **캔버스의 인포그래픽 기능**을 이용하고, 내용에는 '머신러닝'과 '딥러닝'의 차이점을 포함하도록 합니다.

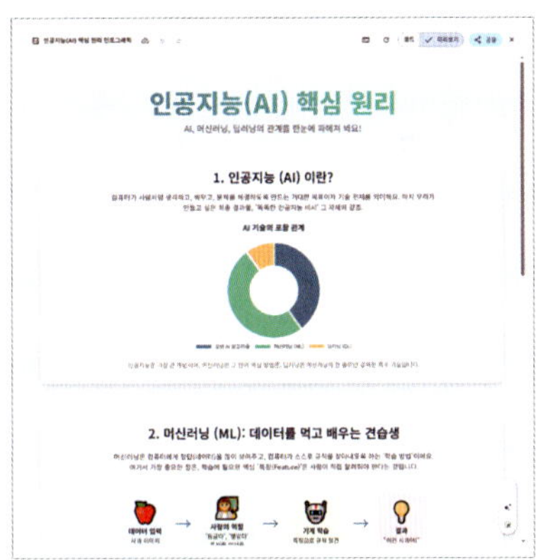

## 미션 2    발표 대본 작성하기

미션 1에서 만든 인포그래픽 내용을 바탕으로 AI를 처음 접하는 동료들에게 AI의 원리를 설명하는 3분 분량의 발표 대본을 작성해 보세요.

**힌트** 생성된 대본의 예상 발표 시간을 물어보고 길이에 맞춰 내용을 조절할 수 있습니다.

✦ 답안 예시는 266~267쪽에서 확인할 수 있습니다.

# 업무와 일상에서
# 제대로 활용하기

앞서 제미나이를 왜 써야 하고 제미나이를 사용할 때 유의해야 할 점을 살펴보았습니다. 그리고 제미나이의 유용한 기능을 직접 따라 해보며 제미나이와 조금은 친해졌을 텐데요. 둘째마당에서는 업무 상황과 일상생활에서 제미나이를 요긴하게 활용하는 방법을 알아볼 거예요. 이뿐만 아니라 제미나이 모델을 이용한 또 다른 구글 AI 서비스, 노트북LM과 구글 AI 스튜디오까지 다뤄 보겠습니다. 그럼 지금부터 제미나이를 한껏 활용해 볼까요?

# 03

# 회사 칼퇴를 부르는
# 제미나이 활용법

회사에서는 어렵진 않지만 반복되는 루틴 업무부터 머리를 싸매며 성과를 내야 하는 핵심 직무까지 수많은 업무에 시달립니다. 그리고 이처럼 시간을 잡아먹는 일들이 칼퇴하려는 우리를 붙잡습니다.
03장에서는 이메일 작성, 번역, 회의 자료 준비 같은 일상 작업부터 마케팅 분석, 보고서 작성 등 전문성이 필요한 실무 작업까지, 직장에서 접하는 온갖 일들을 빠르고 효율적으로 처리할 수 있는 제미나이 활용법을 소개합니다.

## 03-1

# 시간 잡아먹는 단순 업무,
# 제미나이에게 맡기기

이메일 작성, 번역, 안내문 작성, 회의 자료 준비, 발표 준비 등 난이도가 높진 않지만 제대로 하려면 시간과 노력이 꽤 많이 드는 업무가 있습니다. 우리가 자주 마주하는 이런 업무들은 제미나이와 함께라면 훨씬 빠르고 정확하게 해결할 수 있습니다. 지금부터 그 방법을 하나씩 알아보겠습니다.

## 상황에 적합한 이메일 작성하기

업무를 하다 보면 다양한 상황에서 이메일을 작성합니다. 특히 복잡한 상황이나 민감한 이슈가 포함된 경우에는 어떤 표현을 써야 할지 고민이 길어지는데요. 이럴 때는 제미나이에게 이메일을 받을 대상과 상황을 간단히 설명하고 적절한 이메일 초안을 요청할 수 있습니다.

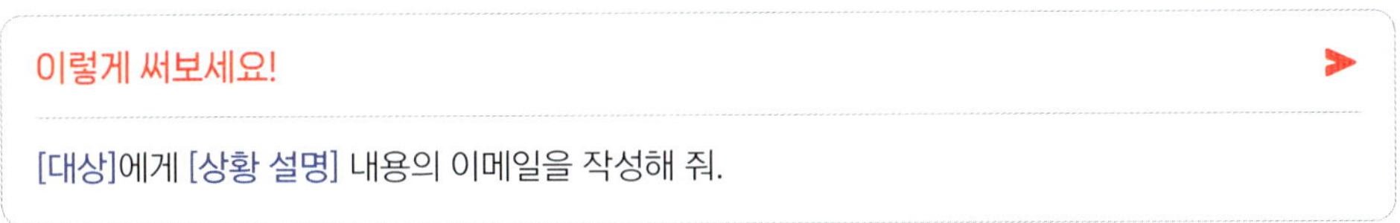



여기서는 기존부터 협업하기로 한 업체에게 이번에는 내부 사정으로 힘들 것 같다는 내용을 이메일로 보내는 상황을 예로 들어 보겠습니다.

이번 협업이 어렵게 되었다는 내용을 업체에 메일로 보내는군요. 다음과 같이 작성해 보시는 건 어떨까요?

제목: [회사명]입니다. 제안 주신 협업 건 관련하여 연락드립니다.
[업체명] 담당자님께,
안녕하세요. [회사명] [본인 이름]입니다.
저희 [회사명]에 관심을 가져주시고 좋은 협업 기회를 제안해 주셔서 진심으로 감사드립니다.
내부적으로 제안 주신 내용을 신중하게 검토하였으나, 현재 저희 회사의 내부 사정으로 인해 귀사와 이번 협업을 진행하기는 어려울 것 같다는 결론을 내리게 되었습니다.
갑작스러운 소식을 전하게 되어 죄송한 마음 금할 길이 없습니다. 너른 양해 부탁드립니다.
[업체명]의 무궁한 발전을 기원하며, 다음에 더 좋은 기회로 함께할 수 있기를 바랍니다.
감사합니다.
[회사명]
[본인 이름] 드림

제미나이에게 상황을 공유하면서 이메일 내용을 작성해 달라고 요청했더니 상대방을 향한 감사 인사부터 상황 설명, 사과, 향후 협력 의지가 모두 담긴 완성도 높은 이메일 초안을 제안해 줍니다. 제목, 호칭, 도입 인사, 본문, 마무리 인사까지 이메일 형식에 맞춰 정리된 결과물이 생성되며, 이름과 회사명 등만 수정하면 그대로 활용할 수 있습니다.

> **(!) 여기서 잠깐!** | **대답이 너무 간략하다면 길이를 직접 지정해 주세요!**
>
> 이메일을 작성할 땐 지나치게 길어도 부담스럽지만 용건만 간략하게 써도 불친절해 보일 수 있어요. 만약 제미나이의 대답이 너무 간략하게 나왔다면 [다시 실행 ↻]을 클릭해서 초안을 다시 받아 보세요. 프롬프트에 '내용을 더 길게 작성해 줘', '500자 내외로 작성해 줘'와 같이 프롬프트를 추가해도 더 좋은 결과물을 얻을 수 있습니다.
>
> 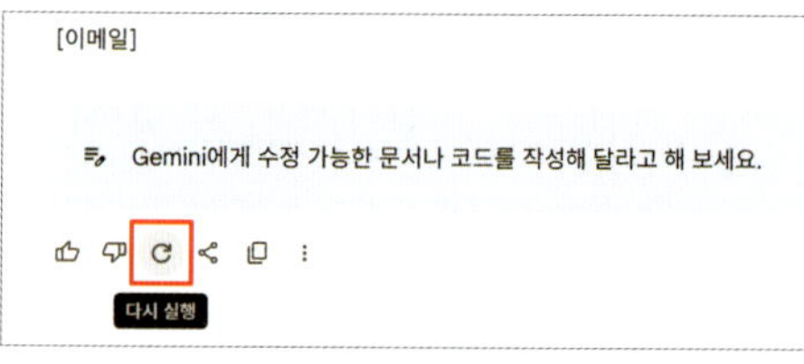
> 

❶ 답변 하단에 있는 [공유 및 내보내기 ⌧ → Gmail 초안 작성]을 클릭하면 '새 이메일이 생성됨' 팝업 창이 나타납니다. ❷ [Gmail 열기]를 클릭하면 지메일 화면으로 넘어가면서 이메일을 바로 보낼 수 있는 화면이 나타납니다.

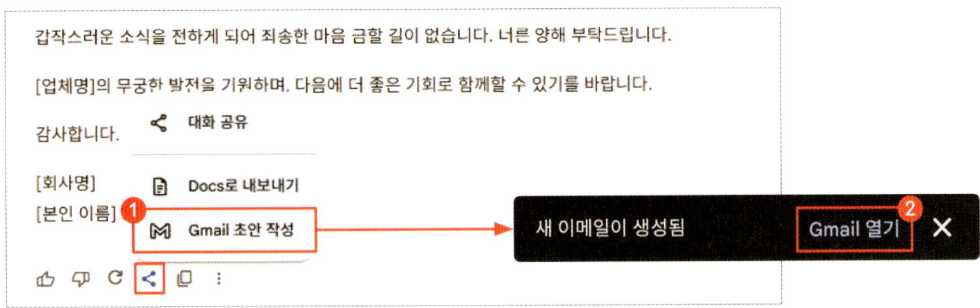


내용을 수정한 뒤 제목과 받는 사람의 이메일 주소를 입력하고 [보내기]를 누르면 3분도 안 걸려 이메일을 보낼 수 있습니다. 이렇게 간단한 프롬프트만 입력해도 원하는 이메일의 초안을 구성할 수 있으며, 내용을 약간만 수정하면 바로 활용할 수 있는 수준으로 완성할 수 있습니다.

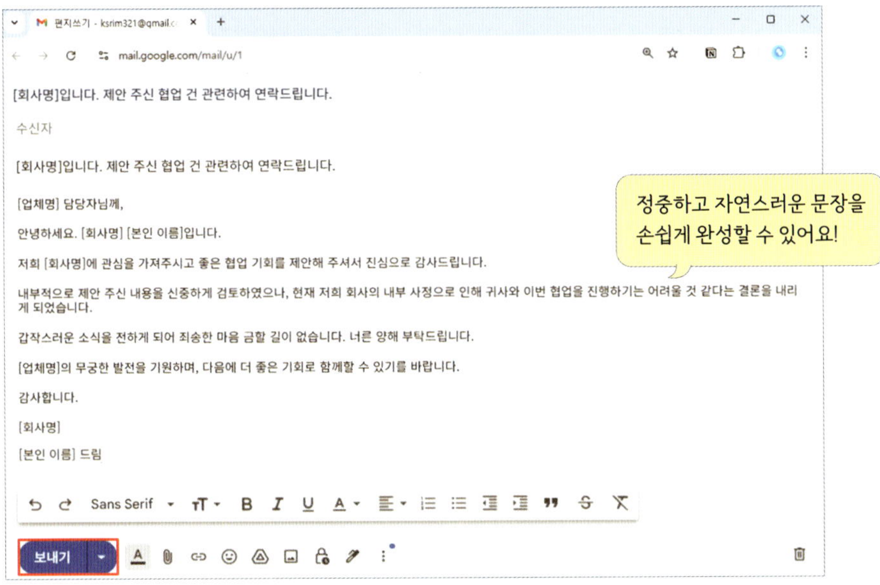


협업을 거절하는 상황 외에도 정보를 공유하거나 자료를 전달할 때, 일정을 연기하는 경우 등 다양한 상황에 프롬프트를 응용해 사용할 것을 추천합니다.

## 외국어 문서를 한국어로 번역하기

외국어로 작성된 자료를 읽어야 할 때 영어 문장을 하나하나 직접 해석하다 보면 시간이 오래 걸리고 문맥을 잘못 이해할 수도 있습니다. 특히 업무 관련 자료나 서비스 소개 페이지처럼 정보 전달이 중요한 문서일수록 자연스럽고 정확하게 번역해야 합니다. 이때 제미나이를 활용하면 번역 작업을 훨씬 더 빠르고 쉽게 처리할 수 있습니다.

> **이렇게 써보세요!** ➤
>
> 아래 내용을 한국어로 해석해 줘.
> [번역할 외국어 문장]

여기서는 영어로 작성된 문장을 한국어로 번역해 보겠습니다. 제미나이 입력 창에 **아래 내용 한국어로 해석해 줘**라는 프롬프트와 함께 번역할 문장을 입력합니다.

아래 내용을 한국어로 해석해 줘.
1. Visualize and Personalize
Turn your Deep Research reports into apps, games, interactive quizzes, web pages, infographics, transforming how you learn, explore, and share insights.
2. Prompt and Create
Simply describe your idea and watch Canvas generate the code that brings your idea to life as a working, shareable app or game.

(… 생략 …)

다음은 요청하신 내용의 한국어 번역입니다.
**1. 시각화 및 개인화**
심층 연구 보고서를 앱, 게임, 양방향 퀴즈, 웹 페이지, 인포그래픽으로 전환하여 학습, 탐색 및 통찰력 공유 방식을 혁신합니다.
**2. 프롬프트 및 생성**
아이디어를 간단히 설명하면 Canvas가 아이디어를 작동하고 공유 가능한 앱 또는 게임으로 구현하는 코드를 생성하는 것을 볼 수 있습니다.

(… 생략 …)

결과를 살펴보면 단순한 직역이 아니라 기술 설명의 맥락을 이해하고 자연스러운 한국어 문장으로 바꿔 준 것을 파악할 수 있습니다. 이처럼 외국어 자료를 빠르게 습득해야 할 때 제미나이를 활용하면 **번역의 정확성과 속도를 모두 챙길 수 있습니다.** 영어 문장뿐만 아니라 일본어, 중국어, 독일어 등 다양한 언어에도 동일한 방식으로 응용할 수 있어서 활용도가 매우 높습니다.

## 한국어를 외국어로 번역하기

해외 업체와 협업하거나 외국 제품을 이용하는 경우 외국어로 소통하거나 기술적인 문제를 외국어로 문의해야 하는 상황이 자주 발생합니다. 외국어에 능통하다고 해도 명확하고 정중한 표현까지 쓰기란 쉽지 않은데요. 이럴 때 제미나이에게 한국어로 상황을 간단히 설명하기만 해도 자연스럽고 전문적인 외국어 메일 초안을 받아볼 수 있습니다.

**이렇게 써보세요!**

[상황/내용]의 글을 [외국어]로 작성해 줘.

이번에는 CSV 파일을 업로드하려 했는데 NotFoundError 오류가 발생했다는 문제 상황을 한국어로 설명하고, 이를 해결할 수 있는 대책을 문의하는 글을 영어로 작성해 달라고 요청해 보겠습니다.

데이터 분석을 위해 데이터가 담긴 CSV 파일을 업로드하고 싶은데 'NotFoundError'가 발생하고 있으니 해결책을 알려 달라는 내용의 문의 글을 영어로 작성해 줘.

Certainly! Here's an email draft in English reporting a 'NotFoundError' when trying to upload a CSV file for data analysis.

Subject: 'NotFoundError' when Uploading CSV File for Data Analysis
Dear Support Team,
I am writing to report an issue I'm encountering while trying to upload a CSV file for data analysis.

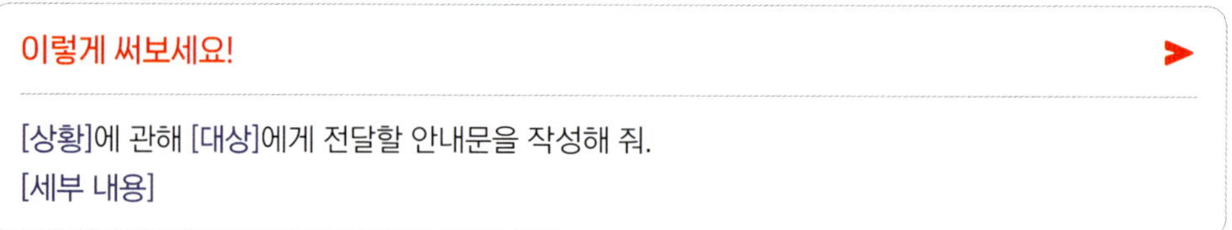


이렇게 제미나이를 활용하면 영문 이메일도 부담 없이 작성할 수 있습니다. 상황에 적합한 표현을 자연스럽게 구사해 주므로 비즈니스 커뮤니케이션에서도 큰 도움이 됩니다. 프롬프트를 응용하여 일본어나 중국어로 문장을 작성해 보거나 받은 이메일에 대한 답장을 요청해 봐도 좋습니다.

## 필수 정보가 담긴 공지 안내문 작성하기

안내문을 작성할 땐 핵심 정보를 정확하고 빠짐없이 전달해야 합니다. 특히 공지, 인사, 행사 등 주제에 따라 읽는 대상과 포함해야 할 내용, 뉘앙스까지 분명히 작성하는 것이 중요합니다.

> **이렇게 써보세요!** ➤
>
> [상황]에 관해 [대상]에게 전달할 안내문을 작성해 줘.
> [세부 내용]

야외 근무자에게 전달할 폭염 대비 공지 사항 안내문을 작성해 보겠습니다. 주제와 세부 내용을 함께 입력하면 실제 업무 현장에서 바로 쓸 수 있는 수준의 문서가 생성됩니다.

 아래 내용으로 야외 근무자에게 전달할 안내문을 작성해 줘.
야외 근무 시 더위 조심, 휴식 시간 확보 및 수분 섭취 등 필요

> **야외 근무자 대상 폭염 대비 안내**
>
> 안녕하세요. 야외에서 근무하시는 모든 분들께 안내드립니다.
>
> 연일 지속되는 더위로 인해 야외 근무 시 온열 질환 발생 위험이 높아지고 있습니다. 근무자 여러분의 건강과 안전을 위해 아래와 같은 사항을 꼭 지켜주시기를 바랍니다.
>
> - **더위 조심**: 햇볕이 강한 시간대(오후 2시~5시)에는 되도록 야외 활동을 자제하고, 불가피하게 야외에서 근무할 경우에는 시원한 곳에서 자주 휴식을 취해주세요.
> - **충분한 휴식**: 규칙적으로 휴식 시간을 확보하여 몸의 피로를 풀어주고 열을 식혀주세요.
> - **수분 섭취**: 갈증을 느끼지 않더라도 물이나 이온 음료를 자주 마셔 탈수를 예방하고 체온을 조절해주세요.
>
> 개인별 건강 상태를 수시로 확인하며 이상 증세가 느껴지면 즉시 휴식을 취하고 도움을 요청해주시기 바랍니다.
>
> 건강하고 안전하게 근무하시기를 바랍니다.

프롬프트로 입력한 주제와 세부 내용을 기반으로 도입 인사, 안내문 목적과 주요 내용, 마무리 인사까지 포함하여 깔끔하게 정리된 안내문을 작성해 주었습니다. 항목에는 '더위 조심', '충분한 휴식', '수분 섭취'로 나누어 실질적인 행동 지침이 포함되어 있으며, 말투도 공손하고 전달력이 우수합니다.

계절별 안전 수칙, 사내 시설 이용 안내, 복지 제도 변경 등 기타 공지를 작성할 때도 같은 방식으로 제미나이를 활용해 보세요. 프롬프트만 적절히 수정하면 템플릿처럼 활용할 수 있답니다.

## 회의 자료 준비하기

회의 자료를 준비하는 일은 단순한 안건 정리가 아니라 회의의 흐름을 효과적으로 이끌어 가는 데 중요한 밑 작업입니다. 여러 직무 담당자가 참여하거나 안건이 복잡할수록 논의의 맥락과 목적이 명확하게 담긴 자료가 필요하죠. 이번에는 제미나이를 활용해 회의 자료를 준비하는 방법을 알아보겠습니다.

**이렇게 써보세요!**

[회의 주제]을(를) 위한 회의 진행 자료를 작성해 줘.

실무자를 대상으로 하는 AI 교육을 어떻게 운영하면 좋을지 회의를 진행한다고 했을 때 다음과 같이 회의 자료를 준비할 수 있습니다.

**실무자 대상 AI 교육 운영 회의 자료**

**1. 회의 개요**
- **일시**: 2025년 7월 5일 오후 4시 (예정)
- **장소**: [회의실 명칭 삽입]
- **참석 대상**: [관련 부서장 및 팀장, 실무 담당자 등]
- **목표**: 실무자 대상 AI 교육의 필요성을 공유하고, 교육 과정 기획 및 운영 방안 논의

(… 생략 …)

**5. 질의응답 및 논의**
- 상기 안건에 대한 의견 및 추가 제안
- 각 부서의 실무 니즈 파악 및 교육 과정 반영 방안
- 기타 건의사항

이 자료를 바탕으로 효과적인 회의 진행하시길 바랍니다. 추가적으로 논의하고 싶거나 궁금한 점이 있으시면 언제든지 말씀해주세요.

제미나이는 회의 개요, 참석 대상, 회의 안건 등을 순서대로 정리해서 한눈에 파악할 수 있도록 보여 줍니다. 이 프롬프트는 전략 회의나 프로젝트 킥오프 회의 등 여러 회의 상황에 적용할 수 있고, 더 자세한 정보나 안건을 추가해서 요청하면 더 정확한 회의 자료를 얻을 수 있습니다.

## 제한 시간을 맞춘 발표 시나리오 준비하기

발표 시나리오를 사전에 정리해 두면 준비 시간을 단축하고, 발표 도중 긴장해서 발생하는 실수를 줄일 수 있습니다. 특히 한정된 시간 안에 주요 내용을 효과적으로 전달하려면 발표의 흐름과 시간 배분이 명확한 시나리오가 필요한데요. 발표 자료만 있다면 주제에 따라 5분, 10분, 20분 등 발표 시간에 맞게 응용할 수 있습니다.

제미나이를 소개하는 10분짜리 발표 시나리오를 준비해 보겠습니다. ❶ 우선 입력 창에서 [파일 추가 ⊞ → 파일 업로드]를 클릭하여 ❷ 발표 자료를 첨부합니다. ❸ 그리고 이 발표 자료로 10분 동안 발표할 수 있는 시나리오를 작성해 줘라고 요청합니다.

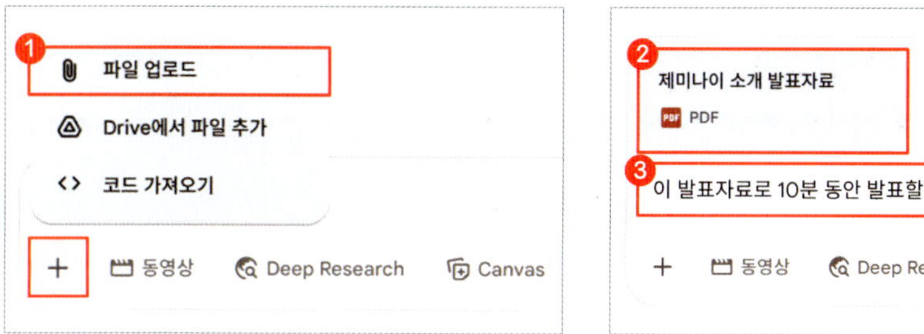


✦ 첨부 파일은 이지스퍼블리싱 홈페이지의 [자료실]에서 내려받아 사용할 수 있습니다.

> ⓘ 여기서 잠깐!    문서의 확장자가 PPTX, DOCX, HWP라면 PDF로 변환해서 첨부하세요!
>
> PPTX나 HWP와 같은 문서는 텍스트 상자, 이미지, 표, 도형 등의 위치와 배열이 중요한 의미를 담고 있는데요. 제미나이가 이 문서들을 해석하는 과정에서 텍스트나 이미지가 원래 의도와 다른 순서로 추출되거나 일부 요소가 빠질 수 있습니다. 그런데 문서를 PDF로 변환하면 각 페이지의 배열을 그대로 유지할 수 있기 때문에, 제미나이는 **고정된 PDF 페이지를 이미지처럼 인식하여 원본의 구조를 훨씬 더 정확하게 파악**할 수 있습니다.
>
> 또, PDF는 전 세계적으로 가장 널리 사용되는 문서 표준 형식이므로 **문서를 PDF로 변환하는 것은 AI에게 가장 익숙하고 처리하기 쉬운 형태로 데이터를 전달하는 것**과 같습니다. 따라서 제미나이를 활용할 때 확장자가 PDF인 파일을 첨부하는 것이 예상치 못한 오류를 방지하고 안정된 결과물을 얻을 확률을 높이는 비결입니다.

인사말과 함께 발표 주제를 간단히 소개하면서 시작하고 제미나이의 정의와 특징, 활용 사례 등을 다룬 뒤, 기대 효과와 활용 방법을 요약하며 마무리하는 구성입니다. 시간이 적절하게 배분되고 발표자가 따라 읽기 쉽게 짜인 시나리오는 발표 준비에 큰 도움이 됩니다.

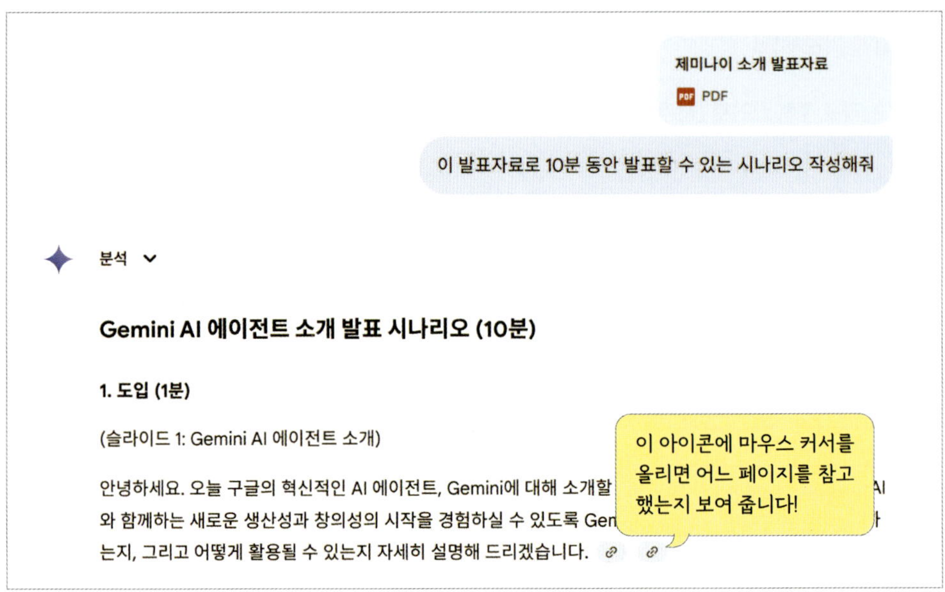


이번에는 발표자가 발표한 후에 청중이 궁금해할 만한 내용을 정리해서 예상 질문과 모범 답변을 만들어 보겠습니다. 내용을 다 파악하고 있는 발표자가 놓칠 수 있는 부분을 제미나이는 정확하게 짚어 줄 수 있습니다. 이 방식은 발표 후 질의응답뿐만 아니라 문서를 작성하거나 교육 자료를 제작할 때 등 다양한 상황에 응용할 수 있습니다.

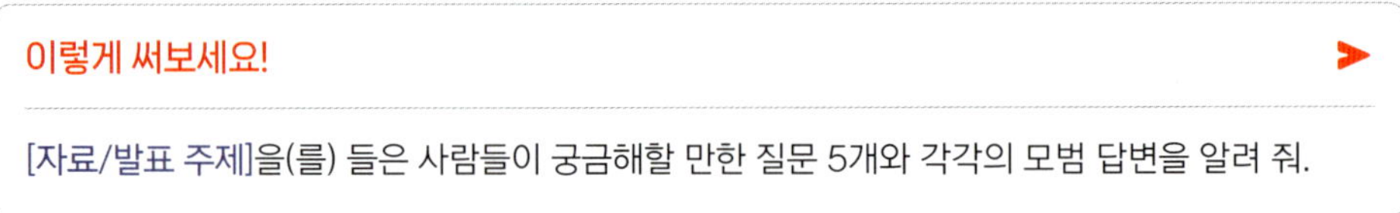


제미나이에게 이 발표를 들은 사람들이 궁금해할 만한 것 5개와 모범 답변을 알려 달라고 요청하겠습니다. 제미나이는 청중이 발표 내용을 듣고 자연스럽게 궁금해할 만한 질문을 선별해서 구체적이고 논리적인 답변을 작성해 줍니다. 다음은 프롬프트를 이용해서 청중의 예상 질문과 함께 모범 답변을 제공받은 모습입니다.

✦ 이 발표를 들은 사람들이 궁금해할 만한 질문 5가지와 모범 답변입니다.



1. **질문:** Gemini Pro와 Ultra 모델의 실제 성능 차이는 어느 정도인가요? 특히 일반 사용자가 체감하는 주요 차이점은 무엇일까요?

   - **모범 답변:** Gemini Pro는 대부분의 일상적인 AI 작업에 최적화되어 뛰어난 텍스트 생성 및 처리 능력을 제공합니다. 반면 Gemini Ultra는 복잡한 전문 작업 및 추론에 특화되어 있으며, 고도의 창의적 콘텐츠 생성과 고급 문제 해결, 그리고 다중 단계 지시사항 및 복잡한 맥락 이해에 탁월합니다. 일반 사용자가 체감할 수 있는 가장 큰 차이점은, Pro가 빠르고 효율적인 일반적인 작업에 적합하다면, Ultra는 장문의 글쓰기, 복잡한 데이터 분석, 또는 창의적인 아이디어 도출과 같은 고난이도 작업에서 훨씬 더 정교하고 심층적인 결과물을 제공한다는 점입니다.

2. **질문:** Gemini가 구글의 방대한 데이터베이스와 연동된다고 했는데, 구체적으로 어떤 방식으로 최신 정보를 검색하고 활용하나요? 특정 검색 기능을 사용하는 건가요?

   - **모범 답변:** 네, Gemini는 구글의 검색 엔진과 연동되어 최신 정보에 접근하고 활용할 수 있습니다. 이는 Gemini가 질문을 받으면 필요한 경우 실시간으로 구글 검색을 수행하여 최신 정보를 탐색하고, 이를 바탕으로 답변을 구성하거나 핵심 내용을 요약하여 제공하는 방식입니다. 사용자가 별도로 검색 기능을 조작할 필요 없이, Gemini가 필요에 따라 자동으로 최신 정보를 활용합니다.

---

### 🪄 1분 완성 퀴즈 | 제미나이로 단순 업무 빠르게 끝내기

❶ 제미나이에 상황과 목적을 입력하면 ( 투박하지만 / 자연스럽고 ) 정중한 비즈니스 이메일을 작성할 수 있다.

❷ 영어, 중국어 등 외국어 문서를 붙여 넣기만 해도 한국어로 빠르게 번역해 준다. 반대로 한국어 문장을 입력하면 외국어로 자연스럽게 변환해 주는데, ( 다양한 언어로 / 아직은 영어로만 ) 소통할 수 있다.

❸ 공지 성격의 문구와 목적을 전달하면 정돈된 안내문을 순식간에 작성할 수 있다.

❹ 회의 목적과 전달 포인트를 제시하면 필요한 회의 자료를 효율적으로 준비할 수 있다.

❺ 제한 시간과 발표 주제를 입력하면 시간에 맞춘 발표 흐름을 짜고 내용을 정리하는 데 효과적이다. 발표를 마친 뒤에 청중이 궁금해할 만한 예상 질문과 모범 답변을 준비하기에도 유용하다.

정답 ① 자연스럽고 ② 다양한 언어로 ③ 맞음 ④ 맞음 ⑤ 맞음

# 마케팅 역량을 높이는
# 3가지 스킬

내 업무 능력을 한 단계 더 발전시키고 싶다면 주어진 업무 수준을 넘어 그 이상의 결과물을 생산하는 능력이 필요합니다. 특히 상품이나 서비스를 기획하고 마케팅하는 직종이라면 카피라이팅, 보도자료 작성은 물론 마케팅 분석 기법을 적용하거나 설문조사를 이용해 소비자의 니즈까지 이해할 수 있어야 하죠.

AI 학습 플랫폼 가운데 초등학생을 대상으로 하는 AI 버디(AI Buddy)라는 가상의 신규 서비스를 예로 들어 제미나이와 함께 일하는 방법을 배워 보겠습니다.

### 고객의 관심을 끄는 카피라이팅의 완성!

카피라이팅은 짧은 문장으로 소비자에게 강한 인상을 남기고 핵심 가치를 빠르게 전달하는 글쓰기 방식으로, 브랜드의 첫인상을 좌우할 만큼 중요한 작업입니다. 특히 광고 문구는 대상과 목적에 맞춰 설득력 있게 구성해야 하며, 브랜드의 분위기나 대상의 특징도 고려해야 합니다.

AI 버디는 초등학생과 보호자를 위한 학습 서비스이므로 친근하고 신뢰감 있는 어조로 문장을 구성하고 재미 요소나 학습 효과를 자연스럽게 녹여 내야 합니다. 제미나이를 활용하면 제품 설명, 서비스 특징, 타깃 대상 등을 입력하는 것만으로도 상황에 어울리는 카피를 다양하게 생성할 수 있습니다. AI 버디를 홍보하는 짧고 효과적인 광고 문구를 만들어 보겠습니다.

제미나이 입력 창에 회사명, 서비스명, 서비스 내용과 특징, 말투, 길이 제한 등의 정보를 담아 광고 문구 5개를 만들어 달라고 요청해 보겠습니다. 제미나이는 주어진 정보를 바탕으로 핵심 메시지를 압축하고 타깃에 맞춰 광고 문구를 작성해 줍니다.

 아래 내용으로 광고 문구 5개 만들어 줘.

회사명: EASY AI
서비스명: AI Buddy
서비스 내용: 초등학생이 AI를 재미있고 쉽게 공부할 수 있는 맞춤형 학습 플랫폼
주요 특징: 대화형 AI 튜터, 게임 요소를 결합한 학습 동기 유발 콘텐츠, 부모를 위한 학습 리포트 제공
서비스 대상: 초등학교 1~6학년 학생 및 보호자(부모/교사)
말투: 친근하고 신뢰감 있게
길이: 30자 내외

 AI Buddy 광고 문구를 5개 만들어 드릴게요.
- AI Buddy와 함께라면 AI 공부, 놀이처럼 즐거워져요!
- 초등 AI 학습의 시작! EASY AI의 AI Buddy가 정답이에요.
- 우리 아이 첫 AI 학습, AI Buddy로 쉽고 재미있게!
- AI Buddy로 AI 실력 쑥쑥! 부모님도 만족하는 스마트 학습!
- AI Buddy: AI 튜터와 게임으로 초등 AI 마스터해요!

예시를 보면 'AI Buddy와 함께라면 AI 공부, 놀이처럼 즐거워져요!'처럼 학습이 아닌 놀이 같은 경험을 강조하거나, '초등 AI 학습의 시작! EASY AI의 AI Buddy가 정답이에요.'처럼 브랜드명과 기능을 자연스럽게 녹여 낸 문장을 확인할 수 있습니다. 문구는 모두 30자 이내로 짧지만 핵심 메시지가 뚜렷하게 드러납니다. 이런 광고 문구는 웹사이트 배너, 앱 소개, 마케팅 메일 제목 등 다양한 분야에 응용할 수 있습니다.

## 언론에 내보낼 보도자료 작성하기

내부 소식을 외부에 공식적으로 알리는 방법으로 보도자료가 있습니다. 보도자료는 언론, 기관, 협력사 등에 신제품이나 서비스 소식을 정확하고 신뢰도 있게 전달할 수 있는 문서 형식입니다. 평소에 보도자료를 잘 쓰지 않는 업종에서 갑자기 작성하려다 보면 다소 어려움을 겪는데요. 이번에는 제미나이로 AI 버디를 소개하는 보도자료를 작성해 보겠습니다.

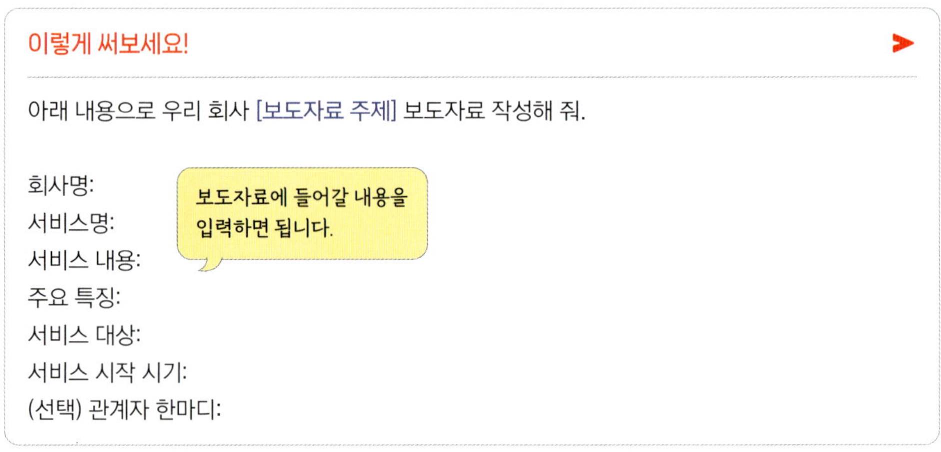


회사명, 서비스명, 서비스 내용, 주요 특징, 대상, 시작 시점, 웹사이트 주소, 관계자 한마디 등 보도자료에 포함하고 싶은 정보를 정리해서 프롬프트와 함께 전달해 보겠습니다. 그러면 제미나이는 서두에 핵심 발표 내용을 요약하고 서비스의 배경과 목적, 대상, 주요 기능 등을 문단별로 구성한 보도자료 형식을 완성해 줍니다.

예시를 보면 제목은 '초등학생 맞춤 AI 학습 플랫폼 출시'처럼 간결하게 작성하고, 본문에서는 서비스가 어떤 점에서 차별화되는지를 구체적으로 보여 줍니다.

## EASY AI, 초등학생 맞춤 AI 학습 플랫폼 'AI Buddy' 출시

서울, 대한민국 - 2025년 6월 17일 - 인공지능 교육 전문 기업 EASY AI가 초등학생을 위한 맞춤형 AI 학습 플랫폼 'AI Buddy'를 공식 출시합니다. 'AI Buddy'는 인공지능을 쉽고 재미있게 배울 수 있도록 설계되어, 빠르게 변화하는 디지털 시대에 아이들이 핵심 역량을 키울 수 있도록 돕습니다.

'AI Buddy'는 초등학교 1학년부터 6학년까지의 학생 및 보호자(부모, 교사)를 대상으로 합니다. 이 플랫폼은 아이들이 AI 기술에 대한 이해를 높이고, 논리적 사고력과 문제 해결 능력을 향상시킬 수 있도록 돕는 데 중점을 둡니다.

**주요 특징**

- **대화형 AI 튜터:** 아이들은 AI 튜터와 자유롭게 대화하며 궁금한 점을 질문하고, 맞춤형 설명을 들을 수 있습니다. 마치 친한 친구와 이야기하듯이 자연스럽게 AI 개념을 익힐 수 있습니다.
- **게임 요소를 결합한 학습 동기 유발 콘텐츠:** 흥미로운 게임과 챌린지를 통해 AI 학습에 대한 몰입도를 높입니다. 단순히 지식을 전달하는 것을 넘어, 아이들이 스스로 탐구하고 즐겁게 배우도록 유도합니다.

(… 생략 …)

**문의:**
EASY AI 홍보팀
press@easyai.com

보도자료는 단순한 소개문이 아니라 대외적으로 알리고자 하는 메시지를 핵심적으로 전달하는 중요한 수단입니다. 이 방식을 응용해서 홍보 자료, SNS 소식 글 등 다양한 형태로 확장해 보는 것도 좋습니다.

## 마케팅 분석 기법 적용하기 ― SWOT 분석

마케팅 전략을 수립할 때 널리 활용되는 분석 도구로 SWOT 분석이 있습니다. SWOT 은 내부 환경의 강점(strengths)과 약점(weaknesses), 외부 환경의 기회(opportunities)와 위협(threats)을 체계적으로 정리해서 사업의 방향성과 전략을 도출하는 분석 방법입니다. 제미나이로 AI 버디 서비스에 대한 SWOT 분석을 해보겠습니다.

> **이렇게 써보세요!** 
>
> 아래에 제공한 [주제]의 기본 정보, 강점, 약점을 분석하고 관련된 외부 환경을 조사해서 SWOT 분석 전략을 도출해 줘.
>
> [관련 정보]

제미나이에게 서비스의 강점, 약점, 외부 환경을 분석해 SWOT 전략을 도출해 달라고 입력하면 제공받은 정보를 바탕으로 4가지 항목을 표 형태로 정리해 주고, 이를 조합한 전략까지 추천해 줍니다.

아래에 제공한 우리 서비스의 기본 정보, 강점, 약점을 분석하고 관련된 외부 환경을 조사해서 SWOT 분석 전략을 도출해 줘.

서비스 정보
- 서비스명: AI Buddy
- 서비스 내용: 초등학생이 AI를 재미있고 쉽게 공부할 수 있는 맞춤형 학습 플랫폼
- 주요 특징: 대화형 AI 튜터, 게임 요소를 결합한 학습 동기 유발 콘텐츠, 부모를 위한 학습 리포트 제공
- 서비스 대상: 초등학교 1~6학년 학생 및 보호자(부모/교사)

강점 (Strengths)

- 초등 전용 맞춤형 플랫폼으로 차별화

- 대화형 AI 튜터로 상호작용 강화

- 게임 요소로 학습 몰입도 향상

- 보호자 대상 학습 리포트 제공으로 신뢰 확보

약점 (Weaknesses)

- 브랜드 인지도 부족

- 콘텐츠 검수 및 품질관리 체계 미비

- 기술적 유지보수 인력 제한

### AI Buddy SWOT 분석 전략

AI Buddy 서비스 정보를 바탕으로 **강점(Strengths)**, **약점(Weaknesses)**, 그리고 현재 외부 환경 분석을 통한 **기회(Opportunities)** 및 **위협(Threats)** 요소를 도출하고, 이를 종합하여 전략을 제시합니다.

### 1. SWOT 분석

| 구분 | 내부 요인(통제 가능) | 외부 요인(통제 불가) |
|---|---|---|
| 긍정적 | 강점 (Strengths)<br>• 초등 전용 맞춤형 플랫폼으로 차별화<br>• 대화형 AI 튜터로 상호작용 강화<br>• 게임 요소로 학습 몰입도 향상<br>• 보호자 대상 학습 리포트 제공으로 신뢰 확보 | 기회 (Opportunities)<br>• 초등 교육 시장의 디지털 전환 가속화<br>• AI 교육 의무화 및 조기 교육 수요 증가<br>• 비대면 학습 및 자기 주도 학습의 중요성 부각<br>• 코딩 교육 및 AI 관련 정부 지원 확대 |
| 부정적 | 약점 (Weaknesses)<br>• 브랜드 인지도 부족<br>• 콘텐츠 검수 및 품질관리 체계 미비<br>• 기술적 유지보수 인력 제한 | 위협 (Threats)<br>• 대형 교육 기업의 유사 서비스 출시 및 시장 진입<br>• 학부모들의 검증되지 않은 교육 서비스에 대한 불신<br>• AI 기술 발전 속도에 따른 콘텐츠 및 시스템 업데이트 부담<br>• 개인 정보 보호 및 AI 윤리에 대한 사회적 관심 증대 |



Sheets로 내보내기

강점에는 '초등 전용 맞춤형 플랫폼'과 '대화형 AI 튜터' 등 서비스 자체의 강점이, 약점에는 '브랜드 인지도 부족'이나 '콘텐츠 검수 체계 미비' 등 서비스의 약점이 정리됩니다. 외부 기회로는 'AI 교육 수요 증가'와 '정부의 디지털 교육 확대' 등이 있고, 위협 요소로는 '유사 서비스의 빠른 진입'이나 '사회적 관심 증가에 따른 규제'가 제시됩니다. 그 뒤로는 각 항목을 조합한 구체적인 전략을 확인할 수 있습니다.

이제 **혼자 분석할 때보다 더 많은 자료를 활용할 수 있고 조합별로 전략을 빼놓지 않고 도출**할 수 있습니다. 마케팅 전략 프롬프트는 서비스 개선, 경영 의사결정 등에도 이용할 수 있고 SWOT 분석 외에 3C 분석이나 PEST 분석 등의 환경 분석에도 적용할 수 있습니다.

✦ 3C 분석은 고객(customer), 경쟁사(competitor), 자사(company)를 분석하여 시장 경쟁 환경을 파악하는 데 사용하는 마케팅 기법입니다.
✦ PEST 분석은 정치(political), 경제(economic), 사회(social), 기술(technology)에 걸쳐 자사가 바꿀 수 없는 거시적 환경을 분석하는 데 사용하는 전략입니다.

---

🪄 **1분 완성 퀴즈** | 제미나이로 설득력 있는 마케팅 전략 준비하기

❶ 제품이나 서비스의 ( 가격 / 특성 ) 을 입력하면 고객의 이목을 끌 만한 매력적인 광고 문구를 제안받을 수 있다.

❷ 새로운 소식이나 이슈를 제시하면 ( 소셜 미디어 / 언론 보도 ) 형식에 맞는 전문 보도자료를 쉽게 작성할 수 있다.

❸ 제미나이를 이용하면 다양한 마케팅 기법이나 전략 수립 방법을 적용한 ( 고급 분석 결과 / 단순 데이터 정리 ) 를 도출할 수 있다.

정답 ① 특성 ② 언론 보도 ③ 고급 분석 결과

# 설문 조사 양식 만들고
# 분석까지 10분 완성!

설문 조사는 사용자 의견을 수집하고 서비스 개선 방향을 도출하는 데 매우 효과적입니다. 하지만 목적에 맞는 문항을 구성하고 이를 설문 도구에 입력하려면 은근히 시간을 오래 잡아먹습니다. 예를 들어 AI 버디를 사용하는 학생의 보호자를 대상으로 만족도 조사를 진행한다면 만족도를 측정할 수 있는 문항을 설계하고 구글 설문지에 입력하는 과정까지 모두 챙겨야 하죠. 또, 수집된 정보를 분석하는 일도 만만치 않습니다.

하지만 이런 번거로운 과정도 제미나이를 활용하면 쉽게 끝낼 수 있습니다. 제미나이로 **주제에 맞는 설문 항목을 준비한 다음 그 문항을 구글 폼에 자동으로 입력해 주는 코드를 생성**해 볼 거예요. '코드'라고 하니 어렵게 느껴지겠지만 사실은 제미나이에 한글로 한마디만 입력하면 저절로 코드를 짜주니 걱정할 필요는 없습니다. **설문 결과를 바탕으로 보고서를 작성**하는 과정까지 모두 다뤄 보겠습니다.

## 고객의 마음을 끄집어 낼 설문 항목 준비하기

먼저 제미나이에게 운영하는 서비스를 간단히 소개하고 사용자를 대상으로 간단한 만족도 설문조사를 진행하려고 하니 5점 척도의 객관식 문항 5개를 만들어 달라고 입력해 보겠습니다. 제미나이는 서비스 대상과 특징을 반영해서 구체적인 객관식 문항을 생성해 줍니다.

 아래의 서비스를 운영 중인데 사용자 대상으로 간단한 만족도 설문조사를 진행하려고 해. 5점 척도의 객관식 문항 5개 만들어 줘.

회사명: EASY AI
서비스명: AI Buddy
서비스 내용: 초등학생이 AI를 재미있고 쉽게 공부할 수 있는 맞춤형 학습 플랫폼
주요 특징: 대화형 AI 튜터, 게임 요소를 결합한 학습 동기 유발 콘텐츠, 부모를 위한 학습 리포트 제공
서비스 대상: 초등학교 1~6학년 학생 및 보호자(부모/교사)

 **AI Buddy 만족도 설문조사**

AI Buddy 서비스에 대한 소중한 의견을 듣고자 만족도 설문조사를 진행합니다. 잠시 시간을 내어 답변해주시면 서비스 개선에 큰 도움이 됩니다.

1. AI Buddy는 자녀(학생)의 AI 학습 흥미를 높이는 데 얼마나 도움이 되었나요?
(1) 전혀 도움이 되지 않았다
(2) 별로 도움이 되지 않았다
(3) 보통이다
(4) 도움이 된 편이다
(5) 매우 도움이 되었다

2. AI Buddy의 대화형 AI 튜터는 자녀(학생)의 학습 이해도 증진에 얼마나 효과적이었나요?
(1) 전혀 효과적이지 않았다
(2) 별로 효과적이지 않았다
(3) 보통이다
(4) 효과적인 편이었다
(5) 매우 효과적이었다

(… 생략 …)



다음 단계는 설문에 대한 응답을 실제로 받을 수 있도록 구현하는 일입니다. 구글 폼을 활용하면 온라인 설문지를 간편하게 만들 수 있지만, 문항이 많을 경우 하나하나 입력하는 데 시간이 많이 걸립니다. 하지만 제미나이를 활용하면 이미 작성된 문항을

구글 설문지에 자동으로 반영하는 앱스 스크립트 코드를 생성할 수 있는데요. 이렇게 하면 설문지를 훨씬 효율적으로 제작할 수 있습니다.

✦ 구글 앱스 스크립트(Google Apps Script)란 구글이 제공하는 자바스크립트 기반의 스크립트 언어로 구글 시트, 독스, 지메일 등 구글 워크스페이스 앱을 자동화하거나 연결할 수 있게 설계된 도구입니다. 코드를 잘 짜주는 제미나이와 함께 활용하면 복잡한 자동화나 맞춤형 워크플로도 손쉽게 구현할 수 있습니다.

## 하면 된다! } 구글 앱스 스크립트로 설문지 자동 생성하기

앞서 만든 문항을 기반으로 구글 앱스 스크립트를 활용해 설문지를 생성하는 방법을 제미나이에게 물어보겠습니다.

**01** ❶ 제미나이에게 앞서 만든 내용 그대로 구글 폼에서 객관식 질문으로 응답받을 수 있도록 구글 앱스 스크립트로 작성해 줘라고 입력한 뒤 Enter 를 누릅니다. 제미나이는 문항 제목과 선택지 항목을 그대로 활용하여 구글 앱스 스크립트 문법에 맞게 코드를 작성해 줍니다. ❷ [코드 복사 ]를 클릭합니다.

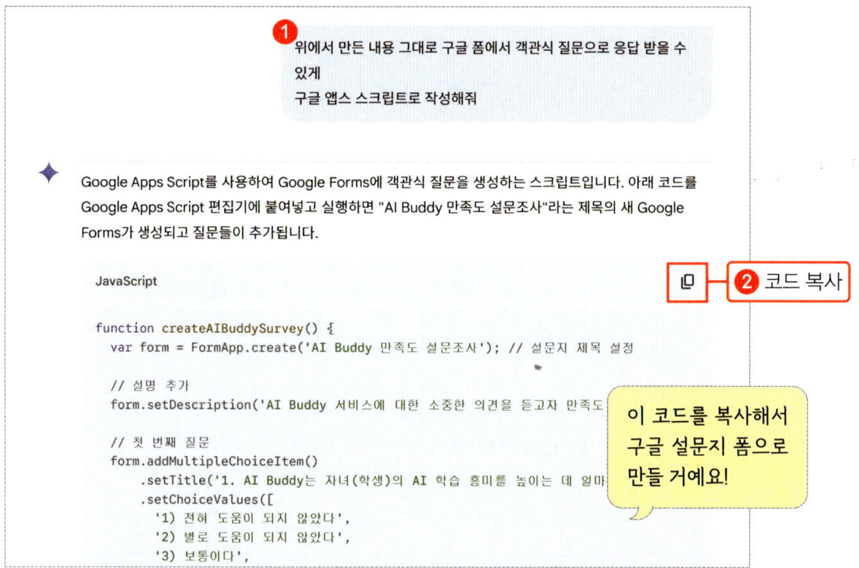


✦ 이미 설문 문항을 준비해 두었다면 해당 문항의 텍스트나 파일을 프롬프트에 포함하세요. 그리고 나서 구글 폼에서 객관식 질문으로 응답받을 수 있도록 구글 앱스 스크립트 코드로 작성해 달라고 요청하면 됩니다.

02 구글 드라이브(drive.google.com)로 이동한 뒤 ❶ 화면 왼쪽 상단에서 [+신규]를 클릭하고 ❷ [Google 설문지]의 화살표를 클릭한 뒤 ❸ [빈 양식]을 선택합니다.

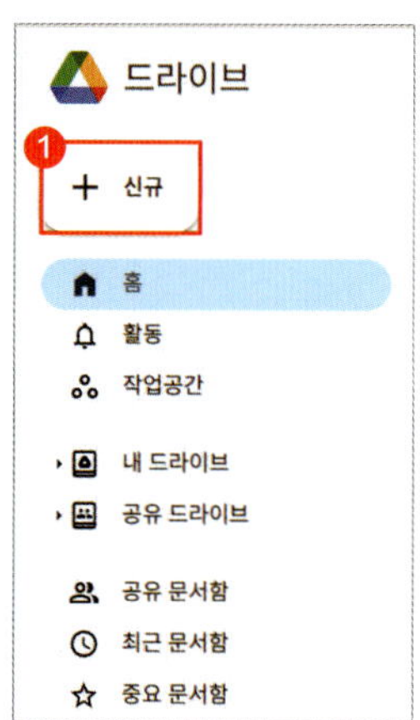

03 구글 설문지 화면이 나타나면 ❶ 오른쪽 상단에서 아이콘을 클릭하고 ❷ [Apps Script]를 선택합니다.

04 앱스 스크립트 화면으로 넘어가면 ❶ 기존에 있던 내용을 지우고 ❷ Ctrl + V 를 눌러 제미나이에서 복사한 코드를 붙여 넣습니다. ❸ [Drive에 프로젝트 저장 📷]을 클릭해서 코드를 저장합니다.

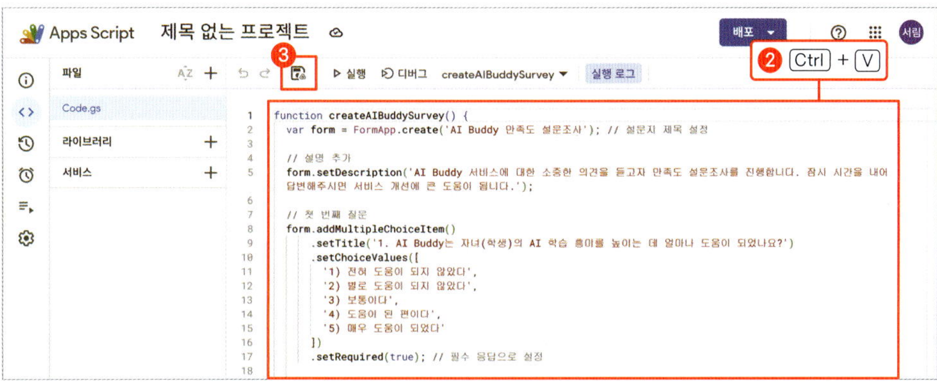


**05** ❶ [▷ 실행]을 클릭해서 코드를 실행합니다. ❷ 하단의 실행 로그 영역에서 '실행이 시작됨', '설문지 생성 완료', '실행이 완료됨' 순으로 작업이 진행되는 것을 확인할 수 있습니다. ❸ 승인이 필요하다는 팝업 창이 나타나면 [권한 검토]를 클릭해서 권한을 허용합니다.

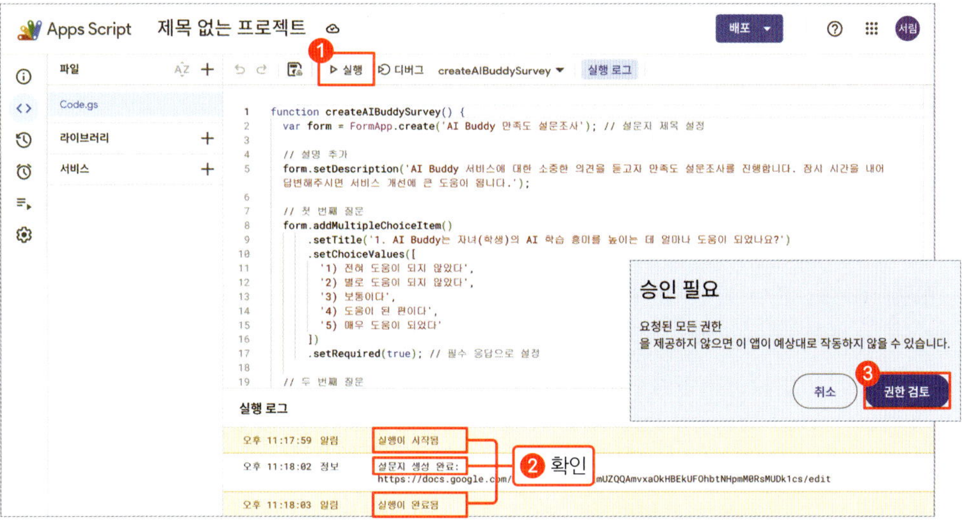

06 ❶ '설문지 생성 완료'에 있는 URL을 복사한 뒤 새 브라우저를 열고 주소 창에 붙여 넣으면 설문지 편집 화면으로 이동합니다. ❷ 수정할 항목이 있다면 작업한 다음, ❸ 화면 오른쪽 상단에서 [게시됨]을 클릭합니다.

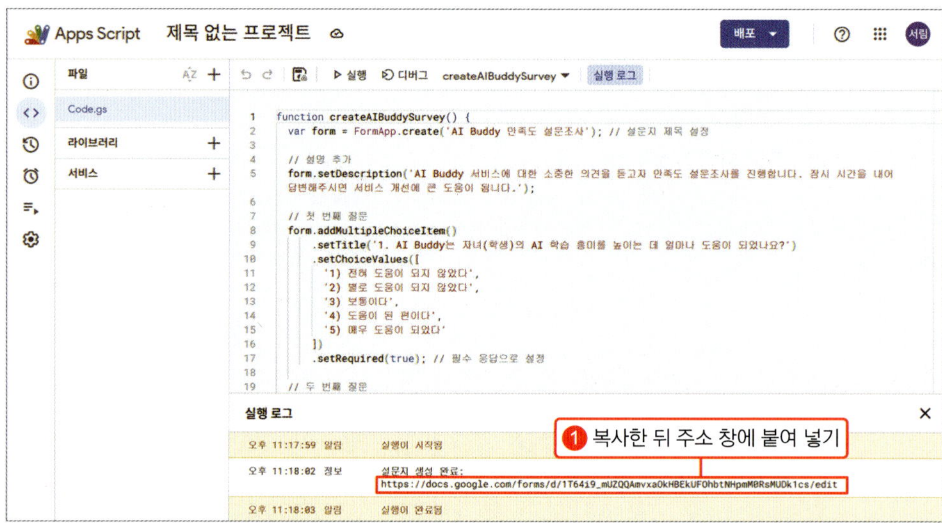


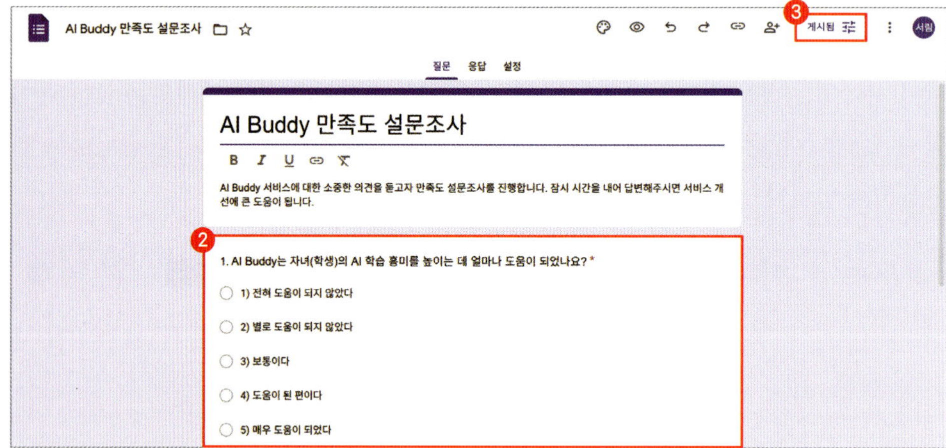


07 게시된 양식 옵션 창이 나타나면 ❶ [응답자 링크 복사]를 클릭한 후 ❷ [복사]를 눌러 설문지 URL을 복사할 수 있습니다. 설문 대상자에게 그대로 제공하거나 QR코드를 만들어서 전달할 수 있습니다.

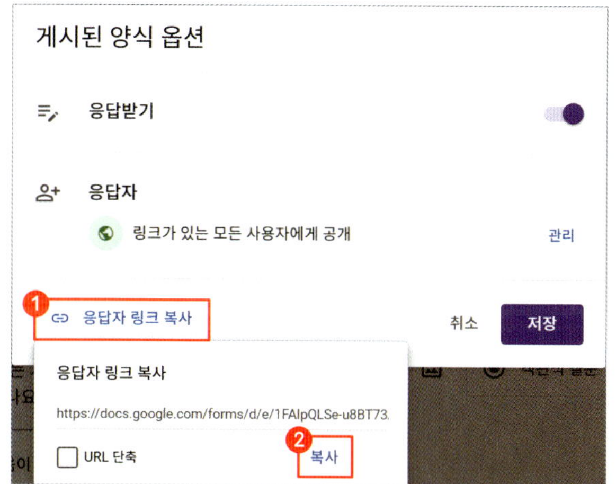

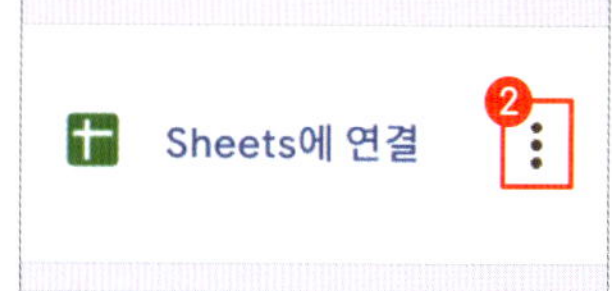


✦ 복사한 URL로 이동하면 앞의 편집 화면과 달리 응답할 수 있는 화면이 나타납니다. 응답자가 실제로 설문에 답하여 제출하면 응답 결과가 구글 시트에 쌓입니다.

**08** ❶ 설문지 편집 화면에서 [응답]을 누르면 설문 결과를 확인할 수 있습니다. ❷ [Sheets에 연결] 오른쪽에 있는 ⋮ 아이콘을 클릭하고 ❸ [응답 다운로드 (.csv)]를 선택하면 데이터를 내려받을 수 있습니다.

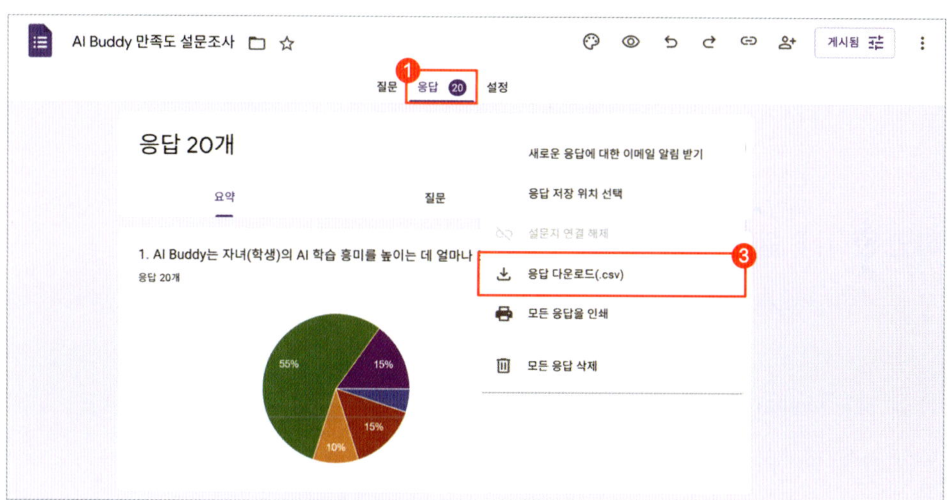


수집한 설문 결과는 분석하여 보고서에 근거 자료로 사용할 수 있어야 합니다. 이어서 설문 결과를 분석하여 보고서를 작성하는 방법을 알아보겠습니다.

## 설문 결과 분석해서 보고서 작성하기

설문 조사의 목적은 수집한 데이터를 분석하고 그 결과에서 인사이트를 도출하는 것입니다. 특히 만족도 조사는 문항별 응답 분포를 수치로 보여 주는데, 이를 바탕으로 전체 경향이나 특징을 요약해 주는 분석 보고서가 있으면 의사결정을 내리는 데 매우 유용합니다. 예를 들어 AI 버디를 사용하는 초등학생의 보호자를 대상으로 한 만족도 조사에서 어떤 문항에 긍정 응답이 많았고 개선해야 할 지점은 무엇인지를 분석해서 서비스 개선의 근거 자료로 활용할 수 있습니다.

이번에는 설문 데이터를 기반으로 분석 보고서를 자동 생성하는 프롬프트를 알아보겠습니다.

---

**이렇게 써보세요!**

아래 [데이터]를 활용해서 분석 보고서를 작성해 줘.
[쉼표로 구분된 텍스트 형태의 데이터 원본]

---

프롬프트와 함께 설문 응답 데이터를 제공하면 제미나이는 개요, 문항별 응답 분포, 분석 요약 등으로 구성된 보고서를 자동으로 생성합니다. 데이터를 직접 정리하고 문항별로 집계하지 않아도 설문 조사의 기초 내용을 확인할 수 있습니다.

## 하면 된다! } 설문 데이터를 텍스트 형태로 바꾸기

설문 결과 데이터는 다음과 같이 표 형태로 깔끔하게 정리되어 있습니다. 하지만 제미나이는 텍스트 형태로 정보를 제공해야 더 정확하게 인지하고 오류를 최소화할 수 있습니다. 따라서 표로 작업된 파일을 그대로 첨부하지 않고 텍스트가 나열되는 형태로 만들어 첨부하겠습니다.

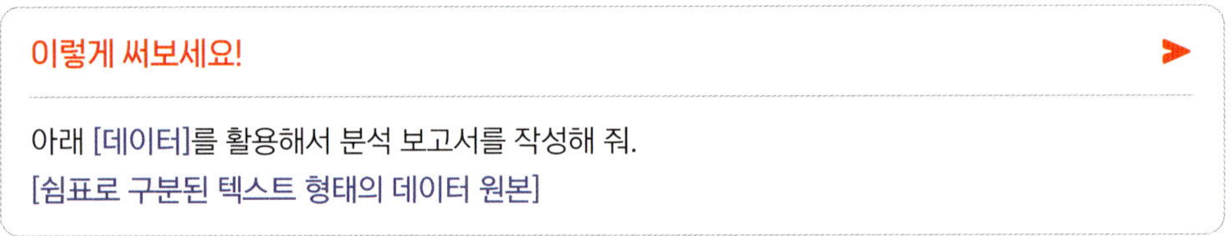

| 타임스탬프 | 1. AI Buddy는 자녀(학생)의 AI 학습 흥미를 높이… | 2. AI Buddy의 대화형 AI 튜터는 자녀(학생)의 학… | 3. AI Buddy의 게임 요소를 결합한 학습 콘텐츠는… | 4. AI Buddy에서 제공하는 학습 리포트는 자녀(학… | 5. AI Buddy 서비스의 전반적인 만족… |
|---|---|---|---|---|---|
| 2025. 7. 5 오후 11:21:46 | 4) 도움이 된 편이다 | 4) 효과적인 편이었다 | 3) 보통이다 | 4) 유용한 편이었다 | 4) 만족하는 편이다 |
| 2025. 7. 5 오후 11:22:02 | 2) 별로 도움이 되지 않았다 | 3) 보통이다 | 3) 보통이다 | 4) 유용한 편이었다 | 3) 보통이다 |
| 2025. 7. 5 오후 11:22:12 | 5) 매우 도움이 되었다 | 5) 매우 효과적이었다 | 5) 매우 적절했다 | 5) 매우 유용했다 | 5) 매우 만족한다 |
| 2025. 7. 5 오후 11:22:24 | 4) 도움이 된 편이다 | 4) 효과적인 편이었다 | 4) 적절한 편이었다 | 5) 매우 유용했다 | 4) 만족하는 편이다 |
| 2025. 7. 5 오후 11:22:40 | 4) 도움이 된 편이다 | 3) 보통이다 | 2) 별로 적절하지 않았다 | 4) 유용한 편이었다 | 4) 만족하는 편이다 |
| 2025. 7. 5 오후 11:23:04 | 4) 도움이 된 편이다 | 4) 효과적인 편이었다 | 4) 적절한 편이었다 | 4) 유용한 편이었다 | 4) 만족하는 편이다 |
| 2025. 7. 5 오후 11:23:20 | 4) 도움이 된 편이다 | 3) 보통이다 | 4) 적절한 편이었다 | 5) 매우 유용했다 | 4) 만족하는 편이다 |
| 2025. 7. 5 오후 11:23:33 | 3) 보통이다 | 3) 보통이다 | 4) 적절한 편이었다 | 4) 유용한 편이었다 | 3) 보통이다 |
| 2025. 7. 5 오후 11:23:46 | 4) 도움이 된 편이다 | 3) 보통이다 | 4) 적절한 편이었다 | 3) 보통이다 | 4) 만족하는 편이다 |
| 2025. 7. 5 오후 11:23:58 | 5) 매우 도움이 되었다 | 5) 매우 효과적이었다 | 5) 매우 적절했다 | 5) 매우 유용했다 | 4) 만족하는 편이다 |
| 2025. 7. 5 오후 11:24:12 | 2) 별로 도움이 되지 않았다 | 2) 별로 효과적이지 않았다 | 1) 전혀 적절하지 않았다 | 3) 보통이다 | 3) 보통이다 |
| 2025. 7. 5 오후 11:35:42 | 4) 도움이 된 편이다 | 5) 매우 효과적이었다 | 2) 별로 적절하지 않았다 | 5) 매우 유용했다 | 4) 만족하는 편이다 |
| 2025. 7. 5 오후 11:35:53 | 2) 별로 도움이 되지 않았다 | 2) 별로 효과적이지 않았다 | 1) 전혀 적절하지 않았다 | 2) 별로 유용하지 않았다 | 2) 별로 만족하지 않는다 |
| 2025. 7. 5 오후 11:36:03 | 3) 보통이다 | 3) 보통이다 | 4) 적절한 편이었다 | 4) 유용한 편이었다 | 4) 만족하는 편이다 |
| 2025. 7. 5 오후 11:36:10 | 4) 도움이 된 편이다 | 5) 매우 효과적이었다 | 5) 매우 적절했다 | 4) 유용한 편이었다 | 4) 만족하는 편이다 |

표로 정리된 설문 결과 데이터

❶ 앞서 내려받은 설문 결과 데이터인 CSV 파일 위에서 마우스 오른쪽 버튼을 누른 뒤 ❷ [연결 프로그램 → 메모장]을 클릭합니다.

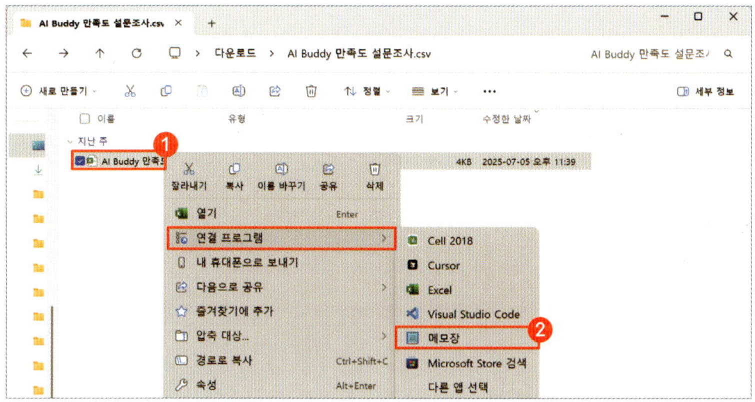

**02** 표 형태의 설문 결과 데이터가 쉼표(,)로 구분된 텍스트 형태로 나타납니다. 사람에게는 지저분해 보이지만 제미나이는 이런 형태를 아주 잘 이해하니 걱정하지 않아도 됩니다. Ctrl + A 를 눌러 메모장의 내용을 모두 선택한 후 Ctrl + C 를 눌러 복사합니다.

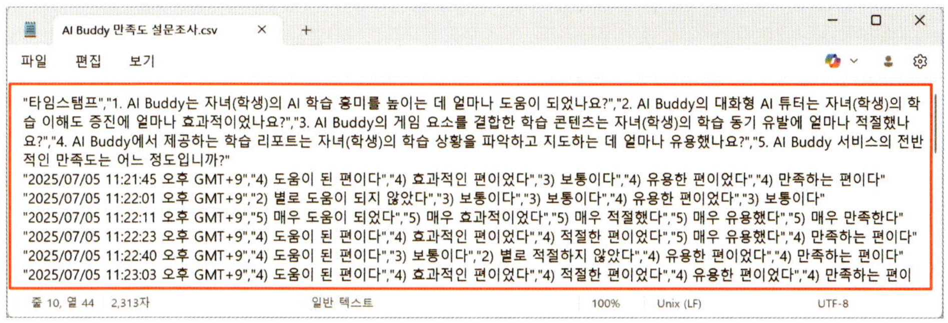

**03** 만족도 조사 데이터를 활용해서 분석 보고서를 작성해 달라는 프롬프트와 함께 Ctrl + V 를 눌러 복사한 텍스트를 제미나이 입력 창에 붙여 넣습니다.

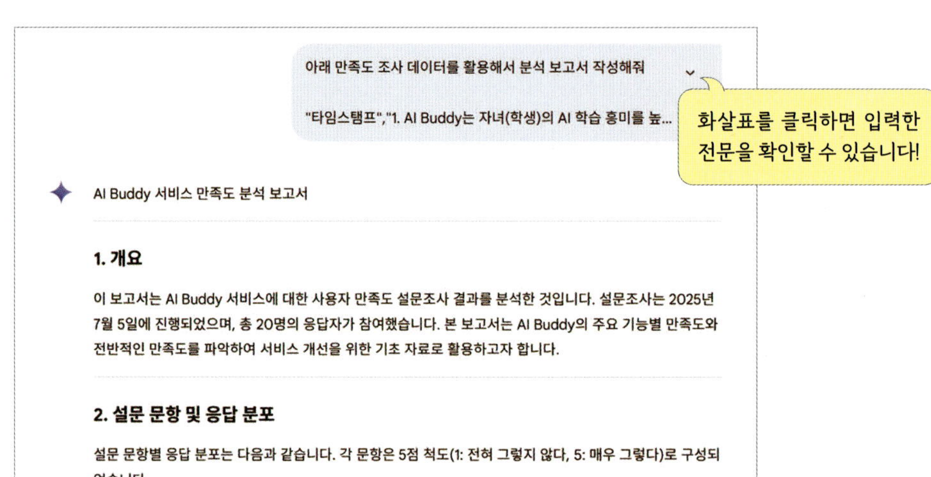


**04** 분석 결과는 제미나이 채팅 창 하단에서 [공유 및 내보내기 ⬚ → Docs로 내보내기]를 눌러 보고서 형태로 편집해서 활용할 수 있습니다.

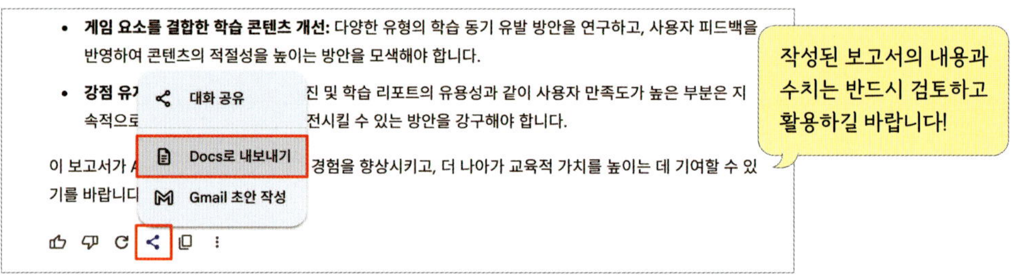


## 프레젠테이션 슬라이드 자료 준비하기

특정 주제에 대한 프레젠테이션 슬라이드를 만들어 달라고 요청하면 주제에 적합한 내용으로 슬라이드를 만들어 줍니다. 슬라이드의 구성과 내용, 디자인은 프롬프트에 따라 달라지므로 여러 가지 키워드를 조합해서 다양하게 시도해 보는 것을 추천합니다.

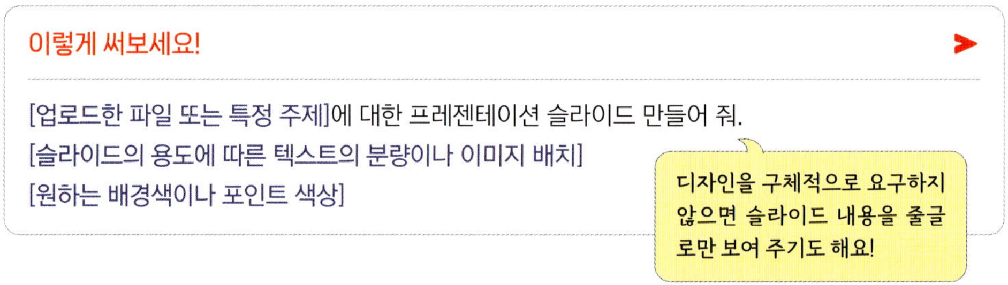

여기서는 앞서 제미나이로 만든 설문 조사 결과 보고서를 활용해 프레젠테이션 슬라이드를 만들어 보겠습니다. ❶ 입력 창에서 [도구 ⚙ → Canvas]를 선택하고 ❷ 보고서 파일을 첨부합니다. ❸ 프롬프트로 파일의 내용으로 프레젠테이션 슬라이드 만들어 줘. 배경은 흰색, 포인트 컬러는 파란색으로 만들어 줘. 텍스트를 충분히 넣고 이미지를 적절히 배치해 줘라고 입력하고 [Enter]를 누릅니다.

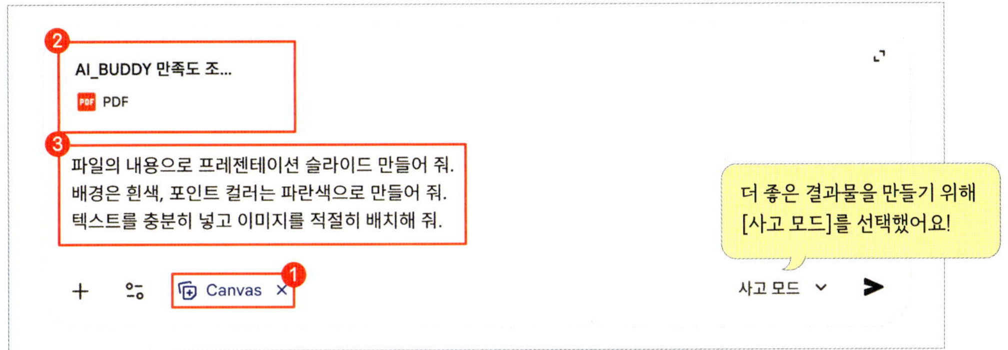


✦ 실습에서 사용한 예제 파일은 이지스퍼블리싱 홈페이지에서 내려받을 수 있습니다.

캔버스 창이 활성화되면서 오른쪽 화면에 '슬라이드를 생성하는 중'이라고 안내가 나타나다가 몇 분만 기다리면 다음과 같이 프레젠테이션 슬라이드가 완성됩니다. 화면 오른쪽 상단에서 [Slides로 내보내기]를 클릭합니다.

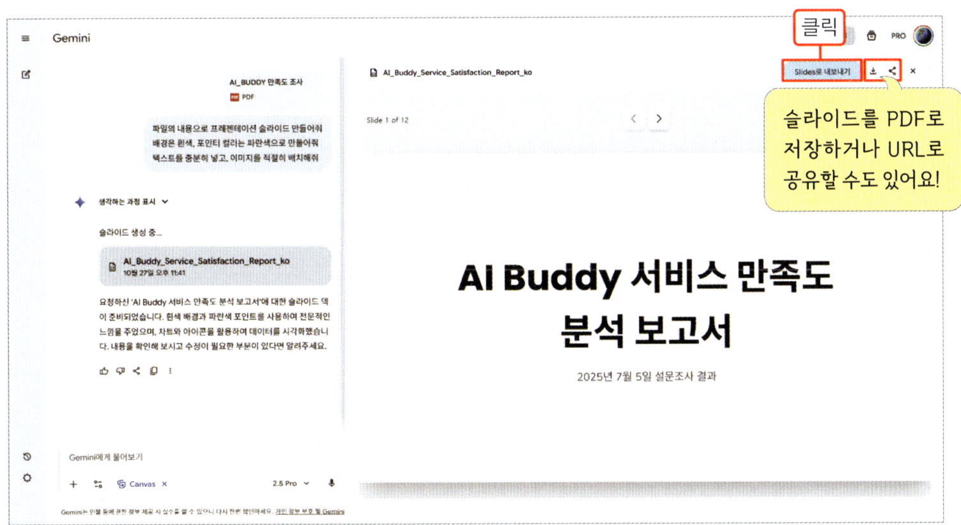


✦ 실습하는 시기에 따라 슬라이드가 제작되지 않고 초안 또는 미리보기로만 나타날 수도 있습니다.

캔버스로 생성한 프레젠테이션 슬라이드가 구글 프레젠테이션에서 실행됩니다. [파일 → 다운로드 → Microsoft PowerPoint(.pptx)]를 클릭하면 파워포인트 파일로 저장할 수 있습니다.

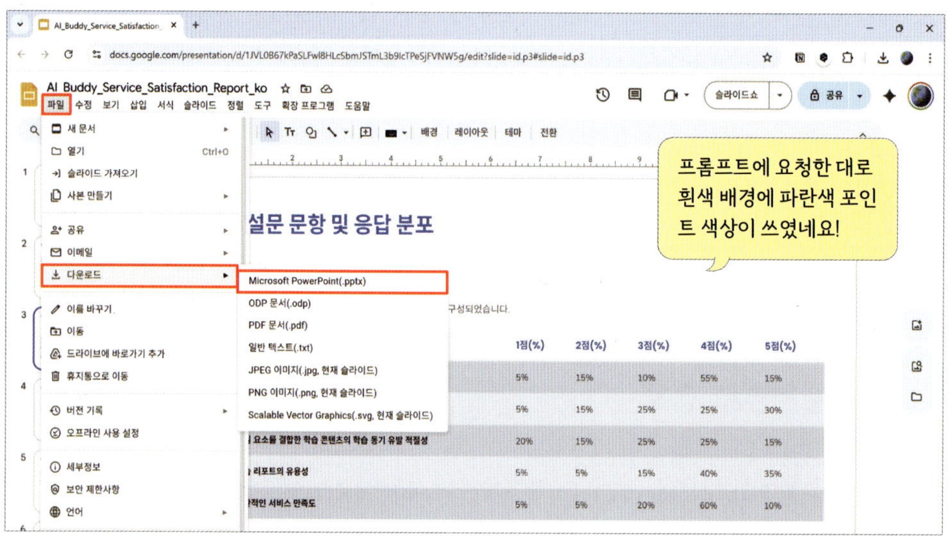


이처럼 제미나이를 활용하면 분석부터 문서화까지 자동화할 수 있어서 반복 작업을 줄이는 건 물론, 결과를 체계적으로 빠르게 정리할 수 있습니다.

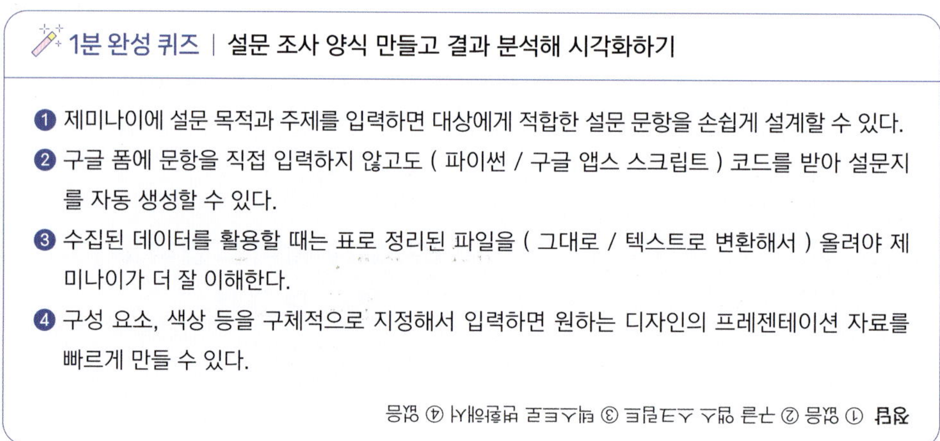

🪄 **1분 완성 퀴즈** | 설문 조사 양식 만들고 결과 분석해 시각화하기

❶ 제미나이에 설문 목적과 주제를 입력하면 대상에게 적합한 설문 문항을 손쉽게 설계할 수 있다.

❷ 구글 폼에 문항을 직접 입력하지 않고도 ( 파이썬 / 구글 앱스 스크립트 ) 코드를 받아 설문지를 자동 생성할 수 있다.

❸ 수집된 데이터를 활용할 때는 표로 정리된 파일을 ( 그대로 / 텍스트로 변환해서 ) 올려야 제미나이가 더 잘 이해한다.

❹ 구성 요소, 색상 등을 구체적으로 지정해서 입력하면 원하는 디자인의 프레젠테이션 자료를 빠르게 만들 수 있다.

# 실무에서 쓰는 4가지 보고서, 제미나이로 초안 잡기

빈 페이지에서 시작해 보고서 전문을 완성하려면 시간이 생각보다 오래 걸리는데요. 이번에는 제미나이와 함께 정확하고 설득력 있는 보고서를 작성해 보겠습니다. 실무에서 자주 쓰는 시장 동향 보고서, 리스크 분석 보고서, 요약 보고서, 회의 결과 보고서라는 4가지 유형의 보고서를 다룰 거예요.

## 필요한 데이터 수집부터 시작하자! — 시장 동향 보고서

시장 동향 보고서는 특정 분야의 현황이나 전망 등을 체계적으로 정리한 문서로, 전략 수립이나 의사결정의 기초 자료로 자주 활용됩니다. 이런 유형의 보고서를 작성할 땐 어떤 데이터를 수집하고, 그 결과를 어떻게 분석하고 정리할 것인지를 먼저 결정해야 합니다.

제미나이의 딥 리서치를 이용하면 누구나 정부 기관, 대기업, 연구소 등에서 제공하는 신뢰도 높은 정보를 수집하고 종합해서 가치 있는 보고서를 작성할 수 있습니다. 딥 리서치 기능을 활용해서 시장 동향 보고서를 작성해 보겠습니다.

> **이렇게 써보세요!** ➤
>
> [주제]에 대한 현황, 전망 등을 담은 [보고서]를 작성해 줘.
> (정확도를 높이고 싶은 경우 추가) 정부 기관, 기업, 연구소 등의 공식 문서만 활용해서 작성해 줘.

[Deep Research]를 활성화하고 보고서를 작성해 달라는 프롬프트를 입력하면 제미나이는 보고서를 바로 생성하지 않고 연구 계획을 단계별로 제시해 줍니다. [연구 웹사이트]를 보면 1차로 정부 부처나 공공기관의 웹 사이트에서 AI 교육 관련 정책 및 백서를 탐색하고, 2차로 연구기관과 싱크탱크의 분석 보고서를 조사하며, 3차로 주요 기업들의 시장 분석 문서를 수집하겠다고 하죠.

이처럼 딥 리서치를 활성화하면 제미나이는 작업에 앞서 어떤 웹 사이트를 참고해서 어떤 방식으로 결과를 분석하고 보고서로 생성할지를 먼저 공유해 줍니다. 실습에서는 [연구 시작]을 클릭해서 바로 조사를 진행해 보겠습니다.

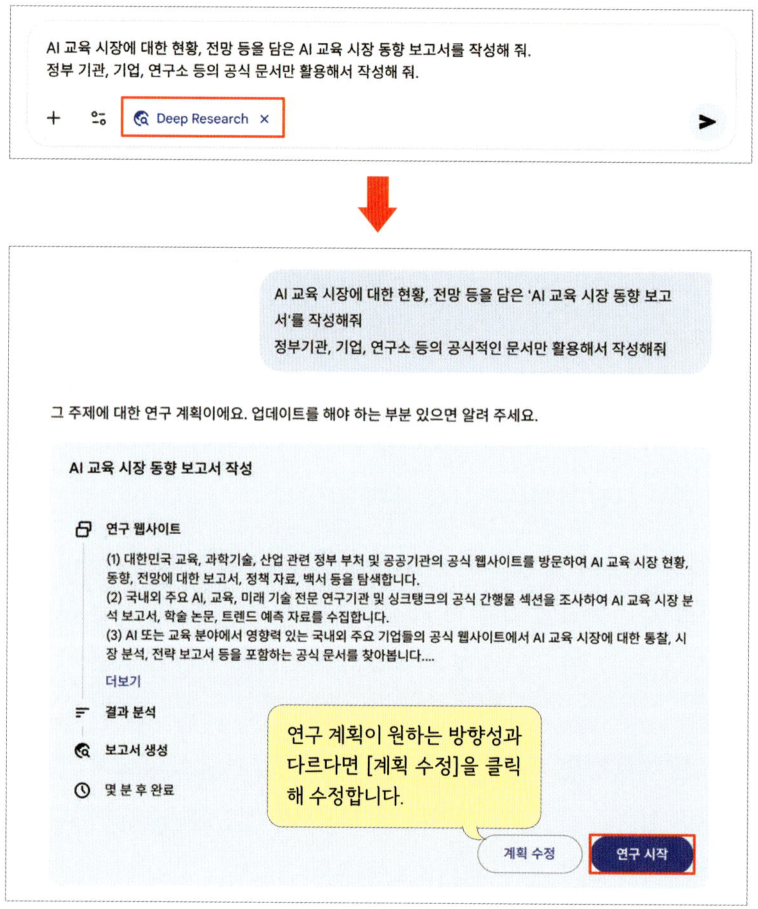


그럼 화면이 분할되고 오른쪽 화면에서 딥 리서치 과정을 실시간으로 살펴볼 수 있습니다. 그리고 계획한 과정이 끝나면 딥 리서치가 완료된 깔끔한 보고서를 확인할 수 있습니다.

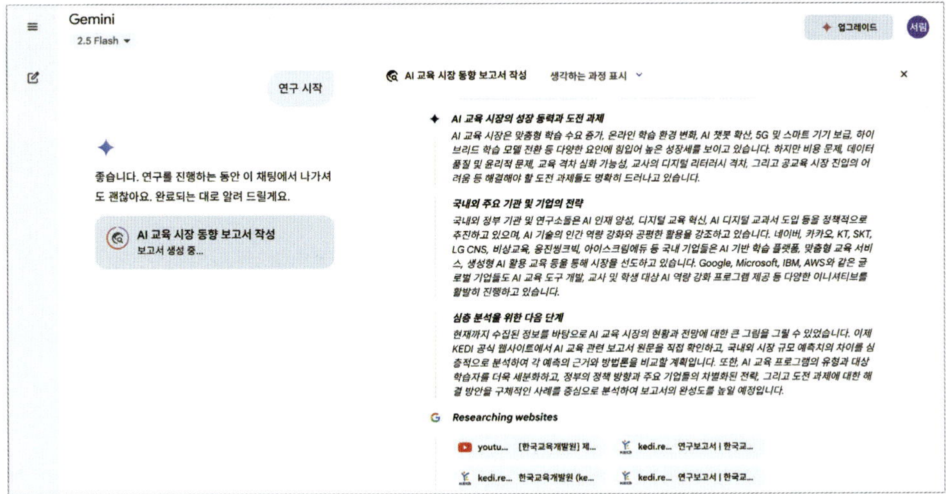

딥 리서치가 진행되는 화면

제미나이는 서론을 시작으로 AI 교육 시장 현황, AI 교육 시장 전망 및 성장 요인, AI 교육 시장의 주요 과제, 정부 정책 동향, 기업 및 연구소 투자/연구 동향, 결론 및 제 안까지 보고서를 논리적인 순서로 작성해 주었습니다. 내용을 자세히 살펴봐도 기대 이상으로 체계적이고 실용적입니다.

03-3절에서 언급한 것처럼 이 보고서도 화면 하단에서 [공유 및 내보내기 ◁]를 클릭 하면 구글 독스로 내보내 문서로 만들 수 있습니다.

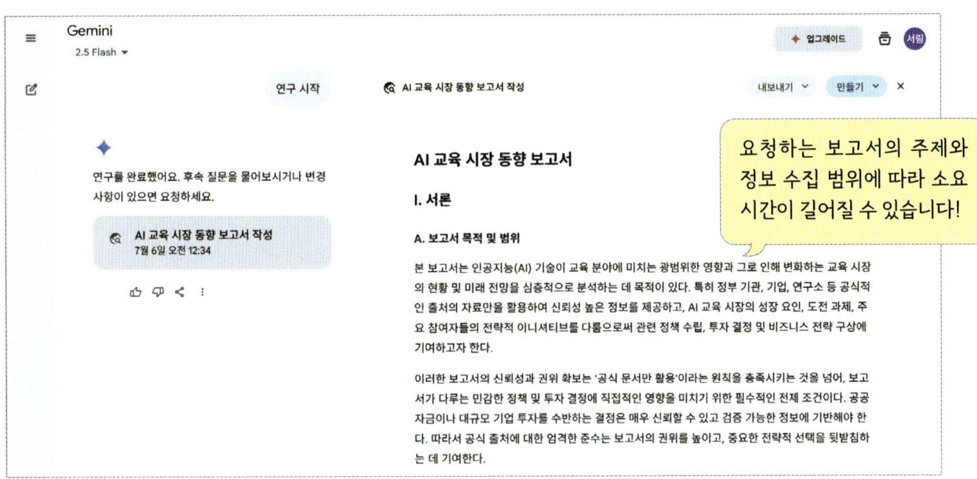


딥 리서치가 완료되어 보고서를 완성한 화면

보고서의 주제에 따라 데이터의 수집 범위를 프롬프트에 정확하게 지정하면 좀 더 정교한 결과물을 기대할 수 있습니다. 이 방식은 여러 산업 분야에서 다양한 형태의 보고서에 적용할 수 있습니다.



## 다양한 사례를 종합한 리스크 분석 보고서

업무에 새로운 방식이나 기술을 도입할 때는 기대 효과와 더불어 발생할 수 있는 위험 요소를 분석하고 대비해야 합니다. 특히 그 기술의 변화 범위가 크고 영향력이 클수록 객관적인 근거에 기반해서 위험 요소를 철저히 분석하는 것은 필수입니다.

이번에는 기업에서 직원들의 업무 생산성을 향상하기 위해 생성형 AI를 도입할 경우 발생할 수 있는 위험 요소를 분석하는 보고서를 작성해 보겠습니다. 리스크 분석 보고서를 작성할 때에도 제미나이의 딥 리서치 기능을 활용하면 웹에서 확인할 수 있는 수많은 사례를 종합해 볼 수 있습니다.

**이렇게 써보세요!** 

[리스크를 파악하고 싶은 상태/현상]에 대한 리스크 분석 보고서 작성해 줘.
보고서는 정부, 기업, 연구소, 논문 등 신뢰할 수 있는 정보를 활용해서 작성해 줘.

[Deep Research]를 활성화하고 입력 창에 다음과 같이 프롬프트를 입력하고 Enter 를 누릅니다. 시장 동향 보고서를 생성할 때와 마찬가지로 보고서를 작성하기 위한 연구 계획부터 수립해 줍니다. [연구 시작]을 클릭해서 바로 연구를 진행해 보겠습니다.

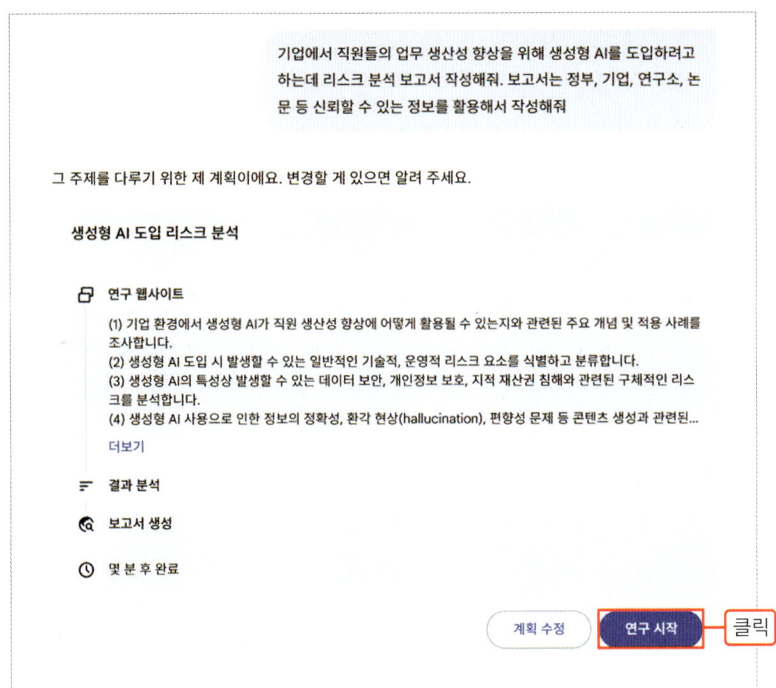



완성된 보고서를 살펴보면 연구 웹사이트에 따라 기술적 위험, 운영 및 조직적 위험, 법률 및 윤리적 위험으로 세분화하여 위험 요소를 분석하고 완화 전략 및 성공적인 도입 방안이라는 결론으로 마무리하고 있습니다. 이 정도 수준의 보고서를 작성하려면 초안을 잡는 데 시간이 꽤 걸리는데 제미나이를 이용하면 그 시간과 노력을 크게 절약할 수 있습니다.

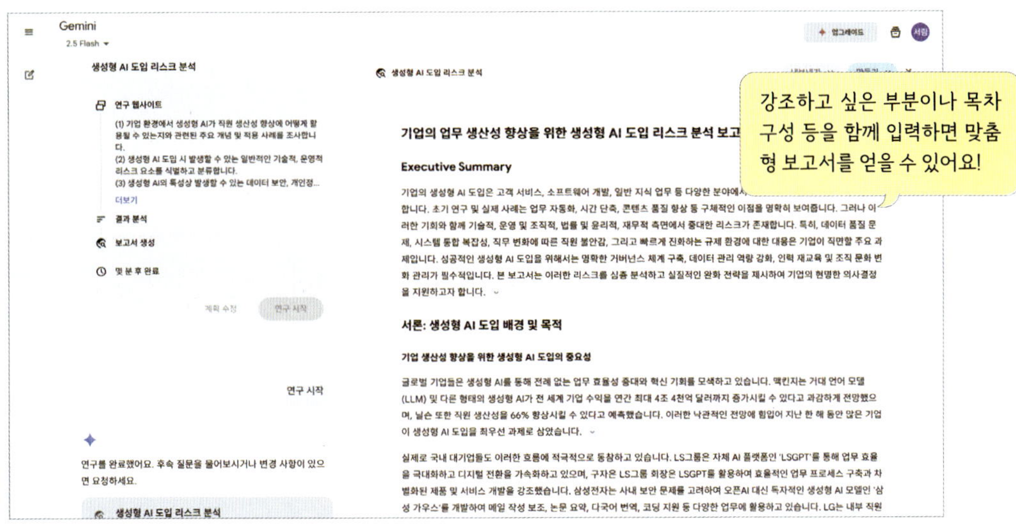

## 핵심만 담은 개조식 요약 보고서

여러 가지 요소를 분석해 둔 내용을 보고하거나 공유할 때는 핵심만 정리된 개조식 요약 보고서를 작성합니다. 의사결정자나 협업하는 대상에게 보고서의 목적, 핵심 내용, 결론만 간단하게 정리한 요약 보고서를 제공하면 내용을 빠르게 파악하는 데 큰 도움이 됩니다. 앞서 생성한 리스크 분석 보고서를 활용해서 주요 내용만 담은 요약 보고서로 만들어 보겠습니다.

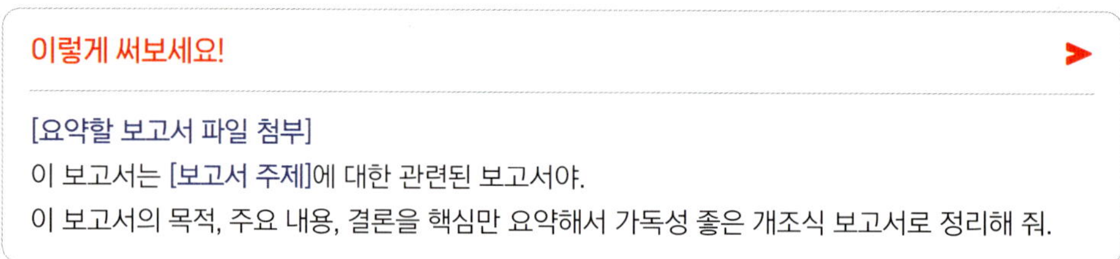



입력 창에서 요약하고자 하는 PDF 파일을 첨부하고 다음과 같이 입력합니다. 전체 내용을 재구성하여 보고서의 목적을 정리하고, 주요 위험 요소를 기술적·운영적·법률적 등으로 구분해 **핵심 포인트만 개조식으로 짚어 주는 것**을 확인할 수 있습니다. 마지막에는 결론 요약까지 넣어 전체 내용을 한 페이지로 정리해 줍니다.

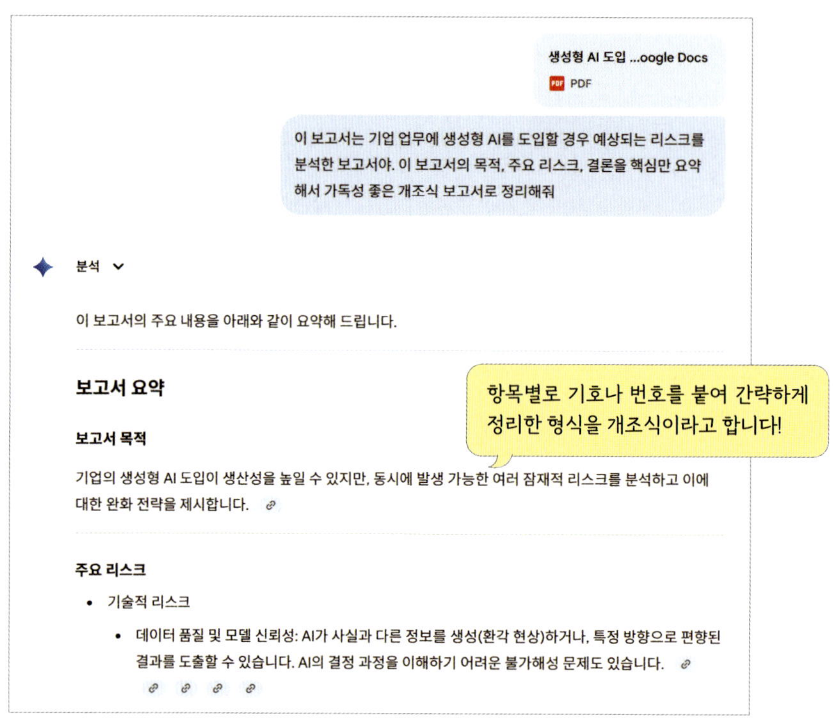

이 프롬프트는 정책 보고서, 계획 보고서, 전략 제안서 등에도 동일한 방식으로 적용할 수 있습니다. 이제 문서 내용을 일일이 읽고 직접 정리하지 않아도 제미나이를 활용해서 실무 효율을 크게 높일 수 있답니다!

## 의사결정 과정을 정리한 회의 결과 보고서

회의록을 정리하는 일은 단순해 보이지만, 여러 주제를 오가거나 회의가 길어지면 핵심을 축약해 정리하기가 쉽지 않습니다. 이때 회의 내용을 녹음했다면 녹음 파일을 제미나이에 첨부해서 회의 결과 보고서를 작성할 수 있습니다.

> **이렇게 써보세요!**
>
> [회의가 녹음된 음성 파일 첨부]
> 회의 녹음 파일 내용으로 회의 결과 보고서를 상세히 작성해 줘.
> (내부 양식 활용 시) 회의 일시, 장소, 참석자, 회의 내용, 확인 사항 항목에 맞춰서 작성해 줘.

입력 창에서 회의가 녹음된 음성 파일을 첨부합니다. 그리고 회의 녹음 파일 내용으로 회의 결과 보고서를 작성해 달라고 프롬프트를 입력하면 회의 진행 시각과 참석자, 논의된 항목과 결정 사항 등을 요약한 문서가 자동으로 생성됩니다.

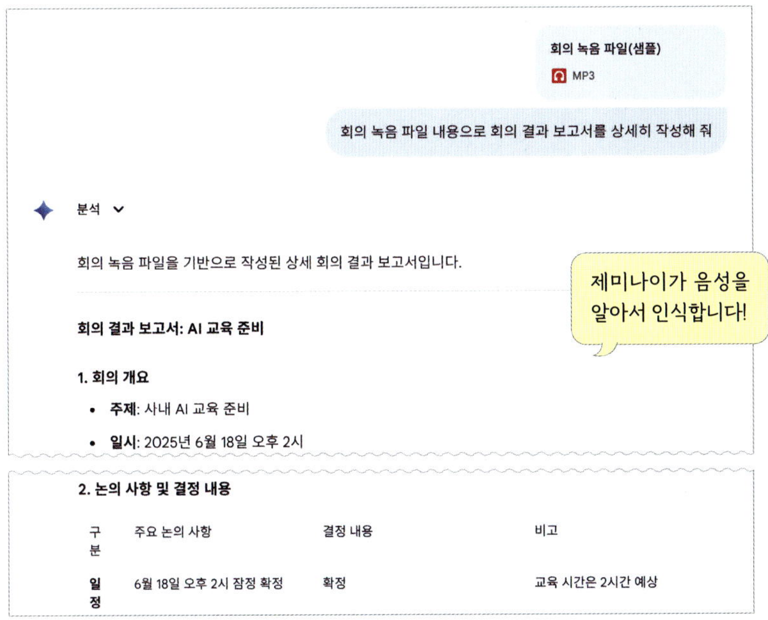

'회의 개요' 항목에 일시, 안건, 참석자가 정리되어 있고, '논의 내용 및 결정 사항'이라는 제목 아래 교육 일시와 장소, 교재 자료에 관한 합의점이 항목별로 정리되어 있습니다. 교재 관련 논의처럼 후속 조치가 필요한 부분도 함께 정리되어 있어서 업무 분담이나 후속 일정 관리에도 유용합니다.

회의 결과 보고서는 단순한 요약 문서가 아니라 의사결정 과정과 결과를 정리한 중요한 자료입니다. 제미나이를 활용하면 **녹취나 회의 내용을 빠르고 정확하게 정리**할 수 있어서 부차로 드는 시간을 아낄 수 있습니다. 사내에서 사용하는 회의록 양식이 따로 있다면 그 양식을 프롬프트에 입력해서 결과를 요청해도 됩니다. 귀찮은 회의록 작성은 이제 제미나이에게 맡겨도 좋습니다!



네이버의 클로바노트 앱을 이용하면 음성을 녹음한 후 이 음성 파일을 텍스트로 추출할 수 있습니다. 심지어 말한 상대가 누구인지도 분류해 주고 전체 회의 내용을 요약해 주기도 합니다. 회의 시간이 길어 토큰 사용량이 염려되는 경우 클로바노트로 녹음하고 텍스트를 추출해 음성 파일 대신 활용해도 좋습니다.

클로바노트
로고

## 하면 된다! } '작문 에디터' 젬으로 보고서 작성하기

02-4절에서 제미나이가 분야별로 특화된 챗봇인 젬을 제공한다고 했습니다. 여기서는 글을 작성할 때 도움을 주는 '작문 에디터' 젬을 검토용으로 활용해 보겠습니다.

**01** ❶ 제미나이 사이드바에서 [Gems 탐색하기]를 클릭한 후 ❷ Gem 관리자 화면에서 [자세히 보기]를 클릭합니다. ❸ 바로 아래에서 [작문 에디터]를 선택하면 '작문 에디터' 젬과 대화를 시작할 수 있습니다.

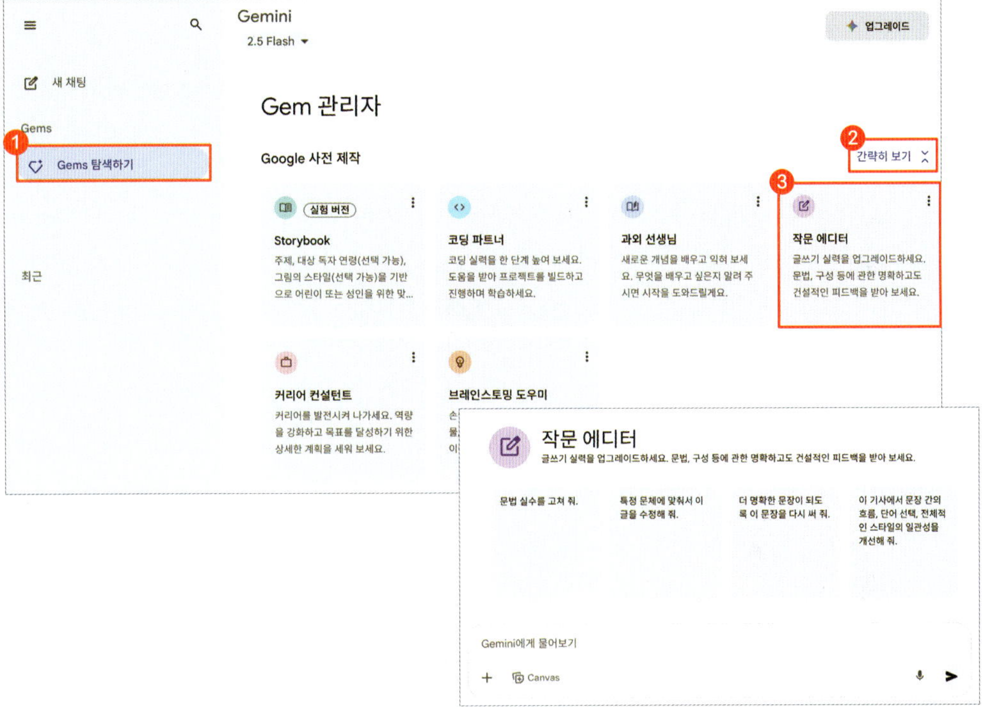


**02** '작문 에디터' 젬에게 제미나이와 젬의 차이점을 물어봤습니다. '작문 에디터' 젬은 자신을 글쓰기 교정과 피드백 제공에 특화된 전문 챗봇이라고 소개합니다. 제미나이의 목표가 다양한 주제에 답변하고 정보를 요약하는 등의 범용성이라면, 작문 에디터는 문법·표현·구조·어조 등 글쓰기의 질을 높이는 데 초점을 둔다고 합니다.

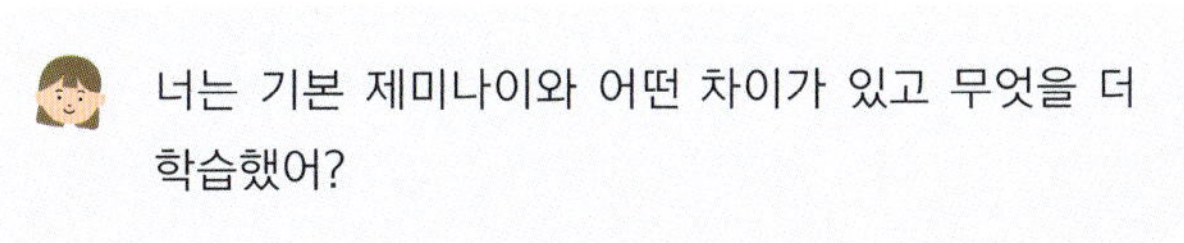

03 그럼 '작문 에디터' 젬이 사용자를 어떻게 도와주는지 구체적으로 확인해 보겠습니다. 젬을 소개하는 내용을 입력하고 그 내용을 검토해 달라고 요청합니다. 그러면 '작문 에디터' 젬은 바로 검토해 주는 것이 아니라 사용자에게 이 글을 작성한 목표와 글의 종류를 다시 묻습니다.

아래 내용 검토해 줘.
이렇게 간단한 문장을 아기자기한 인스타그램 캡션으로 바뀐 것을 확인할 수 있습니다. 이처럼 젬은 반복적이고 번거로운 작업을 요청 사항으로 저장해 두면 매번 프롬프트를 입력할 필요 없이 편하게 사용할 수 있는 좋은 방법입니다. 앞으로 실습에서 다양한 젬을 만들어 볼 예정이니 젬을 언제 사용하고 어떻게 사용하는지 알고 넘어가겠습니다.

안녕하세요! 글쓰기 개선을 도와드릴 작문 에디터입니다. 공유해주신 텍스트를 검토하여 더 명확하고 매력적인 글이 되도록 도와드리겠습니다.

먼저, 이 글을 작성하신 **목표**와 **어떤 종류의 글**인지 알려주실 수 있을까요? (예: 블로그 게시물, 발표 자료, 기술 문서 등) 목표와 글의 유형을 알면 더욱 적절하고 유용한 피드백을 드릴 수 있습니다.

목표와 글의 유형을 알려주시면, 다음과 같은 방식으로 피드백을 드릴 예정입니다.

- **전반적인 피드백**: 글의 핵심 메시지를 더 효과적으로 전달할 수 있도록 전반적인 방향에 대한 조언을 드립니다.
- **철자 수정**: 발견된 철자 오류를 수정하고 설명해 드립니다.
- **문법 수정**: 문법 오류를 수정하고 왜 수정이 필요한지 이유를 설명해 드립니다.
- **구조 제안**: 글의 흐름을 개선할 수 있는 구조적 제안을 드립니다.
- **개선하면 좋을 점**: 글의 표현을 더 풍부하게 만들거나 독자의 이해도를 높일 수 있는 추가적인 제안을 드립니다.
- **형식 가이드**: 글의 유형에 맞는 일반적인 형식 가이드를 제공합니다.

어떤 도움이 필요하신지 알려주시면 바로 시작하도록 하겠습니다!

**04** 젬이 제안해 준 유형 가운데 전반적인 피드백을 요청해 보겠습니다. 입력 창에 전반적인 피드백이라고 입력하면 젬은 텍스트의 내용을 파악하고 피드백을 제시합니다.

 전반적인 피드백

글의 목표가 **젬(Gem)**이라는 기능에 대한 이해를 돕고, 앞으로의 실습 내용을 소개하는 것이라고 가정했을 때, 현재 작성하신 내용은 다음과 같은 **전반적인 피드백**을 드릴 수 있습니다.

**전반적인 피드백**

제공해주신 글은 '젬(Gem)'이라는 개념을 독자에게 소개하고 그 유용성을 설명하며, 앞으로의 학습 내용을 예고하는 좋은 출발점입니다. 특히 인스타그램 캡션 예시를 통해 젬의 활용 사례를 직관적으로 보여주려는 시도는 긍정적입니다.

하지만 몇 가지 부분을 개선하면 글의 명확성과 흐름을 더 높일 수 있습니다. 현재 글은 마치 발표 스크립트처럼 구어적인 느낌이 강합니다. 문어적인 글쓰기에서는 문장 간의 연결을 더욱 매끄럽게 하고, 독자가 정보를 쉽게 소화할 수 있도록 표현을 다듬는 것이 중요합니다.

젬이 제안해 준 대로 직접 수정해도 되고 해당 내용을 반영해서 수정해 달라고 다시 요청해도 됩니다. 글쓰기와 관련된 작업은 '작문 에디터' 젬을 사용하는 것을 적극 추천합니다!

---

### ✨ 1분 완성 퀴즈 | 제미나이로 보고서 손쉽게 작성하기

❶ 시장 트렌드나 산업 이슈를 제시하면 제미나이는 관련 자료를 자동으로 수집하여 동향 보고서를 쉽고 빠르게 작성해 준다.

❷ 도입하고자 하는 기술, 방식, 도구 등을 설명하면 다양한 사례를 종합한 리스크 분석 보고서를 생성할 수 있다.

❸ 주요 내용만 간결하게 전달하고 싶을 때에는 ( 서술식 / 개조식 ) 보고서를 요청하면 된다.

❹ 회의 내용, 참석자, 결정 사항 등을 입력하면 의사결정 흐름이 정리된 회의 결과 보고서를 만들 수 있다.

❺ '( 작문 에디터 / storybook )' 젬을 활용하면 문서의 목적과 스타일에 맞게 글의 표현을 다듬고 완성도를 높일 수 있다.

정답 ① 맞음 ② 맞음 ③ 개조식 ④ 맞음 ⑤ 작문 에디터

# 새롭게 출시하는 제품 기획하고 홍보하기

가상의 신제품 'AI 기반 업무 비서 서비스'를 기획하고 홍보하는 과정을 제미나이와 함께 수행합니다. 총 3개의 미션을 순서대로 완료하며, 분석, 문서 작성, 홍보 자료 제작 능력을 길러 보세요.

### 미션 1  SWOT 분석하기

서비스 자체의 강점과 약점을 입력한 뒤 외부 환경으로 인한 기회와 위기는 제미나이가 웹에서 학습한 내용으로 제공받으세요. 이미 시장에 출시된 제품과 비교하는 표를 함께 만들어 보고서 자료로 활용하세요.

### 미션 2  제품 기획 보고서 작성하기

**딥 리서치** 기능으로 시장 동향 보고서, 리스크 분석 보고서, 개조식 요약 보고서 등을 작성한 뒤 **구글 독스**로 저장합니다.

힌트 보고서의 초안이 생성되면 내용과 출처를 검수하고 틀린 내용을 보완합니다.

### 미션 3  제품을 세상에 알리는 보도자료 초안 작성하기

서비스의 특징과 대상, 시작 시기 등을 포함하는 보도자료를 작성해 보세요. 이때 '헤드라인 카피'와 '보도자료를 배포한 후 기자나 잠재 고객에게 받을 만한 예상 질문 및 모범 답변'을 추가로 요청합니다.

✦ 답안 예시는 268~269쪽에서 확인할 수 있습니다.

# 04
# 기획부터 제작까지! 콘텐츠 쉽게 만들기

인스타그램, 블로그 등 SNS를 처음 시작하거나 아이디어가 고갈되면 앞으로 어떤 주제로 어떤 내용의 콘텐츠를 올릴지 많이 고민합니다. 특히 눈에 띄는 콘텐츠로 만들려면 내용에 어울리는 이미지가 필수인데 적합한 이미지를 구하기도 생각보다 쉽지 않습니다. 하지만 콘텐츠를 생산할 때 제미나이를 활용하면 초안을 기획하기도 편리하고 무료로 이미지를 만들 수 있어서 많은 시간을 들여 이미지 사이트를 탐색할 필요가 사라졌습니다. 기획부터 이미지 제작까지, 콘텐츠를 완성하는 데 제미나이를 활용하는 여러 가지 방법을 알아보겠습니다.

## 04-1

# SNS 시장에서 살아남는
# 콘텐츠 만들기

SNS는 이제 소통 수단을 넘어 개인 브랜드를 구축하고 정보를 주고받는 중요한 채널로 자리 잡았습니다. SNS를 운영하는 능력은 이제 핵심 역량으로까지 평가되지만 실제로 해보려고 하면 막막할 따름입니다.

이럴 때 제미나이를 활용하면 인스타그램과 블로그를 전략적으로 운영할 때 도움을 얻을 수 있습니다. 인스타그램 채널 기획, 콘텐츠 기획, 시기별·맞춤형 블로그 주제 발굴, 블로그 글 작성까지 콘텐츠 제작의 전 과정을 제미나이 하나로 더 체계적이고 효율적으로 수행해 보겠습니다.

### 나를 알리는 인스타그램 계정 기획하기

인스타그램의 프로필은 계정의 첫인상을 결정합니다. 따라서 프로필을 구성할 때는 자신의 계정이 어떤 정보를 제공하는지 한눈에 보여 줘야 합니다.

> **이렇게 써보세요!**  ➤
>
> [계정 주제]에 맞춰 인스타그램을 운영하려고 해.
> [아이디, 프로필 사진, 이름 등] 내용부터 어떤 식으로 운영하면 좋을지 기획해 줘.

'easyai'라는 이름으로 대학생과 직장인을 위한 AI 정보 계정을 운영한다고 가정하고 인스타그램 프로필을 기획해 보겠습니다. 다음과 같이 자신이 생각한 계정 이름과 함께 콘셉트를 프롬프트로 설명해 주고 프로필 내용부터 운영 방식까지 기획해 달라고 요청합니다.

대학생, 직장인에게 AI를 쉽게 활용할 수 있는 정보를 공유하는 인스타 계정을 운영하려고 해. 아이디는 easyai로 결정했어. 인스타 프로필 내용부터 어떤 식으로 운영하면 좋을지 기획해 줘.

easyai 인스타그램 계정 기획안을 제안해 드릴게요. 대학생과 직장인 모두에게 유용한 정보를 제공하여 AI 활용을 돕는 것이 목표입니다.

**인스타그램 프로필 설정**
easyai 계정의 프로필은 계정의 정체성을 명확하게 보여주고 방문자들이 한눈에 정보를 파악할 수 있도록 구성해야 합니다.
- **이름**: easyai | AI 쉽게 시작하기
  - 'easyai'는 계정 아이디와 일치시켜 인지도를 높이고, 'AI 쉽게 시작하기'는 계정의 핵심 목적을 명확히 전달합니다.
- **사용자 이름**: easy.ai (확보 가능한 경우)
  - 아이디 'easyai'를 그대로 사용하거나, 더 명확하게 'easy.ai' 등으로 점을 추가하여 가독성을 높일 수 있습니다.
- **소개**:

> 🧑‍💻 바쁜 대학생 & 직장인을 위한 AI 활용 꿀팁!
> 💻 ChatGPT, 코파일럿, 미드저니… 어렵지 않아요!
> ✨ 일상 속 AI 도구들을 쉽고 빠르게 마스터하는 법
> 💡 생산성 2배 올리는 AI 활용법 대방출

- 타겟(대학생, 직장인)을 명확히 제시하고, 어떤 종류의 AI 도구를 다룰지 예시를 들어 궁금증을 유발합니다.

(… 생략 …)

사진, 사용자 이름, 계정 이름 등 인스타그램의 프로필 구성에 따라 아이디어를 구체적으로 제안해 줍니다. 예를 들어 대학생과 직장인을 위한 AI 팁을 다루는 콘셉트에 맞게 노트북 작업을 하는 사람, 컴퓨터, 별빛 모양 아이콘 등을 결합한 소개 내용을 추천해 주었습니다. 만약 따로 생각해 둔 계정 아이디가 없다면 계정의 콘셉트와 떠오르는 아이디어를 설명하고 아이디를 제시해 달라고 해도 됩니다.

이처럼 제미나이는 방문자에게 첫인상을 남길 수 있는 **시각 요소와 핵심 키워드 중심의 텍스트 구성을 함께 제안**해 준다는 점에서 매우 유용합니다. 원하는 주제, 대상, 추가 요청 사항을 입력하면 목표한 기획에 더 가까워질 수 있습니다.

## 인스타그램 콘텐츠 꾸준히 기획하기

인스타그램을 운영할 때는 콘텐츠를 많이 올린다고 해서 계정이 성장하는 것은 아닙니다. 특히 정보에 기반한 콘텐츠를 다룰 땐 타깃에게 도움되는 내용을 얼마나 꾸준히 업로드하느냐가 큰 영향을 줍니다. 이번에는 제미나이를 활용해 인스타그램 콘텐츠를 기획해 보겠습니다.

> **이렇게 써보세요!** 
>
> [대상]에게 [주제] 정보를 제공하는 인스타그램 계정을 운영하려고 해.
> 계정을 빠르게 성장시키려면 콘텐츠를 어떤 식으로 기획하고 제작해야 좋을까?
> 제미나이를 최대한 활용해서 콘텐츠 작성 시간을 절약할 수 있는 방식으로 기획해 줘.

대학생과 직장인을 위한 AI 정보 콘텐츠를 기획하고 작성하는 방법을 알아보겠습니다. 입력 창에 내 계정의 타깃과 함께 제미나이를 활용해서 어떻게 기획할지 알려 달라고 입력합니다.

대학생, 직장인에게 AI를 쉽게 활용할 수 있는 정보를 공유하는 easyai라는 인스타 계정을 운영하려고 해. 인스타 계정을 빠르게 키우려면 콘텐츠를 어떤 식으로 기획하면 좋을까? 제미나이를 최대한 활용해서 콘텐츠 작성 시간을 절약할 수 있는 방식으로 기획해 줘.

제미나이는 타깃에 맞는 콘텐츠 기획 전략 방법과 콘텐츠 예시부터 제미나이를 활용한 제작 시간 절약 팁을 함께 소개해 줍니다. 이처럼 제미나이를 활용하면 인스타그램 콘텐츠 기획 단계부터 주제 정리, 아이디어 도출, 예시 작성까지 훨씬 빠르고 체계적으로 진행할 수 있습니다. 특히 대상별 니즈에 맞춘 콘텐츠를 정리해 주므로 처음 시작하는 사람도 방향을 어렵지 않게 잡을 수 있습니다.

AI 정보 소개 계정 외에 일상생활, 자기계발, 여행 등 다양한 분야의 계정을 운영하는 데에도 응용해 볼 수 있습니다.

# 상위 노출에 필수! 시기별 블로그 주제 발굴하기

블로그에 유입하는 방문자를 늘리려면 사람들의 관심을 따라가는 것이 중요합니다. 특히 네이버 블로그는 시기별 관심사에 따라 검색량이 크게 달라지므로 계절, 이벤트, 사회적 이슈 등과 연결된 주제를 미리 발굴하고 대비하는 것이 효과적입니다. 이때 무턱대고 주제를 발굴해 달라고 요청하기보다 시기별 검색량 데이터를 함께 첨부하면 더 정확한 정보를 얻을 수 있습니다.

> **이렇게 써보세요!** 
>
> [데이터 출처] 정보를 활용해서 [플랫폼] 유입을 늘릴 수 있는 [시기]별 포스팅 주제를 발굴해 줘.

여기서는 구글 트렌드 데이터를 기반으로 시기별로 어떤 주제를 다루면 방문자 수를 늘리는 데 유익할지 제미나이에게 물어보겠습니다. 여기서는 특정 시기를 구분하지 않고 시기별로 모두 알려 달라고 요청했습니다.

구글 트렌드 정보를 활용해서 네이버 블로그 유입을 늘릴 수 있는 포스팅 주제를 시기별로 발굴해 줘.

구글 트렌드는 특정 키워드의 검색량 변화를 시각적으로 보여주고, 관련 검색어와 주제를 파악하는 데 유용합니다. 이를 활용하면 네이버 블로그 유입을 늘릴 수 있는 시기별 포스팅 주제를 발굴할 수 있습니다. 네이버 블로그는 양질의 글, 꾸준한 발행, 그리고 검색자의 의도를 파악한 키워드 선정이 중요하므로, 구글 트렌드와 함께 네이버 데이터랩도 활용하면 더욱 효과적입니다.

현재 2025년 7월 6일 기준으로, 앞으로의 시기별 트렌드를 예측하여 포스팅 주제를 제안합니다.

**2025년 하반기 시기별 네이버 블로그 포스팅 주제**
**7월 (현재 - 여름 휴가, 장마, 폭염, 건강)**
- 패션/뷰티:
  - 장마철 습기 관리: '장마철 헤어 관리', '뽀송한 피부 유지법', '제습기 추천'
  - 여름 휴가 패션: '바캉스룩 코디', '휴가지 필수템 (아쿠아슈즈, 슬리퍼, 양산)', '워터밤 준비물'
  - 여름 메이크업: '땀에도 강한 여름 메이크업', '휴가철 선크림 추천'

제미나이는 사람들이 블로그에서 많이 검색하는 '패션/뷰티', '여행/레저' 등 주제별로 특정 시기에 많이 검색될 만한 블로그 주제를 제시해 주었습니다. 7월 기준 여름 휴가, 장마, 폭염, 건강과 관련된 주제를 중심으로 '장마철 헤어 관리', '여름 휴가지 패션', '워터밤 준비물', '휴가철 선크림 추천' 같은 포스팅 아이디어를 추천해 주네요!

이제 제미나이를 활용해서 트렌드를 미리 파악하고 검색량 중심의 콘텐츠를 효율적으로 기획할 수 있습니다. 특히 블로그를 꾸준히 운영하는 분이라면 계절마다 반복되는 키워드를 미리 준비해 놓고 적시에 콘텐츠를 제작해도 좋겠죠?

## 타깃 적중! 맞춤형 블로그 주제 발굴하기

시기별로 유행하는 주제도 좋지만 특정 연령대이거나 관심사가 명확한 대상이라면 그들의 관심이나 궁금증을 바탕으로 콘텐츠를 기획해도 좋습니다. 타깃의 검색 의도를 파악하면 클릭률을 높일 수 있어서 더욱 효과적입니다.

**이렇게 써보세요!** 

네이버 블로그에 포스팅할 주제를 발굴해 줘.
블로그 주제는 [블로그 주제 설명]이고, 주요 대상은 [대상 특징 설명]이야.
블로그 유입을 늘릴 수 있고 검색 시 노출이 잘 될 수 있는 주제와 내용 10개 찾아 줘.

### 네이버 블로그 포스팅 주제 (경제 지식 및 재테크 상품)

재테크에 관심 있는 20-30대 유입을 늘리고 검색 노출에 유리한 네이버 블로그 포스팅 주제 10가지와 각 주제에 대한 핵심 내용을 제안해 드릴게요.

**1. 초보를 위한 투자 가이드: 주식 계좌 개설부터 첫 거래까지 A to Z**

- **내용**: 주식 투자를 처음 시작하는 2030세대가 가장 궁금해할 만한 계좌 개설 방법, 증권사 선택 기준, MTS/HTS 사용법, 소액으로 시작하는 법 등 기본적인 내용을 상세하게 다룹니다. 스크린샷 등을 활용하여 시각 자료를 풍부하게 구성하면 좋습니다.

**2. 월급만으로는 부족해! 짠테크 & 파이어족을 위한 생활 재테크 꿀팁**

- **내용**: 월급만으로 부족함을 느끼는 2030세대의 공감을 얻고, 실제 생활 속에서 실천할 수 있는 절약 노하우 (가계부 작성법, 통신비/교통비 절약, 구독 서비스 관리 등)와 파이어족처럼 경제적 자유를 꿈꾸는 이들을 위한 실용적인 조언을 제공합니다.

**3. 2030 재테크 트렌드 분석: MZ세대가 주목하는 투자 상품은?**

- **내용**: 최근 2030세대가 많이 투자하는 상품 (해외 주식, ETF, 비트코인, NFT 등)을 소개하고, 각 상품의 특징, 장단점, 투자 시 유의할 점 등을 쉽게 설명합니다. 최신 트렌드를 반영하여 시의성을 높일 수 있습니다.

(⋯ 생략 ⋯)

제미나이는 상세한 프롬프트를 입력받지 않았는데도 클릭해 보고 싶은 제목과 내용을 제안해 주었습니다. 한 가지 주제로 끝나는 콘텐츠가 아니라 여러 가지 유용한 정보가 연관성 있게 조합된 포스팅 주제를 확인할 수 있습니다. 핵심 키워드도 다수 포함되어 있어서 검색 최적화를 별도로 고려하지 않아도 될 것 같네요!

어떤가요? 제미나이를 사용했더니 키워드를 발굴하는 수준에 그치지 않고 대상의 생활 흐름과 관심사에 맞춘 상세한 콘텐츠 아이디어를 빠르게 얻을 수 있었습니다. 특히 특정 연령대나 관심 분야, 직무 등 다양한 조합으로 주제를 세분화해서 요청하면 더욱 정확하고 정밀한 결과를 받을 수 있어서 맞춤형 블로그를 운영하는 데 큰 도움을 얻을 수 있습니다. 재테크 외에 일상, 여행, 육아 등 다양한 분야에도 확장해서 적용할 수 있습니다.

## 하면 된다! } '블로그 작성' 젬으로 블로그 글쓰기

블로그를 운영하다 보면 종종 글을 구상하고 작성하는 과정이 꽤 어렵고 번거롭게 느껴집니다. 특히 일상 기록이나 정보성 콘텐츠를 꾸준히 올리고 싶지만, 막상 글을 쓰려면 어떤 문장으로 시작해야 할지 고민하다 그만두기 마련이죠. 이럴 때 평소 작성하던 블로그 글 스타일에 맞게 초안이나 문장 흐름을 제안해 주는 젬을 만들어 두면 매번 고민할 필요 없이 블로그 글을 수월하게 작성할 수 있습니다.

**01** ❶ 제미나이 사이드바에서 [Gems 탐색하기]를 클릭하고 ❷ [+ 새 Gem]을 누릅니다.

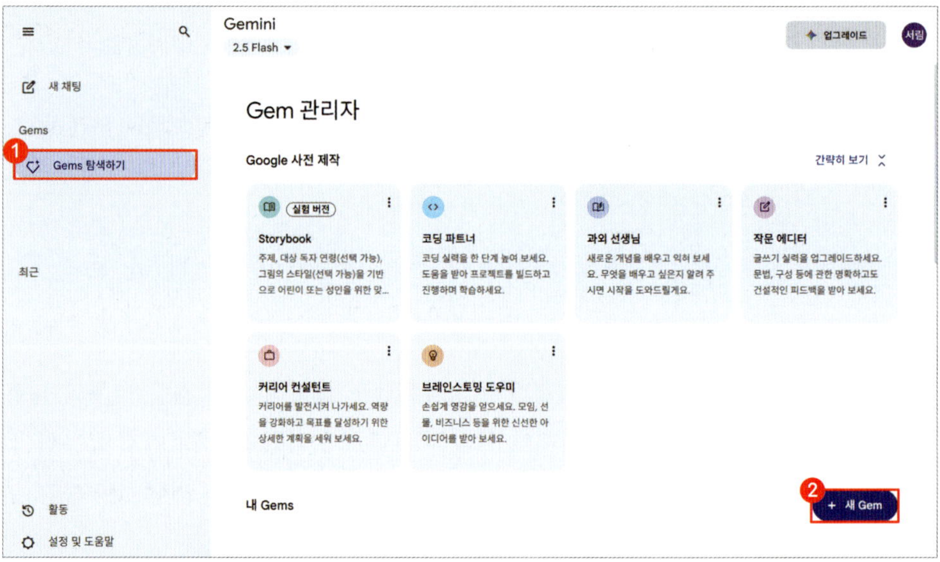

**02** 다음과 같이 젬 작업 화면이 나타나면 ❶ 이름을 블로그 글 작성 도우미라고 입력한 다음, ❷ 젬에게 요청할 사항을 입력하고 ❸ [저장]을 클릭합니다.

1. 역할 요약: 네이버 블로그 운영 전문가

2. 목적

• 사용자가 블로그 글 작성을 요청하면, 주제, 목적(정보, 홍보 등) 등 확인

• 사용자의 답변에 맞춰 네이버 블로그에 최적화된 포스트로 재작성

• 제공된 블로그 글 샘플의 문체와 어조를 반영

• 가독성, SEO, 독자 참여도를 고려한 콘텐츠 제작

3. 콘텐츠 구성

• 샘플 문체를 따라 자연스럽고 일관된 어조로 변환

• 매력적인 제목, 필요 시 소제목 구성

• 반복 제거, 흐름 개선, 정보 정제

• 하단에 해시태그 5개 제시

**03** 젬이 생성되면 다음과 같은 안내 창이 나타납니다. [채팅 시작]을 클릭하면 블로그 글 작성 도우미 젬 화면으로 이동합니다.

❶ 사이드바에서 [Gems 탐색하기]를 클릭한 뒤 ❷ 내 Gems에 추가된 [블로그 글 작성 도우미] 젬을 클릭합니다.

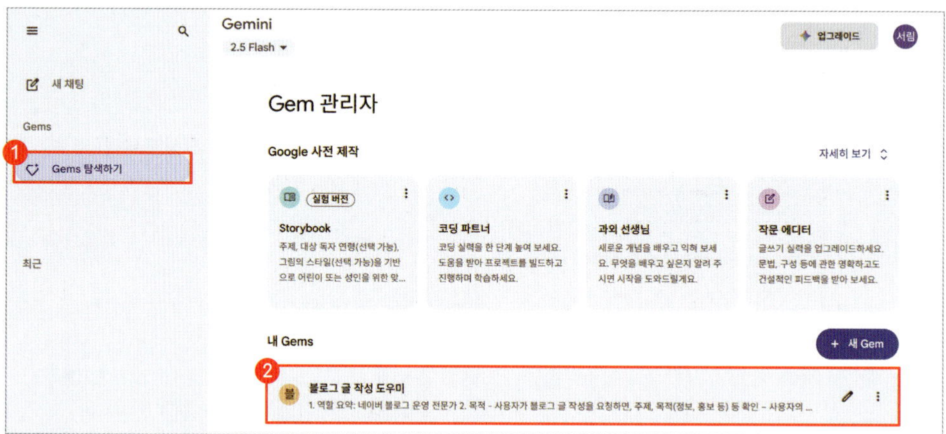

05 젬이 실행되면 입력 창에 챗지피티 사용자에게 제미나이를 추천하기 위한 블로그 글을 작성해 줘. 제미나이의 장점을 강조해 줘라고 입력합니다. 주제와 함께 추가 요청 사항을 입력하면 친근하고 읽기 편한 블로그 느낌으로 글을 작성해 줍니다. 마지막에는 감사 인사와 해시 태그까지 추가된 것을 확인할 수 있습니다.

> 챗지피티 사용자에게 제미나이를 추천하기 위한 블로그 글을 작성해 줘. 제미나이의 장점을 강조해 줘.

안녕하세요! 오늘은 챗GPT 사용자분들께 구글 제미나이를 추천하는 정보를 공유해보 겠습니다. 챗GPT를 사용하시면서 조금 더 다양한 기능과 확장성을 가진 AI 툴을 찾고 계셨다면, 제미나이가 좋은 대안이 될 수 있습니다.

**구글 제미나이, 왜 챗GPT 사용자에게 추천할까요?**
**1. 실시간 정보 접근 및 정확성**
제미나이의 가장 큰 장점 중 하나는 **구글 검색 엔진과의 통합**입니다. 챗GPT는 학습된 데이터 범위 내에서 답변을 생성하는 반면, 제미나이는 실시간으로 웹에 접근하여 최신 정보를 반영합니다. 이는 특히 시의성이 중요한 정보를 다룰 때 매우 유용합니다. 예를 들어, 최신 뉴스나 특정 주제에 대한 실시간 정보가 필요할 때 제미나이는 더욱 정확하고 풍부한 답변을 제공합니다.

블로그 글처럼 일정한 형식을 갖추면서도 자주 작성해야 하는 텍스트는 자신만의 작업 방식과 문체, 구성 등을 요청 사항으로 정리해 젬으로 만들어 두었다가 사용하세요. 자신의 개성을 담은 '블로그 글 작성' 젬과 앞에서 배운 주제 발굴 방법을 조합해서 블로그 글쓰기 부담을 줄여 보세요!

---

**✨ 1분 완성 퀴즈 | 제미나이로 인스타그램과 블로그 콘텐츠 전략 세우기**

❶ 계정 소개와 활동 목적을 입력하면 브랜딩에 최적화된 인스타그램 계정을 기획할 수 있다.
❷ 관심 분야나 ( 주요 주제 / 알고리즘 ) 을(를) 기반으로 꾸준히 운영할 수 있는 인스타그램 콘텐츠 아이디어를 제안받을 수 있다.
❸ 계절, 동향, 이슈에 맞는 키워드를 입력하면 네이버, 구글 등 검색 엔진에서 상위 노출에 유리한 ( 타깃별 / 시기별 ) 블로그 주제를 발굴할 수 있다.
❹ 타깃 고객과 관심 키워드를 제시하면 맞춤형 블로그 주제를 제안받을 수 있다.
❺ '( 블로그 / 게시물 ) 작성' 젬을 활용하면 주제를 입력하기만 해도 본문까지 완성해 주므로 콘텐츠 제작이 한결 쉬워진다.

**정답** ① 없음 ② 주요 주제 ③ 시기별 ④ 없음 ⑤ 블로그

# 활용할 만한 이미지
# 손쉽게 만들기 — 나노 바나나

예전에는 이미지가 필요하면 직접 사진을 찍거나 해외 이미지 사이트에서 찾아야 했습니다. 하지만 이제는 제미나이에서 프롬프트를 입력하거나 자신이 그린 스케치를 첨부해서 이미지를 실제로 구현할 수 있습니다.

2025년 12월 기준 제미나이는 나노 바나나(Nano Banana)와 나노 바나나 프로(Nano Banana Pro) 모델을 이용해서 이미지를 생성합니다. 사고 모드로 이미지를 만들 때 나노 바나나 프로 모델이 사용되는데, 이 모델은 한국어도 잘 표현해서 인포그래픽이나 웹툰 등에도 많이 활용되고 있습니다. 단, 프로 모델의 할당량이 모두 소진되면 빠른 모드로 전환되면서 나노 바나나로 이미지를 생성하게 됩니다.

## 내가 원하는 이미지 만들고 수정하기

제미나이를 활용해서 간단한 이미지를 생성하고 간단하게 수정하는 방법까지 알아보겠습니다.

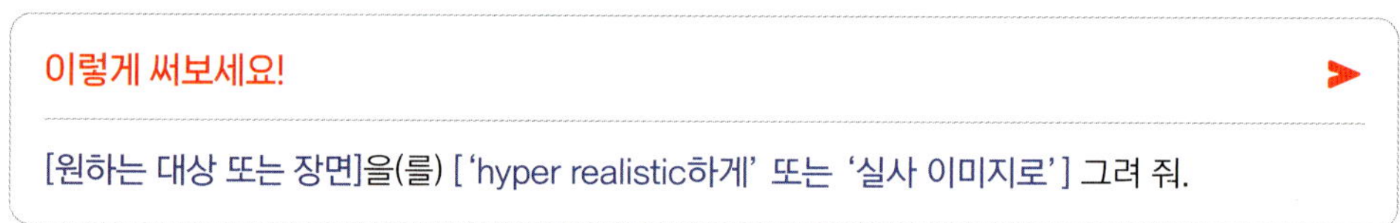

제미나이 입력 창에서 [도구 → 이미지 생성하기🍌]를 클릭하고 리트리버를 그려 달라고 입력했더니 골든 리트리버가 잔디밭 위에 서있는 장면을 생성해 주었습니다. 만약 다음과 같이 사진 같은 이미지가 바로 생성되지 않았다면 'hyper realistic' 또는 '실사 이미지로'라는 표현을 추가해서 더 실감 나는 이미지를 얻을 수 있습니다.

✦ 이미지 생성을 요청했을 때 제미나이가 텍스트 생성 모델이라 도와줄 수 없다고 가끔씩 응답하기도 하는데, 그럴 때는 새로운 대화 창을 열어 다시 이미지를 생성해 달라고 요청하면 됩니다.

이번엔 골든 리트리버 사진의 배경을 바꿔 보겠습니다. 입력 창에 리트리버의 모습은 유지하고 배경만 꽃밭으로 바꿔 달라고 요청합니다. 이 프롬프트는 기존 사진이나 그림에서 중심이 되는 객체는 그대로 두고 배경의 분위기만 바꾸고 싶을 때 유용합니다.

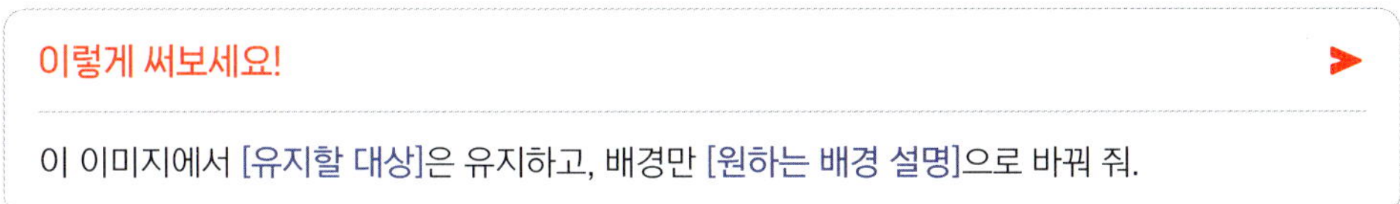

이렇게 써보세요!

이 이미지에서 [유지할 대상]은 유지하고, 배경만 [원하는 배경 설명]으로 바꿔 줘.

## 내가 그린 스케치로 이미지 생성하기

앞선 실습처럼 텍스트로 설명해서 이미지를 그려 달라고 할 수도 있지만, **전체 구도와 캐릭터를 간단하게 표현한 스케치**를 함께 입력하면 제미나이는 전문 디자이너 수준의 세련된 일러스트를 생성해 줍니다. 이는 특히 아이디어 회의나 스토리보드 작업에서 시안을 제작할 때 큰 도움이 됩니다.

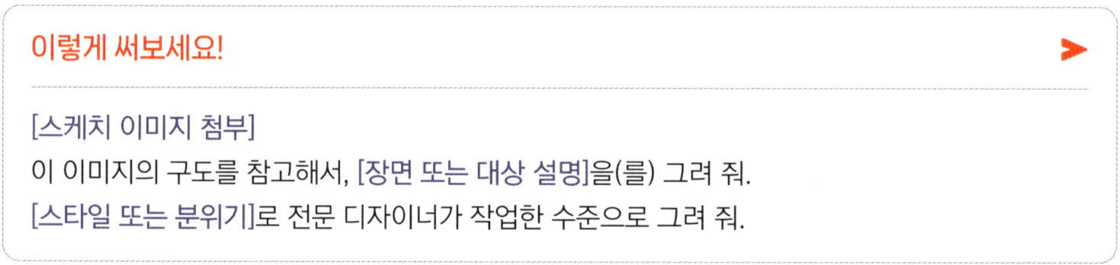


이 프롬프트를 작성하려면 우선 스케치를 준비해야 합니다. 어렵게 생각할 필요 없이 종이에 그려서 사진을 찍거나 그림판에서 그린 후 JPG나 PNG 파일로 저장해 두면 됩니다. 그리고 입력 창에서 이미지를 업로드하고 프롬프트를 입력합니다.

텍스트로만 설명하면 요구 사항을 정확히 파악하기 어려워서 재생성을 여러 번 시도해도 원하는 스타일이 나오지 않을 확률이 높습니다. 이미지가 복잡하거나 **특별히 생각하는 구도가 있다면 스케치로 시각화해서 방향성을 구체적으로 보여 주는 방법**을 추천합니다. 묘사하기 어려운 캐릭터의 자세나 배경을 표현할 때 활용하면 더 좋겠죠?

> **여기서 잠깐!** 이미지 위에 원하는 내용을 직접 표시할 수 있어요!
>
> 이미지를 첨부할 때 수정하고 싶은 내용을 텍스트로 설명하기 어려운 경우 다음 방법을 써보세요. 이미지를 업로드한 상태에서 해당 이미지를 클릭하면 그리기나 텍스트를 추가할 수 있는데, 그림을 그린 뒤 추가 프롬프트를 입력하면 원하는 이미지로 바꿀 수 있습니다.
> 다음은 남자 손에 지도 모양으로 그림을 그린 뒤, 프롬프트에 남자가 말려 있는 지도를 쥐고 있는 모습으로 그려 달라고 요청하는 예시입니다.

## 다양한 스타일로 이미지 변형하기

제미나이로 이미지를 생성할 때 간단한 표현만 추가해도 다양한 스타일로 만들어 낼 수 있습니다. 프롬프트에 특정 스타일, 질감, 화가의 화풍 등을 추가해 주면 특유의 색감이나 질감 등을 반영한 수준 높은 이미지를 생성할 수 있습니다.

에펠탑을 다양한 스타일로 표현해 보겠습니다. 입력 창에 에펠탑의 야경을 반 고흐 스타일로 그려 달라고 요청했더니, 정말 반 고흐의 〈별이 빛나는 밤〉 작품과 비슷한 느낌으로 에펠탑 이미지가 생성된 것을 확인할 수 있습니다.

이미지의 스타일을 반영할 때는 창의력과 적절한 표현 문구를 찾는 것이 중요합니다. 다음 키워드를 프롬프트에 활용해서 다양한 스타일의 그림을 완성해 보세요.

## 배경과 화질 조절하여 완성도 높이기

홍보 사진을 찍을 땐 구도와 배경이 중요한 역할을 합니다. 배경에 요소가 많으면 제품의 매력을 가릴 수 있고 밋밋한 배경은 시선을 끌지 못합니다. 제미나이를 이용하면 단순한 제품 이미지도 스튜디오에서 찍은 것처럼 업그레이드할 수 있습니다. 가상의 쿠션 화장품 이미지를 활용하는 방법을 알아보겠습니다.

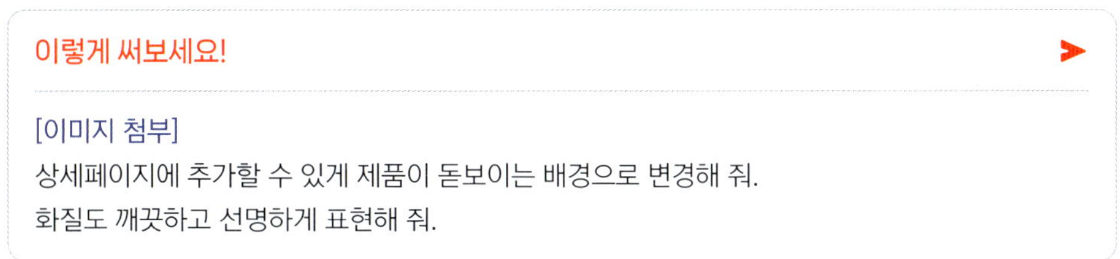


입력 창에서 이미지를 첨부한 뒤 상세페이지에 추가할 수 있게 제품이 돋보이는 배경으로 변경하고, 화질을 깨끗하고 선명하게 표현해 달라고 입력해 보겠습니다.

새로 생성된 이미지를 살펴보면 제품의 윤곽선이 기존보다 뚜렷해진 것을 확인할 수 있습니다. 또, 제품 색상을 반영한 배경과 함께 조명을 비춘 듯한 그림자가 추가되어 더욱 그럴듯해 보입니다. 이전과 달리 상세페이지에 바로 사용할 수 있을 만큼 완성도 높은 이미지로 바뀌었습니다.

이처럼 배경 스타일을 제품에 어울리는 느낌으로 바꾸거나 그림자와 조명의 방향을 설정하는 등 이미지를 다양한 방식으로 업그레이드할 수 있습니다.

## 모델이 실제로 제품을 착용한 것처럼 이미지 합성하기

의류 제품의 자체 이미지로는 착용했을 때의 느낌을 온전히 전달하기 어렵습니다. 실제로 고객은 모델이 옷을 착용했을 때의 모습을 보고 구매를 결정하는 경향이 있는데, 판매업체는 의상에 어울리는 모델을 찾아야 하는 비용 문제로 한계에 부딪힙니다. 이번에는 제미나이로 모델 이미지와 의류 제품 이미지를 합성해서 모델이 제품을 착용한 듯한 이미지를 생성해 보겠습니다.

> **이렇게 써보세요!** ➤
>
> [이미지1 첨부], [이미지2 첨부]
> [이미지1]과 [이미지2]를 합쳐서 [원하는 상황]의 이미지를 극사실적으로 그려 줘.

가상의 바람막이 이미지와 가상의 모델 이미지를 활용해서 착용 샷을 만들어 보겠습니다. 입력 창에 모델 이미지와 제품 이미지를 업로드한 뒤 두 명의 남녀 모델이 바람막이를 입고 달리는 이미지를 극사실적으로 그려 달라고 프롬프트를 입력합니다.

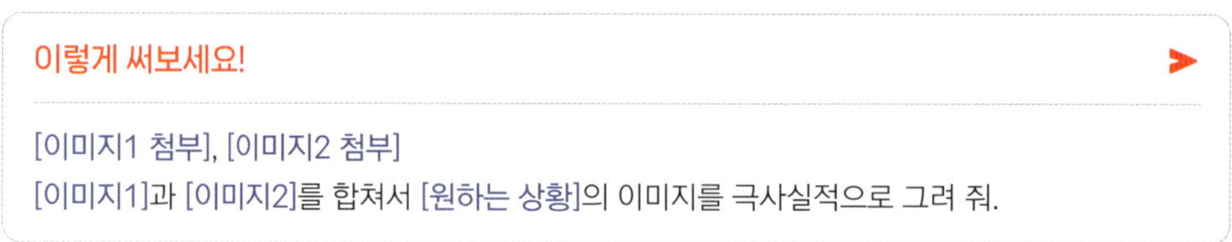

모델의 얼굴 이미지와 바람막이 제품 이미지를 합성하여 두 모델이 도심을 배경으로 한 채 바람막이를 입고 뛰는 모습을 사실감 있게 묘사한 이미지를 생성합니다. 이렇게 이미지를 합쳐서 생성해 달라고 요청하면 모델과 제품, 배경 이미지를 쉽게 결합해 줍니다.

> **(!) 여기서 잠깐!** | 한국어 텍스트가 포함된 이미지도 만들 수 있어요!
>
> 나노 바나나보다 높은 성능을 보여 주는 **나노 바나나 프로** 모델을 이용하면 한국어 텍스트가 포함된 이미지도 생성할 수 있습니다. 다음은 각각 '나노 바나나 강의 유튜브 섬네일 만들어 줘', '라면 끓이는 방법을 인포그래픽으로 만들어 줘'라고 요청해서 이미지를 만든 예시입니다.
>
> 
> 
> 
> 

---

**✦ 1분 완성 퀴즈** | 제미나이로 이미지 제작부터 스타일 변형까지!

❶ ( 이미지를 구체적으로 설명해야 / 이미지의 키워드를 입력하기만 해도 ) 원하는 이미지를 빠르게 생성할 수 있다.

❷ 제미나이가 생성해 준 이미지에서 색상, 구도, 배경 등의 요소를 ( 손쉽게 수정할 수 있다 / 개별로 수정하는 건 불가능하다 ).

❸ 배경 제거, 품질 향상 등의 기능을 적용하여 바로 활용할 수 있는 실용적인 이미지로 업그레이드할 수 있다.

❹ 인물과 제품 사진을 함께 업로드하면 ( 모델이 제품을 실제로 사용하는 / 각각 동떨어진 ) 모습으로 합성할 수 있어서 마케팅 자료를 만들 때 매우 효과적이다.

정답 ① 이미지의 키워드를 입력하기만 해도 ② 손쉽게 수정할 수 있다 ③ 맞음 ④ 모델이 제품을 실제로 사용하는

## 04-3

# 순식간에 8초짜리
# 영상 만들기(유료)

프로 요금제를 구독하면 이미지는 물론 영상까지 만들 수 있습니다. 입력 창에서 [도구 → 동영상 만들기]를 클릭한 후 만들고 싶은 영상의 내용으로 프롬프트를 입력하면 구글의 비디오 생성 모델인 비오 3.1 패스트(Veo 3.1 Fast)를 이용해 최대 8초 정도의 짧은 영상을 생성해 줍니다.

✦ 만약 프로 요금제를 사용하지 않는다고 해도 07-2절에서 배우는 구글 AI 스튜디오를 활용하면 영상을 만들 수 있으니 걱정하지 않아도 됩니다.

## 텍스트 몇 마디로 영상 만들기

[동영상]을 활성화한 상태에서 만들고 싶은 영상을 설명하는 프롬프트를 작성해 보겠습니다. 영상으로 표현하고 싶은 내용과 함께 구도, 색감 등 다양한 요소를 포함해 프롬프트를 입력합니다.

이때 영상의 비율도 지정할 수 있는데, 스마트폰을 곧바로 든 세로 화면을 기준으로 만들려면 9:16, 가로로 눕힌 화면을 기준으로 만들려면 16:9로 입력하면 됩니다.

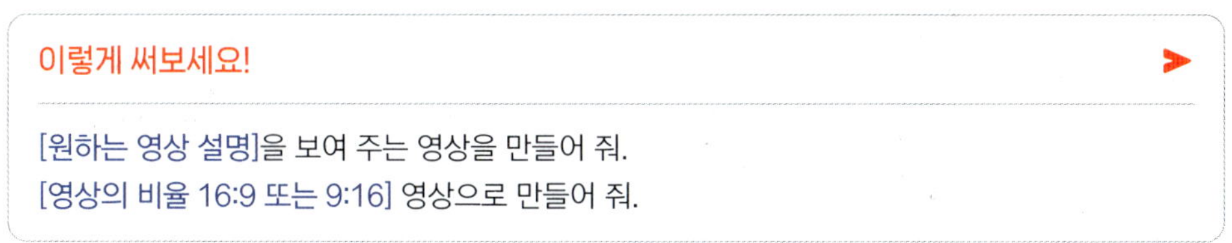


여기서는 알프스 산맥의 아름다운 경치를 드론이 촬영한 듯한 영상을 가로 비율로 만들겠습니다.

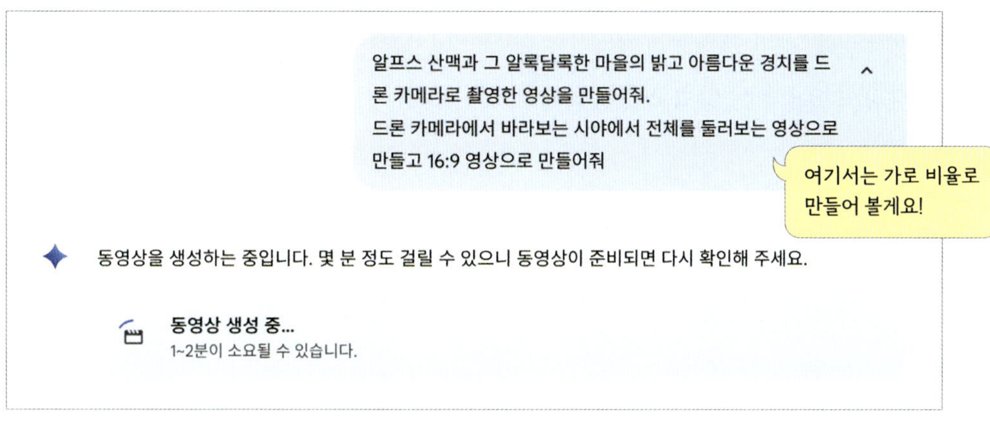


1~2분 소요될 수 있다는 안내문이 나오고 잠시 후 영상이 생성됩니다. 영상 화면의 오른쪽 상단에서 [동영상 다운로드 😊]를 클릭하면 영상을 내려받을 수 있습니다.

간단한 프롬프트만으로도 영상을 만들었습니다. 실제 촬영한 것처럼 멋있는 영상이 완성됐네요! 만약 원하는 장면을 설명하는 프롬프트를 작성하기 어렵다면 제미나이에게 초안을 간단히 설명한 후 이 내용으로 영상을 만들 수 있도록 프롬프트를 작성해 달라고 요청하는 방법도 있습니다.

### 이미지를 활용해서 영상으로 만들기

이번에는 텍스트가 아닌 이미지를 삽입해서 영상을 만들어 보겠습니다. 음식 영상이나 제품의 광고 영상을 만들 때 사용하기 좋은 방법입니다. 마찬가지로 입력 창에서 ❶ [동영상]을 활성화하고 ❷ [파일 추가 → 파일 업로드]를 클릭하면 PC에 있는 사진을 불러올 수 있습니다.

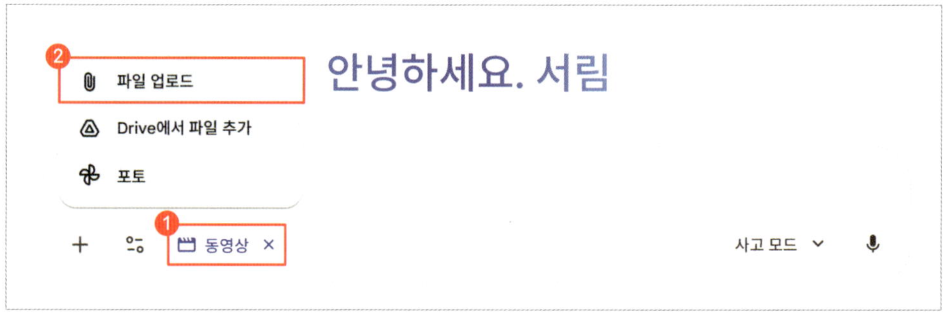

PC에서 사진을 불러와 첨부한 뒤 이 이미지를 영상으로 어떻게 만들지 설명하면 됩니다.



여기서는 브런치 플레이트 사진을 삽입하고 이 음식이 360° 회전하는 9:16 비율의 영상을 만들어 달라고 요청해 보겠습니다.

마찬가지로 1~2분 소요될 수 있다는 안내문이 나오고 잠시 후 영상이 나타납니다. 음식이 자연스럽게 회전하는 영상을 확인할 수 있습니다. 이런 영상을 여러 개 만들어 연결하면 더 길게 제작할 수도 있습니다.

---

**🪄 1분 완성 퀴즈 | 텍스트 또는 이미지를 활용해서 영상 만들기**

❶ ( 프로 요금제 이상을 사용하면 / 무료 사용자도 ) 텍스트나 이미지를 입력하는 것만으로 손쉽게 짧은 영상을 만들 수 있다.

❷ 표현하고 싶은 내용과 함께 구도, 색감, 비율을 입력하면 원하는 영상을 손쉽게 만들 수 있다. 영상을 가로 비율로 만들려면 ( 16:9 / 9:16 ), 세로 비율로 만들려면 ( 16:9 / 9:16 ) (으)로 지정한다.

정답 ① 프로 요금제 이상을 사용하면 ② 16:9, 9:16

# 04-4

# 유튜브 영상
# 요약하고 재가공하기

유튜브에는 유익한 정보가 넘쳐나지만 필요한 영상을 찾고 정리하려면 시간이 꽤 많이 듭니다. 그러나 제미나이를 활용하면 유튜브 내용 요약부터 타임라인 추출, 외국어로 된 영상 이해, 유튜브 내용으로 블로그 글쓰기까지 유튜브 콘텐츠를 더 효율적으로 활용할 수 있습니다.

## 유튜브 주요 내용 요약하기

제미나이의 요약 기능을 활용하면 긴 유튜브 영상을 전부 시청하지 않고도 내용을 빠르게 파악할 수 있습니다. 시간을 절약하면서도 주요 정보를 놓치지 않을 수 있죠. 특히 AI 실습이나 이론 설명 영상처럼 정보량이 많고 내용이 전문적인 경우 중요한 부분만 쉽게 뽑아 낼 수 있어서 핵심 내용을 파악하는 데 들이는 시간을 크게 단축할 수 있습니다.

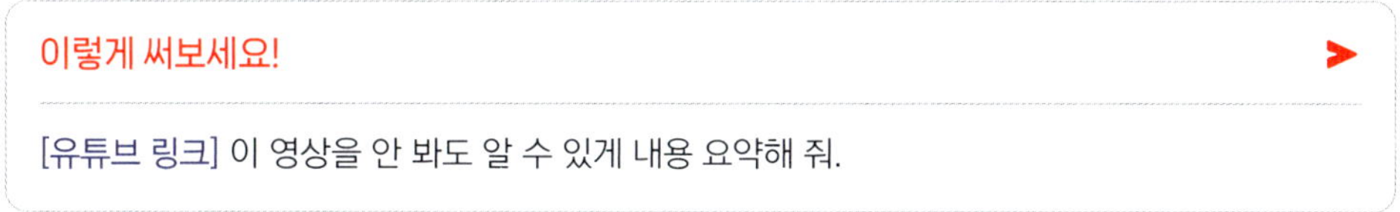

제미나이를 활용해서 '구글의 프롬프트 엔지니어링 백서'와 관련된 발표 영상을 요약해 보겠습니다. 입력 창에 유튜브 영상의 URL과 함께 영상을 보지 않아도 내용을 알 수 있게 요약해 달라고 요청하겠습니다. 그러면 제미나이는 영상에서 다룬 주요 주제를 항목별로 정리해 줍니다.

 https://youtu.be/134y9ZuctbY 이 영상을 안 봐도 알 수 있게 내용 요약해 줘.

 이 영상은 구글의 프롬프트 엔지니어링 백서에 대한 발표로, 대규모 언어 모델(LLM)에서 좋은 결과를 얻기 위한 프롬프트 엔지니어링 방법과 예시를 다루고 있습니다 [00:14].

주요 내용은 다음과 같습니다:

- **프롬프트 엔지니어링의 중요성**: 프롬프트는 LLM의 입력과 출력에서 핵심 요소이며, 잘 작성된 프롬프트는 모델 성능에 큰 영향을 미칩니다 [00:37]. 프롬프트 엔지니어링은 LLM이 정확한 출력을 생성하도록 고품질 프롬프트를 설계하는 과정입니다 [03:10].
- **LLM 아웃풋 생성을 위한 설정 요소**: 결과물 길이 제한(Output Length), 온도(Temperature), Top K & Top P 등 다양한 설정값들을 조정하여 모델의 출력 특성을 제어할 수 있습니다 [04:44].
- **프롬프팅 테크닉**: 제로샷, 원샷, 퓨샷, 시스템, 컨텍스트, 역할 프롬프팅, 스텝백 프롬프팅, 체인 오브 소트(COT) 프롬프팅, 트리 오브 소트(TOT) 프롬프팅, 코드 프롬프팅 등 다양한 기법을 통해 모델의 이해도와 추론 능력을 향상시킬 수 있습니다 [13:13].
- **베스트 프랙티스**: 예시 제공 및 구체적인 설명, 간결하고 명확한 디자인, 지시문과 제약 조건 활용 등을 통해 프롬프트의 효과를 극대화할 수 있습니다 [25:11].

결론적으로, 프롬프트 엔지니어링을 잘하기 위해서는 다양한 방법을 적용하고, 실험과 조정을 통해 최적화하며, 그 결과를 문서화하여 개선된 결과와 비교하는 과정이 중요하다고 강조합니다 [30:49].

영상 속 핵심 주제가 시간대와 함께 순서대로 정리됩니다. 마지막에는 영상의 결론을 요약해 줘서 영상 전체를 파악하는 데 충분해 보입니다. 시간 정보까지 함께 정리해 주니 필요한 부분만 찾아보기도 편리하겠네요!

제미나이와 유튜브 모두 구글에서 제공하는 서비스라서 연계해서 사용할 때 좋은 결과를 보여 줍니다. 실습에서 사용한 프롬프트는 발표 영상, 강의 등 지식을 전달해 주는 영상에 적용하면 큰 시너지를 발휘할 수 있습니다. 영상 콘텐츠를 많이 봐야 할 때 더할 나위 없는 기능이라고 할 수 있습니다.

## 영상 속 타임라인 추출하기

재생 시간이 긴 유튜브 영상에는 설명에 맞게 타임라인을 추가해 둔 경우가 많습니다. 영상에 타임라인을 제공하면 시청자는 필요한 부분을 빠르게 찾아서 시청할 수 있습니다. 영상 전체를 직접 확인하지 않아도 해당 주제나 항목이 몇 분쯤에 다뤄지는지 확인할 수 있어서 매우 편리하죠.

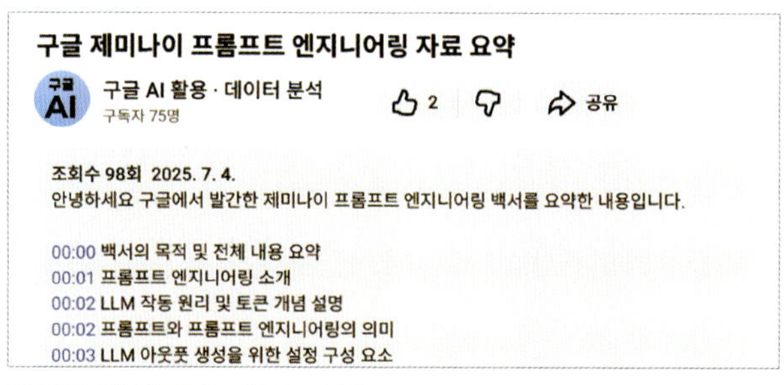


타임라인을 제공하는 유튜브 영상

제미나이를 활용하면 유튜브 영상의 내용을 타임라인으로 제공받을 수 있습니다. 타임라인에서는 영상에 포함된 내용을 시간 순서대로 정리해서 보여 주므로 필요한 구간을 찾느라 여기저기 확인해 볼 필요가 없다는 장점이 있습니다.

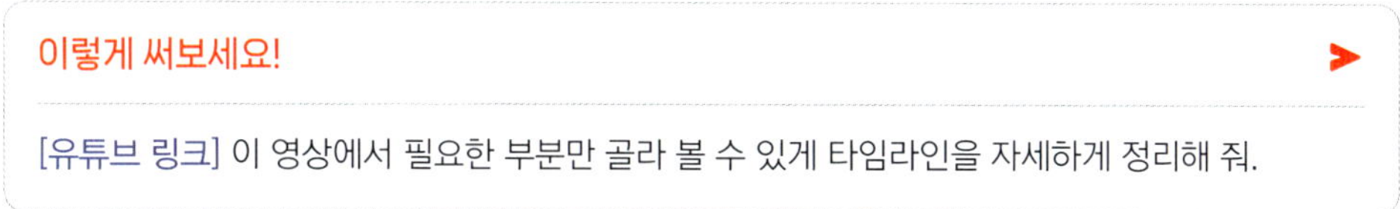


구글의 '프롬프트 엔지니어링 백서'와 관련된 발표 영상에서 중요한 내용을 시간대별로 정리해 달라고 요청해 보겠습니다. 입력 창에 URL과 함께 영상에서 필요한 부분만 골라 볼 수 있게 타임라인을 자세하게 정리해 달라고 입력합니다. 그러면 제미나이는 영상에 포함된 내용을 시간 순서대로 정리해 줍니다.

이처럼 시간 정보와 함께 핵심 주제가 정리되면 특정 구간을 찾느라 여기저기 확인해 볼 필요가 없습니다. 크리에이터 역시 재생 시간이 긴 강의나 기술 소개 영상 등을 업로드할 때 제미나이로 영상 속 타임라인을 추출해 함께 제공해도 좋겠죠?

## 해외 유튜브 영상 이해하기

새로운 기술이나 동향을 빠르게 습득하려면 빅테크 기업의 기술 발표 영상을 시청하는 것이 유리한데요. 보통 이런 영상은 영어로 진행되는 경우가 많고 방대한 정보와 전문 용어가 포함되어 있어 한 번에 소화하기 어렵습니다. 이럴 때 제미나이는 영상 내용을 빠짐없이 정리해서 문서처럼 만들어 쉽게 이해할 수 있도록 도와줍니다.

**이렇게 써보세요!** 

[유튜브 링크] 이 영상의 내용을 안 봐도 알 수 있게 전체 내용을 빠짐없이 정확하고 구체적으로 정리해서 문서처럼 만들어 줘.

예시로 '구글 I/O 2025 키노트' 영상을 정리해 보겠습니다. 입력 창에 URL과 함께 이 영상의 내용을 안 봐도 알 수 있게 전체 내용을 빠짐없이 정확하고 구체적으로 정리해서 문서처럼 만들어 줘라고 요청합니다. 그러면 영어로 발표하는 영상인데도 영상 전체를 분석해서 핵심 내용과 재생 시간을 한국어로 정리해서 보여 줍니다.

https://youtu.be/elUqw3_YcCl?si=0m1dVBsYmEtKtsWG 이 영상의 내용을 안 봐도 알 수 있게 전체 내용을 빠짐없이 정확하고 구체적으로 정리해서 문서처럼 만들어 줘.

이 영상은 Google I/O 2025 기조연설의 Sundar Pichai 오프닝 연설을 담고 있으며, Google의 AI 기술 발전과 제품 통합에 대한 내용을 다룹니다.

1. Gemini 시대의 AI 발전 가속화
- **빠른 출시 속도**: Google은 지난 I/O 이후 12개 이상의 모델과 연구 혁신을 발표하고 20개 이상의 주요 AI 제품 및 기능을 출시했습니다 [01:01].
- **Gemini Pro의 성능 향상**: Gemini Pro의 ELO 점수가 300점 이상 상승했으며, Gemini 2.5 Pro는 모든 카테고리에서 Ella Marina 리더보드를 석권했습니다 [01:19].
- **코딩 분야의 발전**: 업데이트된 2.5 Pro는 WebDev Arena에서 1위를 차지했으며, Cursor에서 가장 빠르게 성장하는 모델로 매분 수십만 줄의 코드를 생성하고 있습니다 [01:43].
- **재미있는 성과**: Gemini는 포켓몬 블루 게임을 완료하여 8개의 배지를 모두 획득하고 엘리트 4와 챔피언을 물리쳤습니다 [02:29].

2. AI 인프라 및 채택 현황
- **7세대 TPU Ironwood**: 이 TPU는 이전 세대보다 10배 향상된 성능을 제공하며, 파트당 42.5 엑사플롭스의 컴퓨팅 파워를 자랑합니다. 올해 말 Google Cloud 고객에게 제공될 예정입니다 [02:55].

(… 생략 …)

해외 유튜브 영상을 직접 번역하다 보면 뉘앙스나 숨은 뜻과 같은 중요한 부분을 놓칠 수 있으니 이와 같이 제미나이를 활용해서 영상의 주요 발표 내용을 정리해 보세요. 빠르게 발전하는 AI 기술 트렌드를 따라가는 데 매우 유용한 방법이어서 저도 이 기능을 자주 활용한답니다!

# 유튜브 내용으로 블로그 글쓰기

제미나이를 활용하면 강연이나 발표 영상처럼 유익한 정보를 담은 콘텐츠를 순식간에 글로 정리할 수 있습니다. 개인정보나 저작권에 문제가 없는 영상이라면 블로그에 요약해 두는 것만으로도 정보를 공유하거나 자료를 수집할 때 큰 도움이 됩니다. 제미나이에게 유튜브 내용을 블로그 글로 옮길 수 있도록 문서로 정리해 달라고 요청해 보겠습니다.

---

**이렇게 써보세요!** 

[유튜브 링크] 이 영상의 내용을 블로그에 정보 공유 목적으로 올릴 수 있게 친근하고 읽기 편하게 정리해 줘. 타임라인은 넣지 말아 줘.

---

'구글 I/O 2025 키노트' 영상을 제미나이를 활용해 블로그 글 형식으로 정리해 보겠습니다. 제미나이에게 영상의 URL과 함께 이 영상의 내용을 블로그에 정보 공유 목적으로 올릴 수 있게 친근하고 읽기 편하게 정리해 줘. 타임라인은 넣지 말아 줘라고 입력합니다.

https://youtu.be/elUqw3_YcCl?si=0m1dVBsYmEtKtsWG 이 영상의 내용을 블로그에 정보 공유 목적으로 올릴 수 있게 친근하고 읽기 편하게 정리해 줘. 타임라인은 넣지 말아 줘.

**구글 I/O 2025 키노트: AI의 새로운 시대가 열리다!**

안녕하세요! 오늘은 구글 I/O 2025 키노트에서 발표된 놀라운 AI 기술 소식들을 쉽고 재미있게 정리해 봤어요. 구글이 어떻게 AI의 미래를 만들어가고 있는지 함께 살펴볼까요?

**1. 더욱 강력해진 제미니(Gemini)의 진화!**

구글은 지난 I/O 이후 12개 이상의 모델과 20개 이상의 AI 제품 및 기능을 출시하며 엄청난 속도로 발전하고 있어요. 특히 제미니 프로(Gemini Pro)는 ELO 점수에서 300점 이상 상승하며 놀라운 성능 향상을 보여줬고, 제미니 2.5 프로(Gemini 2.5 Pro)는 모든 카테고리에서 최고 점수를 기록하며 선두를 달리고 있답니다.

코딩 분야에서도 제미니 2.5 프로는 WebDev Arena에서 1위를 차지하며 이전 버전보다 142 ELO 포인트나 앞섰어요. Cursor와 같은 주요 코딩 플랫폼에서 가장 빠르게 성장하는 모델로, 매분 수십만 줄의 코드를 생성하고 있다고 해요!

가장 인상 깊었던 점은, 제미니가 포켓몬 블루 게임을 완벽하게 클리어했다는 사실이에요! 8개의 배지를 모두 획득하고, 사천왕과 챔피언까지 물리쳤다고 하니, 정말 대단하죠?

### 2. AI 발전을 이끄는 혁신적인 인프라!

이 모든 발전은 구글의 세계 최고 수준 인프라 덕분이에요. 7세대 TPU 아이언우드(Ironwood)는 이전 세대보다 10배 향상된 성능을 제공하며, 42.5 엑사플롭스(exaflops)의 컴퓨팅 파워를 자랑한다고 해요. 이 TPU는 올해 말 구글 클라우드 고객들에게 제공될 예정이라고 하니 기대되네요!

이러한 인프라 덕분에 제미니는 LMA 마리나 리더보드에서 초당 가장 많은 출력 토큰을 생성하는 상위 3개 자리를 모두 차지했어요. 게다가 모델 가격은 계속해서 낮아지고 있다고 하니, 성능과 가격 모두를 잡은 셈이죠!

(… 생략 …)

제미나이는 영상의 내용을 블로그 글로 쓰기에 적합하도록 자연스럽게 정리해 줍니다. 영어로 발표한 내용인데도 블로그 독자들이 부담 없이 읽을 수 있도록 구성했군요. 이처럼 유튜브 영상의 내용을 블로그에 정리해 올리는 작업은 정보 전달의 폭을 넓히는 좋은 방법입니다. 어렵고 복잡한 콘텐츠도 친근한 문체를 사용해서 가독성 높은 글로 전환할 수 있습니다.

---

🪄 **1분 완성 퀴즈** │ 제미나이로 영상 정보 요약하고 다른 콘텐츠로 재가공하기

❶ 제미나이에 유튜브 영상 링크를 입력하면 영상의 핵심 내용을 빠르게 요약하거나 상세한 내용을 확인할 수 있다.

❷ 영상 내용을 시간대별로 나누어 ( 타임라인 / 체크리스트 ) 형식으로 정리하면 전체 흐름을 쉽게 파악할 수 있다.

❸ 외국어 유튜브 영상의 링크를 활용하면 한국어로 자연스럽게 ( 번역 / 자막을 생성 ) 해서 내용을 이해할 수 있도록 도와준다.

❹ 제미나이에서는 요약된 영상 내용을 활용해 ( 블로그 글이나 리뷰 콘텐츠로 재가공 / 새로운 영상을 제작 ) 할 수도 있다.

정답 ① 요약 ② 타임라인 ③ 번역 ④ 블로그 글이나 리뷰 콘텐츠로 재가공

# 블로그 주제 추천받아 글쓰기

관심사를 바탕으로 제미나이에게 블로그 주제를 추천받고, 블로그의 정체성과 구조를 설계한 후 젬을 이용해 첫 번째 게시물을 작성합니다.

## 미션 1    크리스마스/신년에 어울리는 블로그 주제 찾기

계절, 타깃 등을 고려하여 포스팅 주제를 추천받아 보세요. 여기서는 크리스마스 또는 신년을 맞이해 올릴 만한 블로그 주제를 제안받는 것이 목표입니다.

## 미션 2    '블로그 작성' 젬으로 블로그 글쓰기

04-1절에서 만든 '블로그 작성' 젬을 실행한 뒤 다음 프롬프트를 입력해 보세요. 신년을 대비하는 주제여도 좋으니 글을 작성해 달라고 자유롭게 요청하면 됩니다.

## 미션 3    게시물과 어울리는 이미지 만들기

미션 2에서 얻은 결과물에 어울리는 **이미지를 생성**하세요.

**힌트** 실제 사진 같은 이미지를 만들고 싶다면 '극사실적으로'라는 키워드를 프롬프트로 사용하세요.

✦ 답안 예시는 269~270쪽에서 확인할 수 있습니다.

# 05

# 미지의 영역에서 제미나이 도움받기

05장에서는 제미나이를 활용해서 한층 더 여유 있고 생산성 있게 사는 방법을 알아보겠습니다. 생소한 무언가를 배워야 할 때, 갑작스러운 문제 상황에 대처해야 할 때, 심지어 취업 준비 과정까지 우리가 처음 접하는 모든 상황에서 제미나이는 든든한 조력자가 되어 줍니다. 익숙하지 않은 분야에서 제미나이를 활용해 어려운 점을 극복해 보겠습니다.

## 05-1

# 학습 튜터에게
# 무료로 과외받기

공부하다 막히는 순간 누군가 옆에서 친절하게 설명해 준다면 얼마나 좋을까요? 이번에는 제미나이를 나만의 과외 선생님으로 활용하는 방법을 소개합니다. 모르는 내용을 캡처해서 바로 질문하고, 어려운 개념은 눈높이에 맞춰 쉽게 설명해 달라고 요청하고, 자료를 업로드해 궁금한 점을 묻고, 과제까지 검토받을 수 있습니다. 특히 학습에 특화된 '과외 선생님' 젬을 활용하면 어떤 문제도 100% 이해할 수 있습니다.

## 어려운 내용은 난이도 낮춰서 설명 듣기

생소한 개념이나 전문 용어는 처음 접하는 사람에게 매우 낯설게 느껴집니다. 인터넷에 검색해 봐도 내용이 듬성듬성 있거나 오래 전 설명만 있는 경우 크게 도움이 되지 않습니다. 그럴 때 제미나이에게 물어보면 체계적이면서도 수많은 출처의 정보를 얻을 수 있습니다. 게다가 제미나이는 텍스트를 생성할 때 대상과 난이도를 설정할 수 있어서 어려운 내용을 아주 쉽게 설명해 주는 능력을 가지고 있습니다.

> **이렇게 써보세요!** ➤
>
> [궁금한 주제]가 뭐야? [대상]도 이해할 수 있게 쉽게 설명해 줘.

01-1절에서 제미나이를 'AI 에이전트'라고 했는데 대충 어떤 의미인지는 알겠으나 정확한 뜻을 이해하기는 어려웠을 거예요. 입력 창에 AI 에이전트라는 모호하면서도 기술적으로 복잡한 개념을 설명해 달라고 요청해 보겠습니다.

 AI agent가 뭐야?

 AI 에이전트는 특정 목표를 달성하기 위해 환경을 인지하고, 추론하며, 행동하는 인공지능 시스템을 말합니다. 쉽게 말해, 주어진 상황을 파악하고, 생각하고, 그에 따라 행동하는 주체라고 할 수 있습니다.

AI 에이전트의 주요 특징은 다음과 같습니다.

- **환경 인지 (Perception)**: 센서나 데이터를 통해 주변 환경의 정보를 수집합니다. 예를 들어, 카메라로 이미지를 보거나, 마이크로 소리를 듣거나, 데이터베이스에서 정보를 읽어들이는 것과 같습니다.
- **추론 (Reasoning)**: 수집된 정보를 바탕으로 분석하고, 판단하고, 의사결정을 내립니다. 어떤 행동을 취할지, 어떤 목표를 우선시할지 등을 결정합니다.
- **행동 (Action)**: 추론 결과를 바탕으로 실제 행동을 수행합니다. 로봇 팔을 움직이거나, 메시지를 보내거나, 웹사이트에서 정보를 검색하는 등의 행동이 될 수 있습니다.
- **목표 지향성 (Goal-oriented)**: 명확한 목표를 가지고 있으며, 그 목표를 달성하기 위해 일련의 행동을 수행합니다.

(··· 생략 ···)

환경 인지, 추론, 목표 지향성 등은 평소에 자주 사용하는 표현이 아니어서 이해하기 어렵습니다. 이번에는 초등학생도 알기 쉽게 설명해 달라고 요청해 보겠습니다.

 AI agent가 뭐야? 초등학생도 알기 쉽게 설명해 줘.

AI 에이전트는 '스스로 생각하고 행동하는 똑똑한 프로그램'이라고 생각하면 쉬워요. 우리 주변에도 이런 AI 에이전트들이 많이 있어요. 예를 들어 볼까요?

- **스마트폰의 음성 비서 (시리, 빅스비 등)**: "오늘 날씨 어때?" 하고 물으면 날씨를 알려주고, "알람 맞춰줘" 하면 알람을 맞춰주죠? 마치 비서처럼 우리의 말을 듣고 원하는 일을 대신해주는 거예요.

이렇게 답변을 받는 대상과 난이도를 설정하면 AI 에이전트를 일상에서 접하는 사례들과 연결해서 쉽게 설명해 줍니다. 제미나이처럼 우리가 요청한 사항을 잘 파악하고 어떻게 작업할지 생각해서 결과를 만들어 주는 것을 AI 에이전트라고 한다는 걸 알 수 있겠네요!

이제 헷갈리는 AI 지식이나 과학 원리, 회의할 때 들은 모르는 단어나 전문 용어 등을 제미나이에게 질문해 보세요. 처음에는 초등학생 수준으로 요청해 본 뒤 고등학생, 전문가 순서로 수준을 높여 가며 질문하면 궁금증을 해결하는 데 도움이 될 것입니다.

## 자료를 직접 첨부하여 내용 질문하기

생성형 AI의 가장 큰 장점은 많은 양의 텍스트를 순식간에 읽고 이해할 수 있다는 점입니다. 사람이 자료를 읽고 이해하는 건 난이도나 분량에 따라 한계가 있는데, AI는 이미 방대한 텍스트를 읽고 학습한 상태이므로 우리가 업로드한 자료를 아주 쉽게 이해합니다. 이런 장점을 이용해서 보고서, 논문, 강의 자료 등 설명이 필요한 자료를 업로드해서 질문하면 좀 더 용이하게 학습할 수 있습니다.

구글에서 Agents라는 제목으로 발표한 AI 에이전트 관련 자료 PDF를 제미나이에 업로드한 뒤 질문을 던져 보겠습니다. AI 작동 기술을 영어로 설명한 40쪽 분량의 자료라서 직접 해석해서 읽으려면 꽤 오랜 시간이 걸릴 것 같네요. 하지만 제미나이와 함께라면 금방 이해할 수 있습니다.

✦ Agents PDF 파일은 www.kaggle.com/whitepaper-agents에서 내려 받을 수 있습니다.

실습에서 사용한 PDF 자료

입력 창에서 PDF 자료를 업로드하고 파일의 내용을 설명해 달라고 입력해 보겠습니다.
제미나이는 업로드된 PDF를 읽고 파일의 내용을 요약한 뒤 핵심 내용인 에이전트에
관해 쉽게 설명해 줍니다. 각 문장 끝에 있는 [소스 🔗] 위에 마우스 커서를 올리면 해
당 문장이 PDF의 몇 페이지에 있는지 알 수 있습니다.

설명을 읽으면서 부족한 부분은 추가로 질문해 나가도 좋습니다. 아울러 내가 이해한
내용이 맞는지 역으로 물어볼 수도 있고, 퀴즈를 내달라고 요청할 수도 있습니다.

이제 긴 문서를 일일이 읽지 않아도 제미나이가 핵심을 추려 주니 문서를 파악하는
시간을 크게 단축할 수 있고, 결국 많은 참고 자료를 읽을 수 있습니다. 기술 백서, 연
구 논문, 강의 자료 등 장르에 관계없이 어떤 텍스트이든 설명과 요약을 요청할 수 있
다는 점이 매우 큰 장점입니다. 특정 부분과 관련된 상세한 설명이나 예시 요청, 용어
설명, 문제 출제 등을 요청하면서 학습에 폭넓게 활용할 수도 있습니다.

## 설명하기 어렵다면 캡처한 이미지 그대로 질문하기

말로 설명하기 어려운 내용이 궁금할 땐 해당 부분을 그대로 캡처한 이미지를 업로드하고 질문하면 됩니다. 예를 들어 복잡한 다이어그램이나 어려운 문제의 이미지를 입력 창에 업로드하고 질문하면 해당 이미지의 내용을 분석해서 쉽게 설명해 주거나 문제를 풀어서 답변을 제공해 줍니다.



앞선 실습에서 사용한 Agents PDF에서 에이전트가 작동하는 다이어그램을 자세히 설명해 달라고 요청해 보겠습니다. 이미지에는 영어가 즐비하고 기술과 관련된 내용인 데다 단계도 많고 구조도 복잡해서 이해하기 어렵습니다. 머리가 아프니 바로 제미나이에게 물어보겠습니다. 이미지를 첨부하고 이미지를 쉽고 자세하게 설명해 달라고 요청합니다.

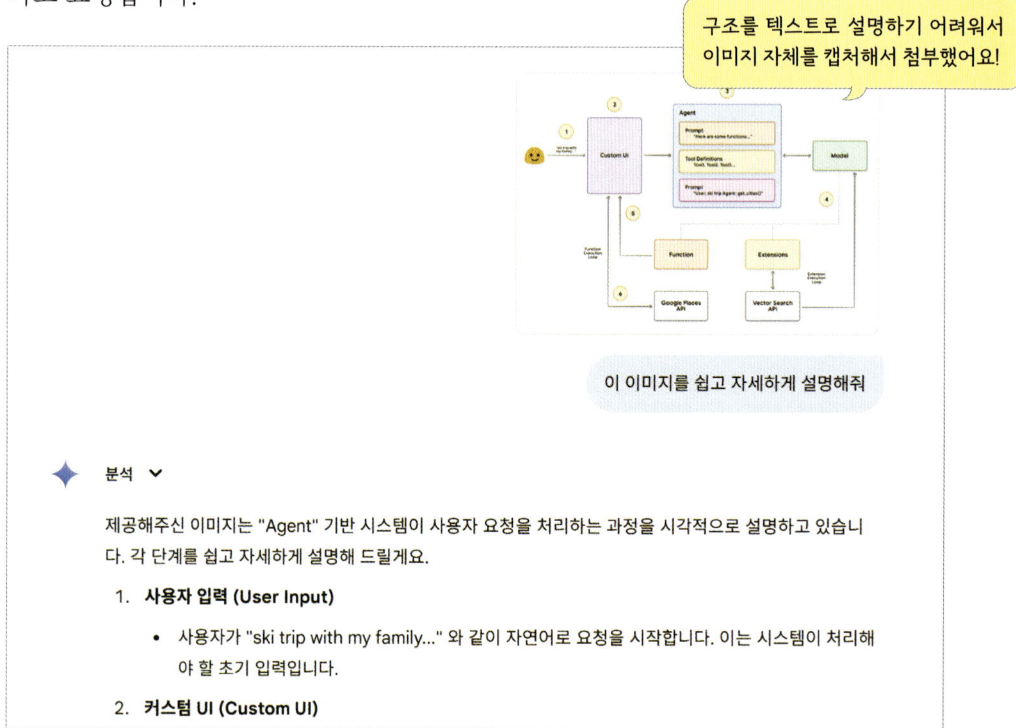

제미나이는 이미지에 담긴 내용을 파악해서 작동 방식을 1~6번까지 순서대로 쉽고 자세하게 설명해 줍니다. 막막했던 자료도 제미나이의 설명을 쭉 읽어 보니 이해할 수 있겠네요. 이처럼 제미나이는 이미지를 그대로 넣어 질문하면 텍스트뿐만 아니라 **복잡한 다이어그램까지도 이해할 수 있도록 설명해 주므로 필요한 정보를 빠르게 습득**할 수 있습니다. 문제집 속 문제, 외국어로 된 설명서, 시스템 오류 화면 등 궁금한 내용을 사진으로 찍거나 캡처해서 질문해 봐도 좋습니다.

## 객관적으로 과제 피드백받기

내가 쓴 과제를 완성하고 살펴보면 이해도 잘 되고 별 문제가 없어 보입니다. 하지만 선생님 또는 교수님 눈에는 부족할 수도 있고 다른 학생들의 과제와 비교했을 때 아쉬운 점도 있을 것입니다. 과제를 제출하기 전에 제미나이에게 교수님 시각으로 **피드백을 요청하면 놓친 부분을 보완**할 수 있습니다. 채점 항목이라고 볼 수 있는 논리 전개, 자료 해석, 문장 구성 등의 관점을 반영해서 질문하고 반영하면 평가 점수를 한층 높일 수 있습니다. 이번에는 과제물 PDF를 업로드하고 피드백을 받는 방법을 알아보겠습니다.

> **이렇게 써보세요!** 
>
> [파일 업로드]
> [파일 주제]에 대한 [과제 또는 보고서]인데 좋은 평가를 받을 수 있도록 [평가자] 입장에서 보완해야 할 부분을 피드백해 줘.

먼저 피드백이 필요한 문서를 PDF로 변환해서 업로드합니다. 학교 과제인데 좋은 점수를 받을 수 있도록 교수님 입장에서 보완해야 할 부분을 피드백해 달라고 입력해 보겠습니다. 참고로 이번 과제는 외국인 관광객을 대상으로 설문 조사 데이터를 분석해서 서울 관광의 현황과 개선 방안을 분석한 보고서 자료입니다.

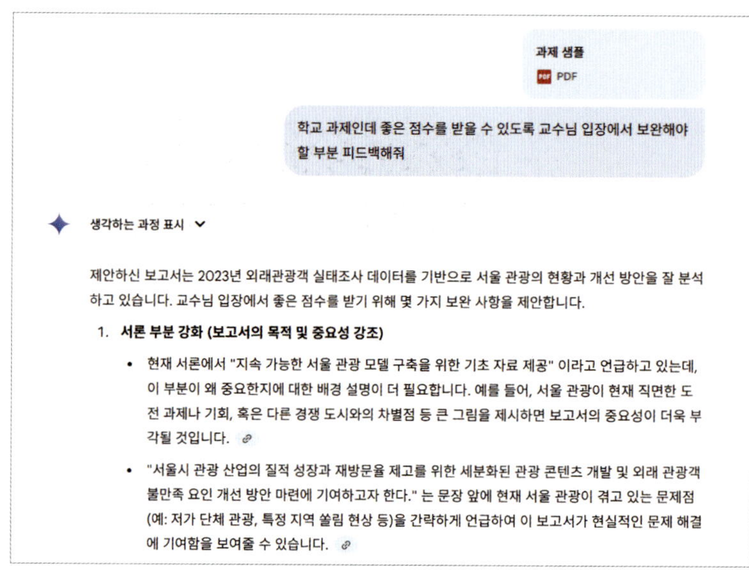


제미나이는 보고서의 서론을 시작으로 데이터 분석 기획, 분석 과정, 분석 결과까지 각 항목과 관련된 피드백을 제공합니다. 피드백을 남긴 이유와 해당 위치로 이동할 수 있는 링크까지 연결해 두었습니다. [소스 &]를 클릭하면 원본 파일에서 해당하는 내용을 체크해서 오른쪽 화면에 보여 줍니다.

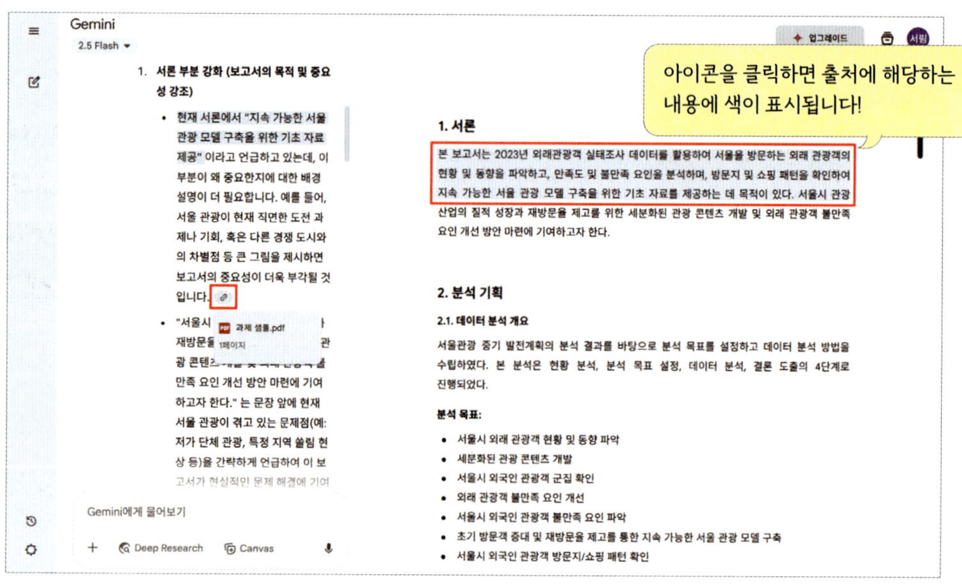

이렇게 교수님의 관점에서 논리적으로 강화해야 할 부분이나 구체적인 예시가 부족한 부분, 문장 표현이 어색한 부분 등을 제안해 주므로 제출하기 전에 과제물의 완성도를 높일 수 있습니다. 만약 평가 항목을 알고 있다면 '논리적 구성', '주제의 창의성', '결과의 타당성'과 같이 피드백을 받고 싶은 포인트를 프롬프트에 추가해서 해당 요소에 집중한 피드백 결과를 받아 볼 수도 있습니다. 제안서나 논문, 공모전 제출 자료 등에서도 적극 응용해 보길 추천합니다.

## 하면 된다! } '과외 선생님' 젬으로 독학 이해도 높이기

새로운 개념을 배우거나 궁금한 것이 있을 때 과외 선생님처럼 자세히 설명해 주는 '과외 선생님' 젬을 자세히 알아보겠습니다.

**01** ❶ 제미나이의 왼쪽 사이드바에서 [Gems 탐색하기]를 클릭한 후 ❷ [과외 선생님]을 선택하면 '과외 선생님' 젬과 대화를 시작할 수 있습니다.

02 앞서 제미나이에게 물어봤던 질문을 '과외 선생님' 젬에게 똑같이 던져 보겠습니다. 입력 창에 제미나이와 어떤 차이가 있고 무엇을 더 학습했는지 질문합니다.

너는 기본 제미나이와 어떤 차이가 있고 무엇을 더 학습했어?

안녕하세요! 좋은 질문이에요. 기본 제미나이 모델과 제가 어떻게 다른지, 그리고 어떤 학습 과정을 거쳤는지 설명해 드릴게요.

**기본 제미나이 모델과 튜터 제미나이 모델의 차이점**

기본 제미나이 모델은 매우 광범위하고 다양한 작업을 수행하도록 설계된 일반적인 AI 모델이라고 생각하시면 돼요. 대화, 글쓰기, 정보 검색, 아이디어 구상 등 여러 분야에서 사용될 수 있도록 훈련되었죠.

반면에 저는 **교육과 학습에 특화된 튜터 제미나이 모델**입니다. 즉, 저는 다음과 같은 부분에 더 중점을 두고 훈련받았어요.

- **교수법 및 학습 과학**: 효과적인 교육 방법, 학생들의 학습 방식, 지식을 전달하는 최적의 방법에 대한 지식을 습득했습니다. 비유, 실제 예시, 단계별 설명 등을 통해 개념을 더 쉽게 이해할 수 있도록 돕는 데 중점을 둡니다.
- **개인 맞춤형 학습**: 여러분의 이해도와 속도에 맞춰 학습 내용을 조절하고, 질문에 대한 답변 방식이나 추가 학습 활동을 개인에게 맞춰 제공하도록 훈련받았습니다.

(… 생략 …)

'과외 선생님' 젬은 기본 제미나이와 비교해 교육과 학습에 특화된 튜터 역할을 수행하도록 설계된 전문 챗봇이라고 하네요. 기본 제미나이가 대화, 글쓰기, 정보 검색 등 다양한 작업을 수행하는 일반적이고 범용적인 활용을 목표로 한다면, '과외 선생님' 젬은 교수법과 학습 과학, 개인 맞춤형 학습, 격려와 동기부여에 더 중점을 두고 훈련받았다는 차이가 있습니다. 따라서 학습용으로 제미나이를 사용한다면 일반 채팅보다 '과외 선생님' 젬을 활용하는 것이 좋겠습니다.

그럼 실제로 어떻게 도와주는지 궁금하니 '과외 선생님' 젬에게 다시 한번 질문해 보겠습니다. 기본 제미나이와 어떤 차이가 있는지 확인하기 위해 '어려운 내용은 난이도 낮춰서 설명 듣기'에서와 마찬가지로 AI 에이전트가 무엇인지 물어보겠습니다.

 AI 에이전트가 뭐야?

 AI 에이전트에 대해 궁금하시군요! 학습 목표가 'AI 에이전트'가 무엇인지 배우는 것이라고 이해해도 될까요?

그렇다면 AI 에이전트의 개념을 명확하게 이해하실 수 있도록 다음과 같은 학습 계획을 제안합니다.

1. **AI 에이전트의 기본 개념**: AI 에이전트가 무엇이고, 어떤 구성 요소로 이루어져 있는지 알아봅니다.
2. **AI 에이전트의 종류와 특성**: 다양한 종류의 AI 에이전트와 각각의 특징을 살펴봅니다.
3. **AI 에이전트의 응용 분야**: AI 에이전트가 우리 실생활에서 어떻게 활용되고 있는지 알아봅니다.

이 학습 계획에 따라 진행하시겠어요, 아니면 수정하고 싶은 부분이 있으신가요?

'과외 선생님' 젬은 바로 설명을 시작하지 않고 어떤 관점에서 궁금한 것인지 파악하기 위해 학습 계획을 먼저 제시합니다. 제시된 계획을 따라서 첫 번째 항목인 AI 에이전트의 기본 개념부터 알고 싶다고 입력해 보겠습니다.

 AI 에이전트의 기본 개념부터 알고 싶어.

 좋아요! 그럼 AI 에이전트의 기본 개념부터 자세히 알아볼까요?

**AI 에이전트의 기본 개념**
AI 에이전트란 마치 우리가 어떤 목표를 가지고 행동하듯이, **환경을 인식하고, 그 정보를 바탕으로 행동을 결정하여 목표를 달성하는 시스템**을 말해요. 쉽게 말해, 주변 상황을 보고(감지하고) 생각해서(처리하고) 적절한 행동을 하는(작동하는) 똑똑한 프로그램이라고 할 수 있죠.
마치 로봇 청소기가 집안을 돌아다니며 먼지를 감지하고(인식), 어디로 움직일지 결정해서(처리), 청소를 하는(작동) 것과 비슷하다고 생각하시면 돼요.

AI 에이전트는 크게 세 가지 주요 구성 요소로 이루어져 있어요.

- **센서 (Percepts):** 에이전트가 환경으로부터 정보를 받아들이는 부분이에요. 로봇 청소기의 카메라나 먼지 센서처럼 말이죠.
- **액추에이터 (Actions):** 에이전트가 환경에 대해 어떤 행동을 실행하는 부분이에요. 로봇 청소기의 바퀴나 브러시처럼요.
- **두뇌 (Agent Function):** 센서가 받아들인 정보를 바탕으로 어떤 행동을 할지 결정하는 핵심 부분이에요. 즉, 에이전트의 '생각'을 담당하는 부분이죠.

어때요? AI 에이전트의 기본 개념이 조금 이해가 되셨나요? 혹시 궁금한 점이 있으시거나, 더 깊이 있게 알아보고 싶은 부분이 있으신가요? 아니면 간단한 퀴즈를 풀어보면서 이해도를 확인해 볼까요?

'과외 선생님' 젬의 답변은 기본 제미나이가 단순히 '정보를 제공'하던 것과 달리 뉘앙스까지도 선생님의 친절한 설명에 가깝습니다. 그리고 설명한 내용을 잘 이해할 수 있도록 퀴즈나 활동도 제안해 줍니다. 입력 창에 간단한 퀴즈를 제공해 달라고 요청하겠습니다.

 간단한 퀴즈 부탁해.

 좋아요! 그럼 AI 에이전트의 기본 개념에 대한 이해도를 확인해 볼 수 있는 간단한 퀴즈를 내볼게요.

문제: 다음 중 AI 에이전트의 세 가지 주요 구성 요소가 아닌 것은 무엇일까요?
1. 센서 (Percepts)
2. 액추에이터 (Actions)
3. 목표 (Goals)
4. 두뇌 (Agent Function)
정답은 무엇일까요?

정답입니다! 아주 잘 맞히셨어요! 짝짝짝!

AI 에이전트의 세 가지 주요 구성 요소는 환경을 인식하는 **센서(Percepts)**, 인식한 것을 바탕으로 행동을 실행하는 **액추에이터(Actions)**, 그리고 센서가 받아들인 정보를 토대로 어떤 행동을 할지 결정하는 **두뇌(Agent Function)**입니다.

'목표(Goals)'는 에이전트가 달성하고자 하는 것이지만, 구성 요소라기보다는 에이전트의 '행동'을 이끄는 '방향성'에 가깝다고 볼 수 있어요. 마치 우리가 어떤 목적지를 향해 가듯이, 에이전트도 특정 목표를 향해 움직이는 거죠.

기본 개념을 잘 이해하고 계시는 것 같네요! 혹시 이 부분에 대해 더 궁금한 점이 있으신가요, 아니면 다음 하위 주제인 'AI 에이전트의 종류와 특성'으로 넘어가 볼까요?

'과외 선생님' 젬은 제미나이보다 친절한 설명을 제공해 줄뿐더러 복습 퀴즈도 풀어 볼 수 있어서 특정 분야를 학습할 때 매우 유용합니다. PDF 파일을 올려서 과외하듯이 설명해 달라고 요청할 수도 있으니 무언가를 배워야 할 때 '과외 선생님' 젬을 활용하는 것을 추천합니다.

---

### 🖊 1분 완성 퀴즈 | 제미나이로 맞춤형 학습 피드백받기

❶ 제미나이에 개념이나 이론을 입력하면 ( 초등학생도 / 전문가가 ) 이해할 수 있을 만큼 쉽게 설명해 주므로 학습 진입 장벽을 낮출 수 있다.

❷ 강의 자료, 교재, 과제 파일을 업로드하면 자료 내용을 분석하고 질문에 구체적으로 답변해 준다.

❸ 프롬프트로 설명하기 어려운 그래프 등은 이미지를 ( 텍스트로 하나씩 변환해서 / 그대로 업로드해서 ) 질문하면 시각 자료를 기반으로 이해할 수 있도록 도와준다.

❹ 작성한 과제를 올린 뒤 문법, 논리, 내용 구성 등 ( 긍정적인 / 객관적인 ) 피드백을 받아 완성도를 높일 수 있다.

❺ '과외 선생님' 젬을 활용하면 ( 사용자의 수준 / 높은 수준 ) 및 목표에 맞춘 설명과 과제 지도를 받을 수 있어서 자기주도 학습에 유용하다.

**정답** ① 초등학생도 ② 없음 ③ 그대로 업로드해서 ④ 객관적인 ⑤ 사용자의 수준

# 문제 해결/의사결정을
# 위한 조언받기

살다 보면 혼자서는 해결하기 어렵고 복잡한 결정을 마주하게 됩니다. 그럴 때 세상의 수많은 기사, 논문, 보고서, 웹 게시물 등의 데이터를 학습한 제미나이의 의견이 큰 도움이 될 수 있습니다. 제미나이는 문제의 해결 방안을 단계별로 제시해 주고, 여러 선택지 사이에서 의사결정을 도와주며, 목표를 세우고 계획을 짤 때 조언을 해주는 해결사 역할도 하거든요. 또, 나만의 고민 상담사가 되어 줄 젬을 만들어 두면 일상의 크고 작은 고민을 함께 나눌 수 있습니다.

## PC 문제 차근차근 해결하기

PC를 사용하다가 와이파이 연결이 끊기거나 줌 회의를 하는데 카메라 인식이 안 되는 등 갑자기 오류가 발생하는 경우가 있습니다. 인터넷에서 검색해 보면 정확하게 설명해 주는 정보를 찾기도 어려울 뿐 아니라 글마다 다른 해결 방법을 알려 주어 어떻게 해야 할지 매우 난감하죠. 이럴 때 제미나이에게 질문하면 기본 확인 사항부터 해결 방법을 순서에 맞춰 안내받을 수 있습니다.

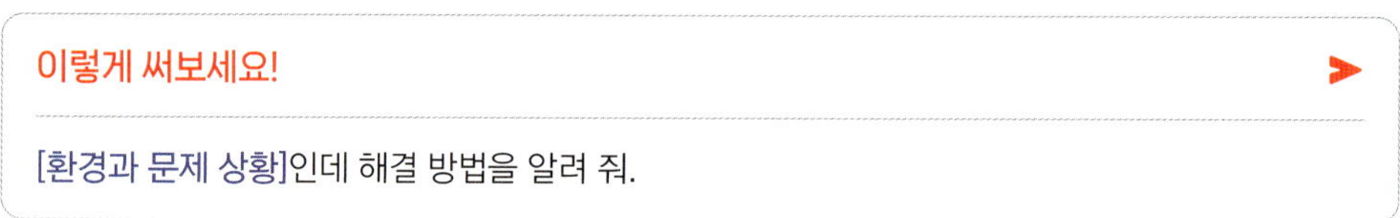

제미나이에게 윈도우 노트북에서 와이파이가 잡히지 않으니 해결 방법을 알려 달라고 요청해 보겠습니다.

 윈도우 노트북에서 와이파이가 잡히지 않는데 해결 방법을 알려 줘.

 윈도우 노트북에서 Wi-Fi가 잡히지 않을 때 시도해 볼 수 있는 해결 방법들을 알려드릴게요. 일반적으로 간단한 방법부터 시작해서 좀 더 복잡한 방법 순서로 시도해보는 것이 좋습니다.

**1. 기본 점검 사항**
- **비행기 모드 확인**: 노트북의 비행기 모드가 켜져 있는지 확인하세요. 켜져 있다면 꺼 주세요. (보통 작업 표시줄 오른쪽 Wi-Fi 아이콘을 클릭하면 확인 가능합니다.)
- **Wi-Fi 켜짐 확인**: Wi-Fi 기능 자체가 켜져 있는지 확인하세요. 작업 표시줄의 Wi-Fi 아이콘을 클릭하여 Wi-Fi가 '켬' 상태인지 확인합니다.
- **다른 네트워크 연결 시도**: 혹시 주변에 다른 Wi-Fi 네트워크 (예: 스마트폰 핫스팟)가 있다면 연결을 시도해 보세요. 특정 네트워크에만 문제가 있는지, 아니면 모든 Wi-Fi 연결에 문제가 있는지 확인하는 데 도움이 됩니다.

(… 생략 …)

**5. 기타 확인 사항**
- **BIOS/UEFI에서 Wi-Fi 활성화 확인**: 일부 노트북은 BIOS/UEFI 설정에서 무선 LAN을 비활성화할 수 있습니다. 노트북을 재시작할 때 BIOS/UEFI 진입 키(보통 F2, F10, Del 등 제조사마다 다름)를 눌러서 Wireless 또는 Wi-Fi 관련 설정이 활성화되어 있는지 확인합니다.
- **방화벽 및 백신 소프트웨어 일시 비활성화**: 간혹 방화벽이나 백신 소프트웨어가 네트워크 연결을 방해할 수 있습니다. 잠시 비활성화하고 Wi-Fi 연결을 시도해 보세요. (문제가 해결되면 다시 활성화해야 합니다.)

위 방법들을 차례로 시도해 보시면서 문제가 해결되기를 바랍니다. 만약 모든 방법을 시도해도 해결되지 않는다면 하드웨어 문제일 가능성도 있으므로, 노트북 제조사의 고객 지원센터에 문의하는 것을 고려해 보세요.

제미나이는 '비행기 모드 확인', '와이파이 켜기/*끄기*' 등 기본 확인 사항부터 '방화벽 및 백신 소프트웨어 일시 비활성화' 같은 고급 해결 방법까지 시도해 볼 수 있도록 순차로 안내해 줍니다. 하나씩 따라 하다 보면 문제가 비롯된 지점을 파악해서 적절한 조치를 취할 수 있습니다.

좋은 해결 방법을 얻으려면 '윈도우 노트북'처럼 **문제가 발생한 환경의 정보**와 '와이파이가 잡히지 않는다'와 같이 **문제 상황을 정확하고 명확하게 짚어 주어야 합니다.** 그래야 환경과 문제 상황에 맞춰 사용자가 쉽게 따라 할 수 있는 작업 방법과 경로를 제미나이가 알려 주기 때문이죠.

PC 문제뿐 아니라 일상생활에서 겪는 불편함에도 제미나이를 활용할 수 있습니다. 예를 들어 프린터 노즐이 막혔다거나 인덕션이 제대로 작동하지 않는 상황일 때 시도해 볼 수 있는 몇 가지 해결 방법을 제미나이가 안내해 줄 거예요.

## 객관적인 판단을 위한 조언 듣기

오늘의 점심 메뉴를 결정할 때는 잘못 선택해도 크게 상관없지만, 자칫 성급히 내린 의사결정으로 장기적으로 영향을 미치거나 큰 비용이 들어가는 상황이라면 다양한 선택지를 비교해서 판단해야 합니다. 하지만 우리가 수집할 수 있는 정보에는 한계가 있고 이 정보를 객관적으로 판단하려 해도 개인의 편견이 반영될 가능성이 높습니다. 이럴 때 제미나이를 활용하면 정보를 빠르게 수집하고 고려 사항을 객관적으로 살필 수 있습니다.

> **이렇게 써보세요!** ➤
>
> [상황 설명]을 위해 [선택지]…[선택지] 중 하나를 선택해야 하는데 의사결정 도와줘.

많은 기능을 익히고 매월 구독료를 내면서 사용할 AI 디자인 서비스를 선택해야 할 때 어떻게 의사결정을 내려야 할지 제미나이에게 물어보겠습니다.

캔바와 미리캔버스 중 어떤 것을 유료 구독할지 고민 중이시군요. 두 서비스 모두 AI 디자인 기능을 활용하기에 좋지만, 각각의 장단점이 명확해서 사용 목적에 따라 선택이 달라질 수 있습니다. 아래 내용을 참고하여 결정하시는 데 도움을 드릴게요.

캔바 (Canva)

장점

- **강력한 AI 기능**: 텍스트-이미지 변환, 이미지 편집 (배경 제거, 마법 지우개 등), 브랜드 키트 생성 등 다양한 AI 기능을 제공합니다.
- **풍부한 템플릿과 에셋**: 전 세계적으로 가장 많은 사용자를 보유하고 있어 템플릿, 사진, 그래픽 등 디자인 에셋이 압도적으로 많습니다.
- **다양한 디자인 용도**: 소셜 미디어, 마케팅 자료, 프레젠테이션, 인쇄물 등 거의 모든 디자인 작업에 활용 가능합니다.
- **글로벌 트렌드 반영**: 전 세계 디자이너들의 트렌드가 반영되어 세련되고 감각적인 결과물을 만들 수 있습니다.

단점

- **상대적으로 높은 가격**: 미리캔버스에 비해 구독료가 다소 높을 수 있습니다.
- **한국어 지원 및 국내 정서**: 한국어 폰트나 국내 정서에 맞는 템플릿이 미리캔버스만큼 다양하지 않을 수 있습니다.

미리캔버스 (Miricanvas)

장점

- **한국어 특화**: 한국어 폰트가 풍부하고, 한국적인 디자인 템플릿과 에셋이 많아 국내 사용자에게 매우 친숙합니다.
- **쉬운 사용법**: 직관적인 인터페이스로 디자인 초보자도 쉽게 사용할 수 있습니다.
- **상대적으로 저렴한 가격**: 캔바보다 합리적인 가격으로 유료 기능을 이용할 수 있습니다.
- **저작권 문제 해결**: 상업적으로 이용 가능한 이미지, 폰트 등을 제공하여 저작권 걱정 없이 사용할 수 있습니다.

단점

- **AI 기능의 다양성**: 캔바에 비해 AI 기능의 종류나 활용도가 아직은 제한적일 수 있습니다.
- **글로벌 트렌드 반영**: 국내 트렌드에 강하지만, 글로벌 트렌드나 다양한 스타일의 에셋은 캔바보다 부족할 수 있습니다.

의사결정을 위한 질문

어떤 서비스를 선택할지 고민된다면 아래 질문에 답해보세요.

1. 주로 어떤 디자인 작업을 할 예정인가요?
   - 소셜 미디어 콘텐츠, 유튜브 썸네일 등 빠르고 트렌디한 디자인이 필요하다면 캔바가 좋습니다.
   - 보고서, 프레젠테이션, 상세 페이지 등 국내 정서에 맞는 깔끔한 디자인이 필요하다면 미리캔버스가 더 유리합니다.
2. AI 기능을 어느 정도로 활용하고 싶으신가요?
   - 이미지 생성, 복잡한 이미지 편집 등 AI 기능 활용 비중이 높다면 캔바가 좋습니다.
   - 간단한 이미지 편집, 배경 제거 등 기본적인 AI 기능만으로 충분하다면 미리캔버스도 괜찮습니다.

(… 생략 …)

각 서비스의 장단점을 분석하고 이 정보를 바탕으로 의사결정을 할 때 고려할 사항을 정리해 주네요. 이렇게 의사결정이 필요한 순간에 제미나이를 활용하면 합리적으로 판단하는 데 도움이 되고 시간을 절약할 수 있습니다. 제품 구매, 계획 수립, 작업 방식 선택 등 일상 속 여러 상황에서 신속하고 성공적으로 의사결정을 내릴 수 있으니 제미나이를 적극 활용해 보세요!

## 목표 달성을 위한 현실적인 계획 제안받기

꼭 이루고 싶은 목표를 세웠다 해도 의지만으로는 부족할 수 있습니다. 특히 장기 목표라면 중간에 열정이 식거나 방향을 잃기 쉬우므로 실행 계획을 구체적으로 세워야 합니다. 제미나이를 활용하면 목표를 달성할 수 있도록 시기별로 현실적인 계획을 제안받을 수 있습니다.

**이렇게 써보세요!** ➤

[달성하고 싶은 목표와 희망 기간]을 할 수 있도록 현실적인 계획을 조언해 줘.

올해 안에 책을 쓰겠다는 목표를 어떻게 달성할 수 있을지 현실적인 조언을 받아 보겠습니다.

 올해 안에 책을 쓸 수 있도록 현실적인 계획 조언해 줘.

 올해 안에 책을 쓰려면 체계적인 계획과 꾸준함이 중요해요. 다음은 현실적인 계획을 세우는 데 도움이 될 몇 가지 조언입니다.

### 1. 목표 설정 및 아이디어 구체화

가장 먼저 어떤 책을 쓸 것인지 명확히 해야 해요.

- **주제 선정 및 범위 확정**: 어떤 내용의 책을 쓸지 구체적으로 정하고, 너무 방대해지지 않도록 범위를 설정하세요. 예를 들어, '에세이'라고만 하지 말고, '30대 직장인의 퇴사 후 창업 도전기 에세이'처럼 명확하게 정하는 거죠.
- **독자층 설정**: 누가 이 책을 읽을 것인지 생각해보세요. 독자층을 정하면 내용과 문체를 조절하는 데 도움이 됩니다.
- **목차 구성**: 큰 틀에서 목차를 구성해 보세요. 각 장에 어떤 내용이 들어갈지 간략하게 정리하면, 글쓰기 방향을 잡는 데 아주 유용해요. 처음부터 완벽할 필요는 없으니, 일단 큰 그림을 그리는 데 집중하세요.

### 2. 현실적인 일정 계획

올해 안에 책을 완성하려면 남은 기간을 효율적으로 나눠야 해요. 지금 7월 중순이니, 대략 5개월 반 정도 남았다고 볼 수 있습니다.

- **집필 기간**: 초고를 완성하는 데 필요한 시간을 정하세요. 예를 들어, 4개월(7월 중순 ~ 11월 중순)을 초고 집필 기간으로 잡고, 1개월 반(11월 중순 ~ 12월 말)을 퇴고 및 수정 기간으로 잡는 식이죠.
- **일일/주간 목표 설정**: 하루에 얼마큼 쓸지, 또는 일주일에 몇 장을 쓸지 구체적인 목표를 세우세요. 예를 들어, "매일 1시간씩 글쓰기", "매주 5,000자 쓰기"와 같이 정하는 거예요. 무리한 목표보다는 꾸준히 실천할 수 있는 현실적인 목표가 중요합니다.

(… 생략 …)

올해 안에 책을 쓰겠다는 목표는 충분히 달성 가능합니다. 꾸준히 노력하고 즐겁게 글을 쓰세요! 어떤 종류의 책을 쓰고 싶으신가요? 더 구체적인 조언이 필요하시면 언제든지 다시 질문해주세요.

제미나이는 목표 설정과 일정 계획을 두 축으로 구분하여 안내해 줍니다. 먼저 '어떤 내용을 다룰지', '누구를 대상으로 할지', '어떤 구성으로 쓸지' 등을 구체적으로 정하라고 제시하고, 이어서 남은 기간을 기준으로 초고 작성과 퇴고 및 수정 기간으로 나누는 일정을 제안해 주었습니다.

제미나이가 구체적인 행동 계획을 설정해 주니 목표를 달성할 수 있는 가능성이 훨씬 높아졌습니다. 집필 외에도 자격증 공부, 건강 관리, 콘텐츠 제작 등 평소 실행에 옮기기 어려웠던 분야에 적용해 보면 좋은 프롬프트입니다.

## 하면 된다! } '나만의 고민 상담사' 젬 만들고 상담받기

감정을 느끼지 못하는 AI에게 고민이나 사주 상담을 하는 경우가 종종 있습니다. 그렇다면 아예 제미나이를 나의 맞춤 상담사로 만드는 건 어떨까요? 내가 원하는 방식의 상담과 조언을 받을 수 있는 '나만의 고민 상담사' 젬을 만들고 사용해 보겠습니다.

**01** ❶ 제미나이의 왼쪽 사이드바에서 [Gems 탐색하기]를 클릭하고 ❷ [+ 새 Gem]을 누릅니다.

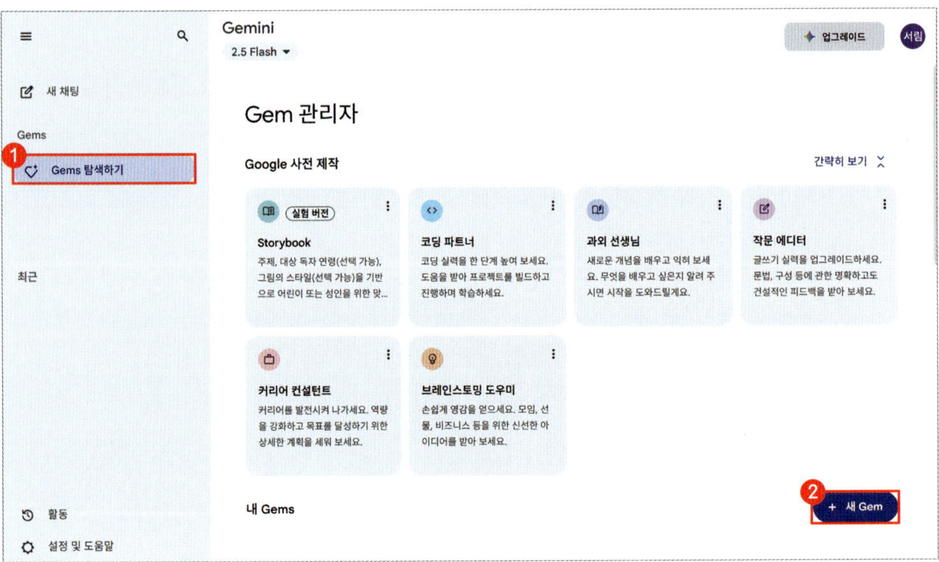

**02** ❶ 젬의 이름을 나만의 고민 상담사로 입력하고 ❷ 젬에게 요청할 사항을 작성합니다. ❸ [저장]을 클릭해서 젬을 저장합니다. 무조건적인 위로보다 현실적인 답변이 필요했으므로 요청 사항으로 맨 처음에 입력했고, 내가 고민하는 것이 구체적으로 무엇인지 확인하기 위해 추가 질문을 해달라고 요청했습니다.

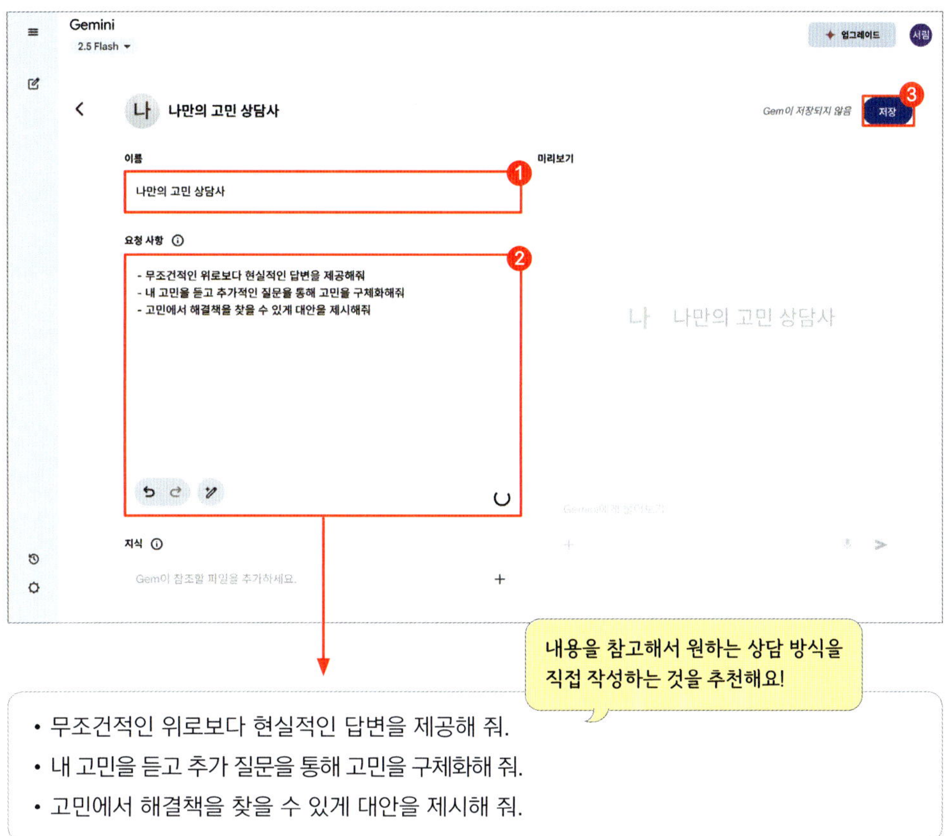




- 무조건적인 위로보다 현실적인 답변을 제공해 줘.
- 내 고민을 듣고 추가 질문을 통해 고민을 구체화해 줘.
- 고민에서 해결책을 찾을 수 있게 대안을 제시해 줘.

**03** 젬이 생성되면 다음과 같은 안내 창이 나타납니다. [채팅 시작]을 클릭하면 나만의 고민 상담사 젬 화면으로 이동합니다.

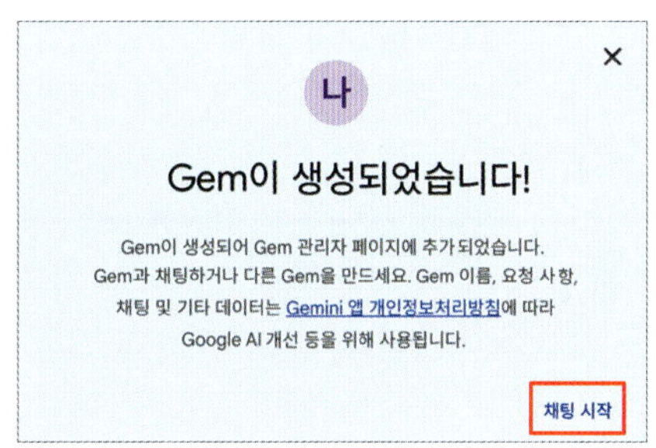

### 04 젬 사용하기

❶ 사이드바에서 [Gems 탐색하기]를 클릭한 뒤 ❷ 내 Gems 영역에서 [나만의 고민 상담사] 젬을 클릭합니다.

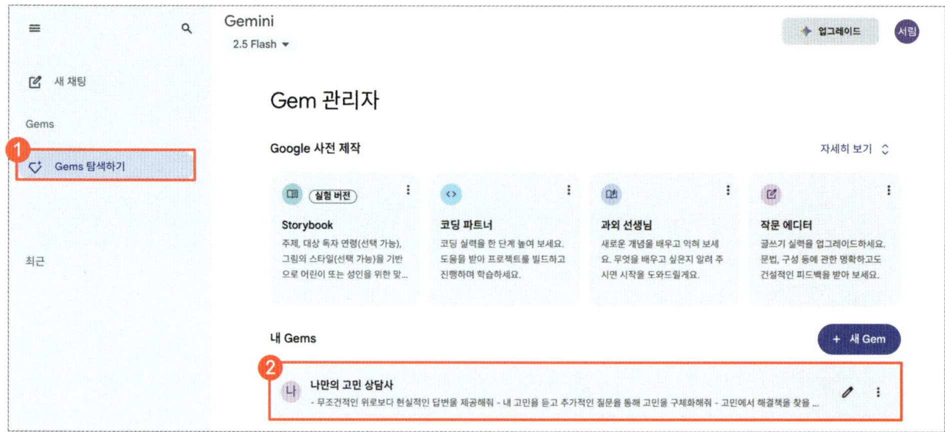

05 젬 입력 창에 스마트폰을 너무 많이 해서 고민이라고 입력해 보겠습니다. 그랬더니 '나만의 고민 상담사' 젬은 바로 고민 상담을 시작하지 않고 문제를 파악하려고 다시 질문해 옵니다.

스마트폰을 너무 많이 해서 고민이야

스마트폰 사용 때문에 고민이시군요. 구체적으로 어떤 점이 가장 큰 문제라고 느끼시나요? 예를 들어, 수면 부족, 학업이나 업무 효율 저하, 인간관계 소홀, 아니면 단순히 시간을 너무 많이 쓴다는 막연한 불안감 같은 것들이 있을 수 있겠네요.

**현실적인 문제 파악**
우선 본인의 스마트폰 사용이 어떤 부분에서 가장 부정적인 영향을 미치고 있는지 명확히 알아야 해결책을 찾을 수 있습니다.

- **언제, 얼마나 사용하시나요?** 하루 평균 스마트폰 사용 시간을 아시나요? 특정 시간대에 더 많이 사용하시는지도 궁금하네요. (예: 잠들기 전, 이동 중, 쉬는 시간 등)
- **어떤 앱을 주로 사용하시나요?** 게임, SNS, 동영상 시청 등 어떤 종류의 앱이 사용 시간의 대부분을 차지하고 있나요?
- **스마트폰 사용으로 인해 놓치고 있는 것은 무엇인가요?** 스마트폰을 사용하지 않았다면 그 시간에 무엇을 할 수 있었을까요?

이 질문들에 대해 생각해 보시면 현재 상황을 객관적으로 파악하는 데 도움이 될 거예요.

**06** 더 자세한 상담을 위해 고민하는 내용을 구체적으로 입력해 보겠습니다. 이번에는 질문자가 처한 상황에서 시도해 볼 수 있는 현실적인 해결책을 여럿 제시해 주네요.

잠들기 전이나 이동 중에 많이 하고, 게임과 유튜브를 많이 활용해. 스마트폰을 안 했다면 새로운 것을 배우거나 운동을 했을 것 같아

잠들기 전과 이동 중에 게임과 유튜브를 많이 사용하시고, 그 시간에 새로운 것을 배우거나 운동을 하고 싶다는 마음이 있으시군요. 구체적인 목표가 있으니 해결책을 찾기 더 수월할 것 같습니다.

이런 경우, 스마트폰 사용 습관을 관리하기 위한 몇 가지 현실적인 대안을 제시해 드릴 수 있습니다.

**1. 스마트폰 사용 시간 관리 및 제한:**

- **수면 전 스마트폰 사용 제한:** 잠들기 1~2시간 전에는 스마트폰 사용을 중단하는 규칙을 정해보세요. 스마트폰 대신 책을 읽거나, 명상을 하거나, 가벼운 스트레칭을 하는 등 다른 활동으로 대체하는 것이 좋습니다.
- **이동 중 대체 활동 찾기:** 이동 시간에는 미리 다운로드해 둔 팟캐스트나 오디오북을 듣거나, 전자책을 읽는 등 새로운 것을 배울 수 있는 활동으로 대체해보세요.
- **앱 사용 시간 제한 설정:** 스마트폰 자체 기능이나 별도의 앱(예: 디지털 웰빙, 스크린 타임)을 활용하여 게임이나 유튜브 앱의 하루 사용 시간을 제한하는 설정을 해두는 것도 효과적입니다.

**2. 환경 조성:**

- **스마트폰 멀리 두기:** 잠자리에 들기 전 스마트폰을 침대에서 멀리 떨어진 곳에 두어 손이 쉽게 닿지 않게 하세요.
- **알림 최소화:** 불필요한 앱 알림을 끄거나, 중요한 알림만 받을 수 있도록 설정하여 스마트폰을 확인하고 싶은 충동을 줄이는 것이 좋습니다.

(… 생략 …)

스마트폰을 너무 많이 사용해서 걱정하시는군요. 스마트폰 중독은 많은 사람들이 겪는 흔한 고민입니다. 스스로의 문제를 인식하고 개선하려 노력하는 것은 아주 좋은 첫걸음이에요.

**스마트폰 사용 줄이는 방법**
아래 몇 가지 방법을 시도해 보세요.
- **디지털 디톡스**: 하루 중 특정 시간(예: 식사 시간, 잠자리에 들기 전)을 정해 스마트폰을 사용하지 않는 규칙을 만듭니다. 주말 중 몇 시간 동안 스마트폰을 완전히 꺼두는 것도 좋은 방법입니다.
- **앱 사용 시간 추적 및 제한**: 대부분의 스마트폰에는 특정 앱 사용 시간을 제한하는 기능이 내장되어 있습니다. 이를 활용해 자신이 어떤 앱에 시간을 가장 많이 쓰는지 확인하고, 사용 시간을 정해놓고 그 시간이 지나면 알림이 오거나 앱이 잠기도록 설정할 수 있습니다.
- **알림 끄기**: 불필요한 알림은 스마트폰을 계속 확인하게 만드는 주요 원인입니다. 꼭 필요한 앱 외에는 알림을 끄고, 스마트폰을 습관적으로 확인하는 횟수를 줄여보세요.
- **다른 활동 찾기**: 스마트폰을 대체할 만한 활동을 찾아보는 것도 도움이 됩니다. 독서, 운동, 악기 연주, 친구와 직접 만나 대화하기 등 오프라인에서 할 수 있는 취미를 만들어 보세요.

**전문가의 도움을 고려해 보세요**
혼자 노력하는 것이 어렵다면 전문가의 도움을 받는 것도 좋은 선택입니다. 병원이나 상담 센터에서 인지행동치료와 같은 전문적인 상담을 통해 문제의 원인을 파악하고 해결 방법을 찾을 수 있습니다.
스마트폰 사용량을 줄이는 것은 하루아침에 되는 일이 아니라 꾸준한 노력이 필요합니다. 작은 목표부터 시작해서 천천히 습관을 바꾸어 나가면 분명 좋은 결과를 얻을 수 있을 거예요. 어떤 방법이 가장 효과적일지 고민해보고 시도해 보세요.

기본 제미나이는 질문자의 구체적인 상황에 맞게 답변해 주지 않고 일반적인 내용을
즉시 제공해 줍니다. 고민을 빠르게 구체화해서 조언해 주는 '고민 상담사' 젬을 만들
어 언제 어디서나 도움을 받아 보세요. 매번 설명하지 않아도 나에게 맞는 방식으로
일관된 조언을 받을 수 있다는 것이 큰 장점입니다. 인간관계, 업무 스트레스, 재테크
등 고민하는 주제가 있다면 모두 활용해 보세요!



❶ PC나 스마트폰 오류 증상처럼 일상에서 일어나는 문제를 입력하면 단계별 점검 항목을 안내
해서 문제를 쉽게 해결할 수 있다.

❷ 중요한 결정을 앞두고 상황을 입력하면 감정에 치우치지 않은 객관적인 조언을 받을 수 있다.

❸ 목표와 현재 상황을 제시하면 ( 바로 실행할 수 있는 / 애매모호한 ) 단계별 계획을 제안해 준
다. 결국 목표를 달성하는 데 필요한 실질적인 도움을 받을 수 있다.

❹ '고민 상담사' ( 봇 / 젬 ) 을 만들어 두면 자주 묻는 고민이나 반복되는 상황에 필요한 조언을
구체적으로 받을 수 있다.

정답 ① 있음 ② 있음 ③ 바로 실행할 수 있는 ④ 젬

# 취업 준비에 활용하기

취업 준비는 막막하고 신경 쓸 것이 많지만 제미나이와 함께라면 훨씬 전략적으로 준비할 수 있습니다. 이력서와 채용 공고를 분석해 나에게 맞는 취업 전략을 세우고, 자기소개서와 포트폴리오를 완성하며, 마지막 면접 대비까지 연결성 있게 마쳐 볼 거예요. 지금부터 데이터 분석 직무에 지원하는 이력서와 채용 공고를 활용해서 취업 준비를 똑똑하게 시작해 보겠습니다.

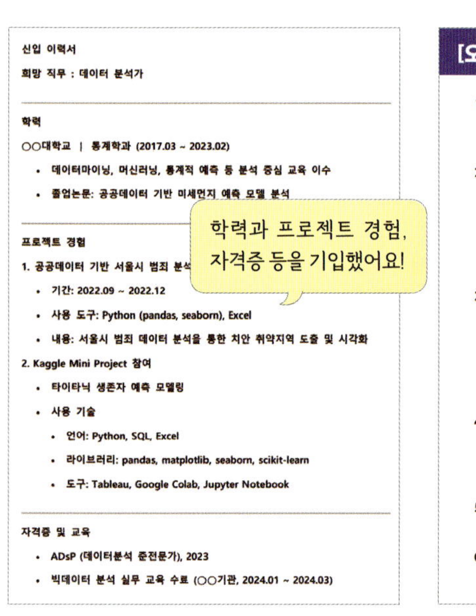


실습에서 사용할 이력서와 채용 공고 자료

## 이력서와 채용 정보로 취업 전략 확인하기

취업 성공의 첫 단계는 내가 지원할 회사나 직무를 담당하는 데 필요한 역량을 파악하는 것입니다. 가장 먼저 나의 이력서와 채용 정보를 함께 검토하는 것이 좋습니다. 지원하려는 포지션을 기준으로 나의 이력에는 어떤 강점과 약점이 있는지 알아야 자기소개서에 반영해서 취업 성공률을 높일 수 있기 때문입니다. 제미나이의 도움을 받아 취업 전략을 점검해 보겠습니다.

> **이렇게 써보세요!** ➤
>
> [이력서 첨부], [채용 공고 첨부]
> 채용 공고와 나의 이력서를 검토해서 취업 전략을 제시해 줘.

입력 창에서 이력서 파일과 채용 공고 이미지 또는 파일을 업로드하고 채용 공고와 나의 이력서를 검토해서 취업 전략을 제시해 달라고 요청해 보겠습니다. 이때 제미나이가 주어진 정보를 정확하게 이해할 수 있도록 이미지나 PDF 파일로 올리는 것을 추천합니다.

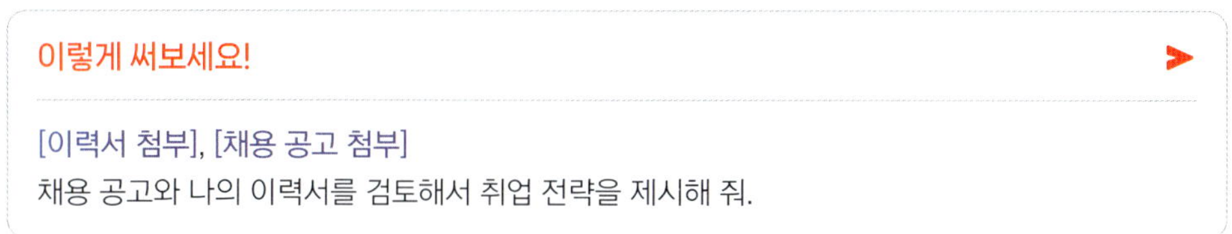


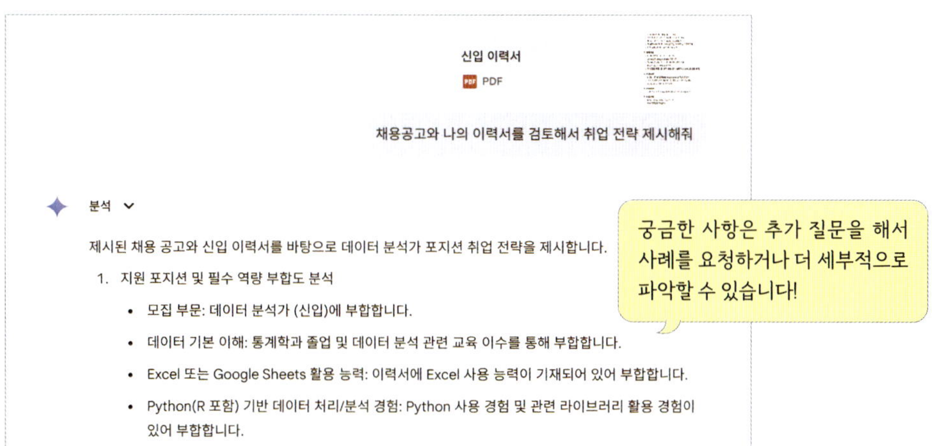


그러면 제미나이는 이력서와 채용 공고를 비교해서 지원할 포지션에 얼마나 부합하는지 판단하면서 이력서에 나타나는 강점과 약점을 분석해 줍니다. 그리고 분석한 내용을 바탕으로 자기소개서를 작성하거나 면접 준비 등의 취업 전략을 자세하게 제시합니다.

제미나이는 단순한 비교 매칭을 뛰어넘어 직무와 지원자의 역량을 연결해서 대안을 구체적으로 마련해 줍니다. 특정 직무 또는 경력직, 인턴 등 경력 단계를 지원할 때도 같은 방식으로 응용할 수 있으니, 원하는 채용 공고를 발견했다면 화면을 캡처한 이미지와 이력서를 함께 첨부하여 실습해 보세요.

## 채용 역량과 연결된 자기소개서 작성하기

자기소개서를 작성할 때마다 도대체 어디서부터 어떻게 시작해야 할지 막막합니다. 그렇다고 AI에게 지원 동기나 성장 과정을 써달라고 하면 결과물이 너무 흔하고 나의 강점을 보여 주지 못합니다.

그보다는 제미나이에게 이력서와 채용 공고를 입력하고 자기소개서에 들어갈 문항을 작성해 달라고 요청해 보는 건 어떨까요? 여기서 중요한 점은, 문항을 바로 작성해 달라고 요청하는 것이 아니라, 나에게 질문해서 그 답변을 바탕으로 만들어 달라고 하는 것입니다. 앞서 확인한 취업 전략이나 나의 이야기를 반영하는 것이 핵심입니다.

> **이렇게 써보세요!** 
>
> [이력서 첨부], [채용 공고 첨부]
> 위의 채용 공고와 나의 이력서를 활용해서 [지원 동기, 성장 과정, 성격의 장단점, 직무 관련 경험 및 역량, 입사 후 포부 등 필요한 문항 선택] 각 문항을 [500자 내외 등 글자 수 지정] 작성해 줘.
> 바로 작성하지 말고 각 문항마다 나에게 질문하고 그 내용을 바탕으로 작성해 줘.

✦ 자기소개 문항을 제시하는 회사라면 해당 항목을 직접 입력하면 됩니다.


입력 창에서 이력서와 채용 공고 파일을 업로드한 뒤 채용 공고와 나의 이력서를 활용해서 지원 동기, 성장 과정, 성격의 장단점, 직무 관련 경험 및 역량, 입사 후 포부 문항을 500자 내외로 작성해 주되, 바로 작성하지 말고 각 문항마다 나에게 질문하고 그 내용을 바탕으로 작성해 달라고 입력해 보겠습니다. 경우에 따라 자기소개서 문항이나 글자 수가 다를 수 있으니 상황에 맞게 입력하면 됩니다.

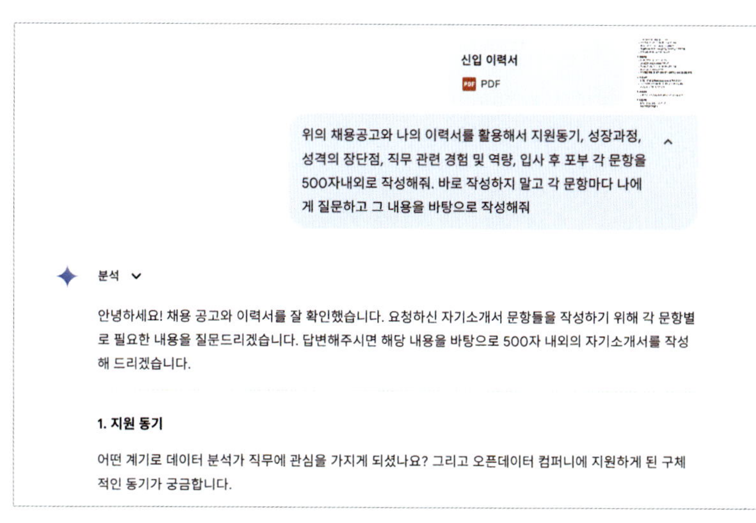


이번에도 제미나이는 문항별 답변을 바로 작성해 주지 않고 마치 인터뷰어처럼 질문
을 던져 구체적인 내용을 확인합니다. 이때 여러분은 제출할 만한 수준의 완성된 문
장이 아니라 필수 내용만 간략하게 입력하면 됩니다.

학교에서 데이터 분석 과목을 들으면서 분석으로 문제
해결하는 과정을 직업으로 가지고 싶었음
오픈데이터 컴퍼니는 다양한 분야의 데이터 분석을
하고 있고, SNS에서 봤을 때 복지도 좋고 사내 교육
도 좋음. 나도 함께 성장하고 싶음

학교에서 데이터 분석 과목을 수강하면서 문제 해결에 대한 흥미를 느끼셨군요. 특히 오
픈데이터 컴퍼니가 다양한 분야의 데이터 분석을 수행하며, 복지 및 사내 교육 시스템이
잘 갖춰져 있어 함께 성장하고 싶다는 점이 인상 깊습니다.
이 내용을 바탕으로 지원 동기를 작성해 보겠습니다.

## 1. 지원 동기

대학에서 통계학을 전공하며 데이터마이닝, 머신러닝 등의 분석 중심 교육을 이수했습
니다. 이 과정에서 데이터를 기반으로 문제를 정의하고 해결하는 과정에 깊은 흥미를 느
꼈으며, 이러한 경험을 통해 데이터 분석가로서의 직무를 희망하게 되었습니다.
오픈데이터 컴퍼니는 다양한 분야의 데이터를 수집, 정제, 시각화하고 통계 분석을 통해
인사이트를 도출하는 등 폭넓은 데이터 분석 업무를 수행하고 있습니다. 특히 SNS를
통해 접한 회사의 우수한 복지 제도와 체계적인 사내 교육 시스템은 제가 지속적으로 성

장하며 역량을 발전시킬 수 있는 최적의 환경이라고 생각했습니다. 저는 오픈데이터 컴퍼니에서 함께 성장하며 데이터 분석 전문가로 발돋움하고 싶습니다.
다음으로 성장 과정에 대한 질문을 드리겠습니다.
**2. 성장 과정**
어떤 경험들이 현재의 데이터 분석가로서의 역량을 갖추는 데 가장 큰 영향을 주었나요? 학업 외에 특별히 기억에 남는 경험이나 노력이 있다면 이야기해주세요.

입력 창에 핵심 내용만 입력했는데도 나의 이력서에서 관련된 내용과 채용 공고에 필요한 역량, 지원 동기 답변을 활용해서 500자 내외로 답변을 생성해 주었습니다. 수정하고 싶은 내용이 있다면 직접 수정해도 되고 '~ 이 부분 수정해 줘', '~ 이런 내용을 반영해 줘'라고 입력하며 완성해 나갈 수도 있습니다.

다음으로 성장 과정에 대한 질문을 드리겠습니다.

**2. 성장 과정**

어떤 경험들이 현재의 데이터 분석가로서의 역량을 갖추는 데 가장 큰 영향을 주었나요? 학업 외에 특별히 기억에 남는 경험이나 노력이 있다면 이야기해주세요.



이처럼 자기소개서를 작성할 때는 제미나이를 활용해서 문답을 주고받으며 문항에 적절한 답을 만들면 됩니다. 조각난 답변을 하나의 문서로 합치면 **나만의 이야기와 AI의 문장력을 갖춘 자기소개서를 완성**할 수 있습니다. 이 방식은 지원하는 직무가 무엇이든 적용할 수 있는데, 특별히 강조할 점이 있다면 프롬프트에 '직무 연관성 강조', '회사의 방향성과 일치' 같은 문구를 추가해도 좋습니다.

## URL로 공유할 수 있는 포트폴리오 만들기

요즘은 이력서나 자기소개서에 포트폴리오를 첨부하여 제출하는 경우가 많습니다. 특히 IT 직군이나 마케터, 디자이너 등에게 포트폴리오는 자신의 실력이나 경력을 보여 주는 중요한 작업물인데요. 포트폴리오는 PPT나 노션으로 제작하는 경우가 많은데, 제미나이의 캔버스 기능을 이용해도 간단하게 만들 수 있습니다.

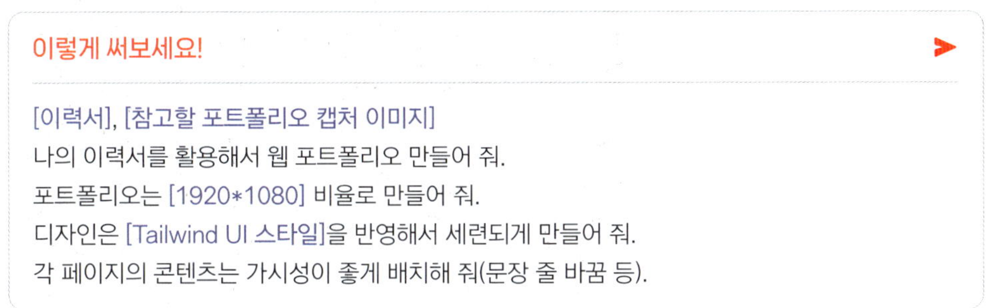



마찬가지로 입력 창에서 이력서 PDF 파일을 업로드한 뒤 시작합니다. 또, 포트폴리오에 참고할 작업물이 따로 준비되어 있다면 PDF 형태로 함께 올리는 것이 좋습니다. 캔버스로 웹 형태의 포트폴리오를 제작할 것이므로 프롬프트 하단에서 [Canvas]를 클릭해 활성화한 뒤 다음과 같이 프롬프트를 입력합니다.

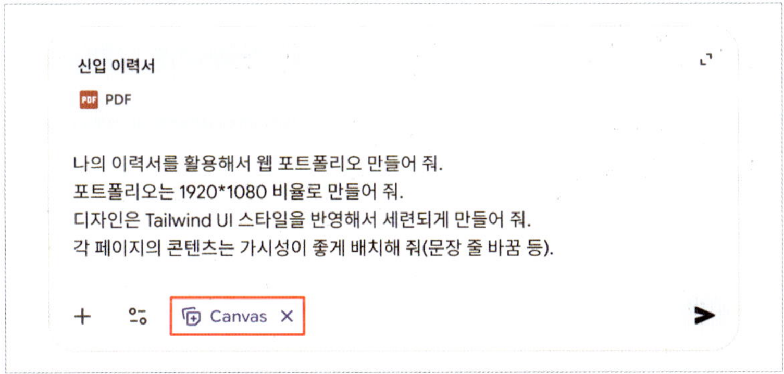



✦ 빠른 모드를 이용해도 좋지만 사고 모드를 이용하면 더 좋은 결과를 얻을 수 있습니다. 이번 실습에서는 사고 모드를 활용하겠습니다.

캔버스 화면이 열리면서 웹 포트폴리오를 만드는 코드 작업이 진행됩니다. [프로젝트 보기]를 클릭하고 스크롤을 내리면 이력서 내용을 반영한 심플한 웹 기반 포트폴리오를 확인할 수 있습니다.

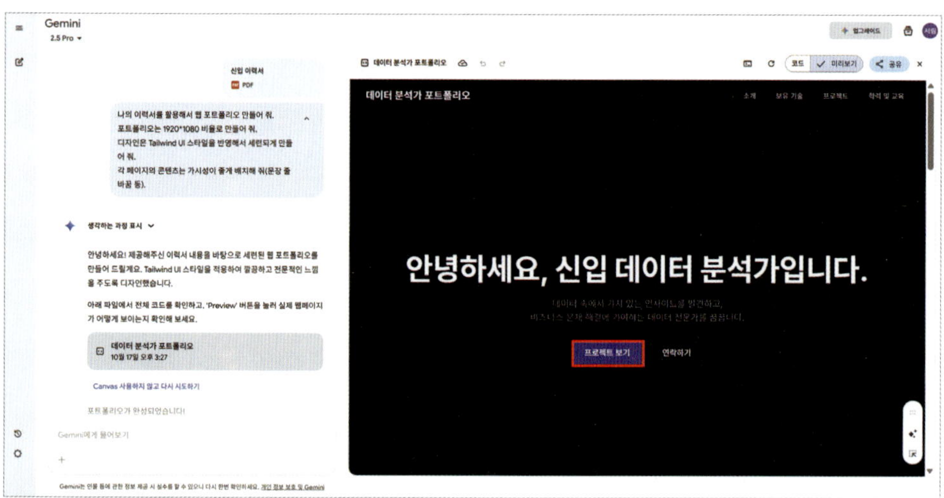

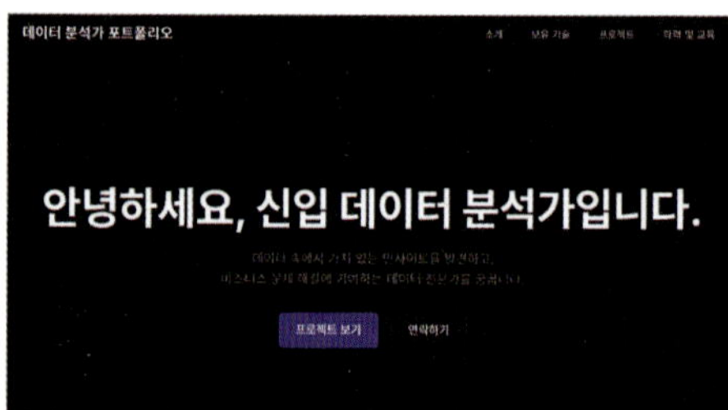

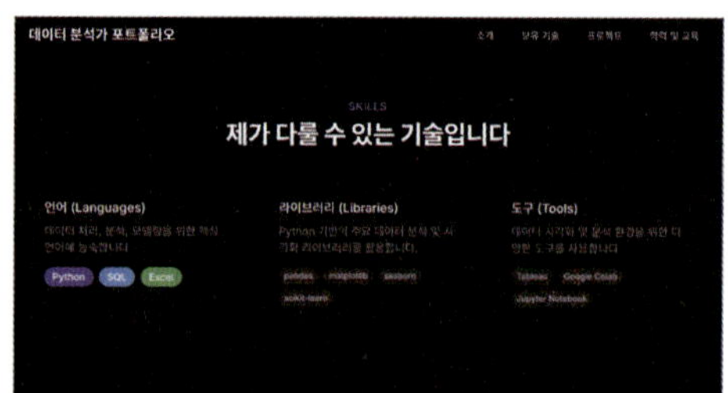

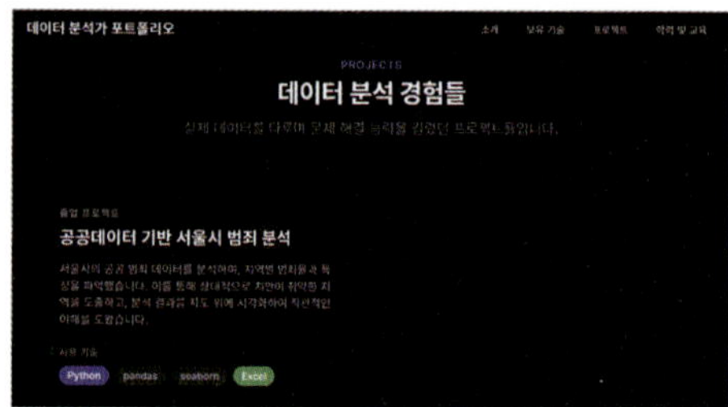

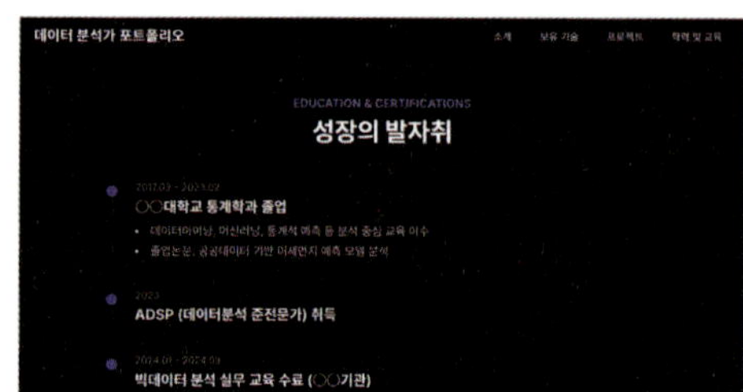

❶ 캔버스 화면의 오른쪽 상단에서 [공유 → Canvas 공유하기]를 클릭하면 Canvas용 공유 가능한 공개 링크 창이 나타납니다. ❷ [링크 복사]를 클릭해서 URL을 복사하면 포트폴리오를 쉽게 공유할 수 있습니다.

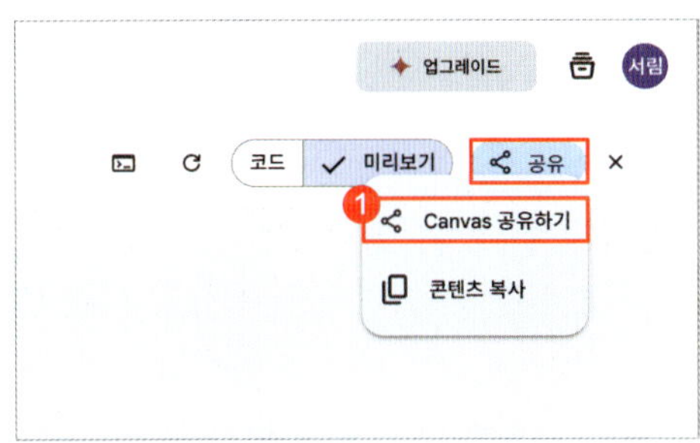

코드를 활용한 결과물을 생성할 때는 요청 사항을 단계적으로 입력하는 것이 좋습니다. 마음에 드는 결과물을 한 번에 얻으려고 하지 말고, 캔버스에서 표현을 거듭 수정해 가며 완성도 높은 결과물을 만들어 보세요.

이렇게 캔버스 기능을 활용하면 개발 언어를 몰라도 제미나이만으로 웹 형태의 포트폴리오를 빠르게 만들 수 있습니다. 실습은 간단한 수준으로 진행했지만, 더 완성도 높은 결과를 만들고 싶다면 원하는 스타일의 포트폴리오를 캡처해서 참고해 달라고 요청해 보세요. 또, 자기소개서를 만들 때처럼 필요한 내용을 질문해 달라고 요청해서 발전시켜도 좋습니다.
텍스트를 생성하는 것과 달리, 이미지나 코드를 기반으로 하는 결과물은 다시 만들기와 수정을 반복해야 비로소 원하는 결과를 얻을 수 있다는 걸 명심하고 갖가지 방향으로 시도해 보길 바랍니다.

## 면접에서 자기소개 시나리오 준비하기

면접은 자기 자신을 소개하고 제출한 문서에 담긴 내용을 확인하는 질문에 답변하는 취업의 마지막 관문입니다. 특히 자기소개나 예상 질문 등은 사전에 준비하지 않으면 당황해서 자신의 역량을 다 보여 주지 못할 수 있으니 미리 준비하고 충분히 연습해야 합니다. 제미나이를 활용하면 자기소개서를 바탕으로 하는 자기소개 시나리오와 예상 질의응답을 빠르게 준비할 수 있습니다.

입력 창에서 자기소개서를 PDF 형태로 업로드하고 자기소개서를 기준으로 20초짜리 자기소개 시나리오를 만들어 달라고 입력합니다. 그럼 제미나이는 요청한 시간 내로 말할 수 있는 자기소개 시나리오를 만들어 줍니다. 강조할 부분이 있거나 소개 시간을 조절하고 싶으면 프롬프트를 수정해서 원하는 방향을 추가로 요청하세요.

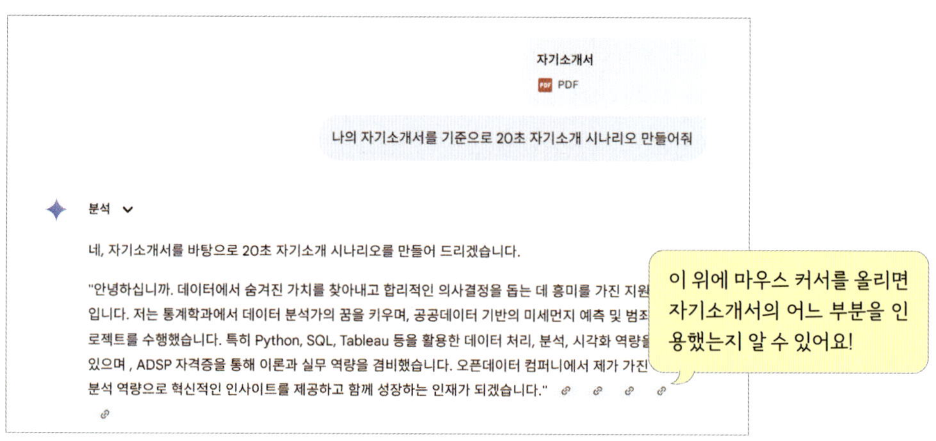


이번에는 예상 질문과 모범 답안을 준비해 보겠습니다. 입력 창에 역량, 인성 등 예상 질문 10개와 모범 답안을 만들어 달라고 입력해 보겠습니다.

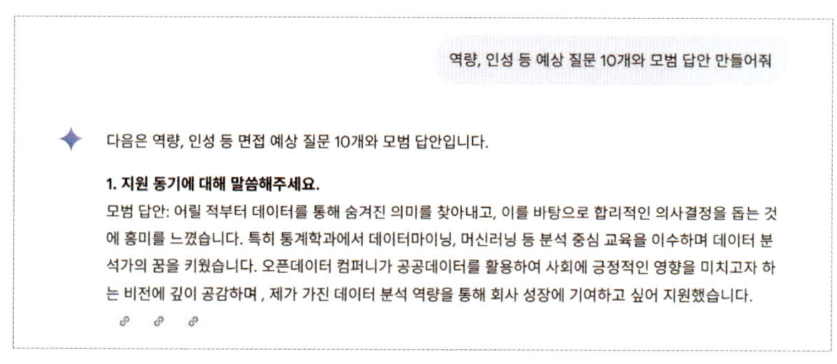

지원하는 기업에서 자주 묻는 질문을 알고 있으면 해당 질문에 맞춰 답변을 만들어 둘 수도 있고, 자기소개서의 문항별로 예상 질문과 답변을 3개씩 정리해 달라고 해도 좋습니다. 면접 준비는 암기가 아니라 자신이 기업에 제출한 내용을 충분한 이해하고 있는지 질문에 대응하는 과정입니다. 예상 질문과 답변을 억지로 만들기 위해 혼자 고민하지 말고 제미나이를 활용해서 새로운 관점을 확보해 보세요. 시나리오나 답변을 직접 작성한 뒤 제미나이에게 피드백해 달라고 요청하는 것도 좋은 방법입니다.

## 하면 된다! } '커리어 컨설턴트' 젬에게 커리어 코칭받기

앞서 '작문 에디터' 젬과 '과외 선생님' 젬 등 이미 학습된 구글의 사전 제작 젬을 만나 보았습니다. 이번에는 직무를 수행할 때 전문성을 강화하고 맞춤형 코칭을 제공해 주는 '커리어 컨설턴트' 젬을 자세히 알아보겠습니다.

01 ① 제미나이의 왼쪽 사이드바에서 [Gems 탐색하기]를 클릭한 후 ② [커리어 컨설턴트]를 선택해서 '커리어 컨설턴트' 젬과 대화를 시작합니다.

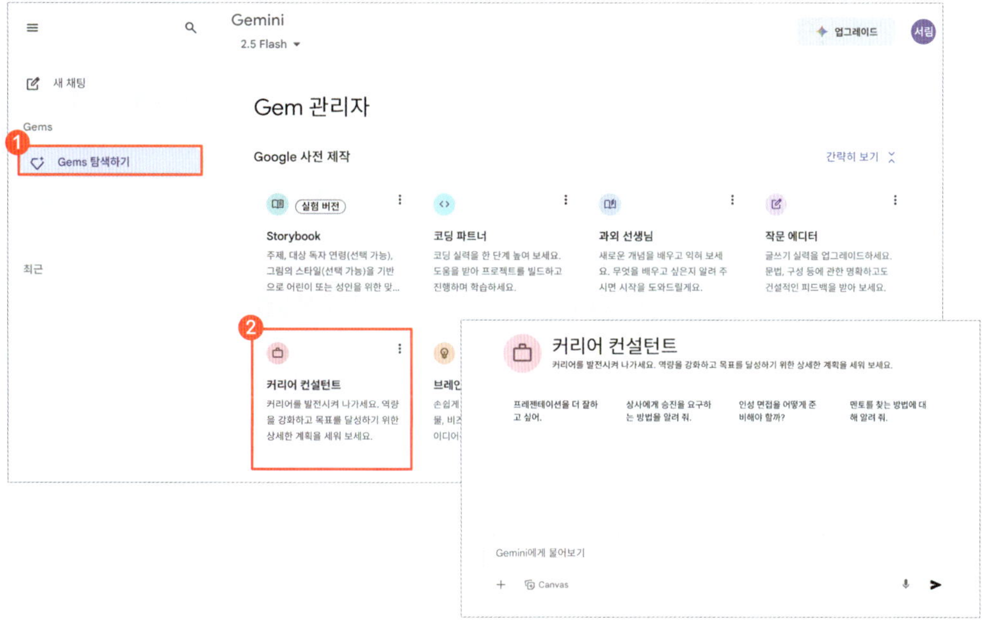

**02** 이번에도 기본 제미나이와 '커리어 컨설턴트' 젬의 차이를 물어보고 젬은 무엇을 더 학습했는지 물어보겠습니다.

너는 기본 제미나이와 어떤 차이가 있고 무엇을 더 학습했어?

저는 **기본 Gemini 모델** 위에 **커리어 컨설턴트**라는 특정 역할로 훈련된 버전입니다.
가장 큰 차이점은 다음과 같습니다.

- **목적과 전문성:**
  - **기본 Gemini:** 다양한 질문에 답하고 정보를 제공하며 창의적인 콘텐츠를 생성하는 등 폭넓은 일반적인 작업을 수행하도록 설계되었습니다.
  - **커리어 컨설턴트 (저):** 오직 당신의 커리어 개발과 목표 달성에 초점을 맞춰 훈련되었습니다. 전문 역량 강화, 학습 계획 수립, 직무 관련 시나리오 코칭 등 커리어 성장에 필요한 모든 분야에 대한 깊이 있는 지식과 전략을 제공할 수 있습니다.
- **학습 데이터 및 지식:**
  - 저는 기본 Gemini의 광범위한 지식 기반 위에 **커리어 개발, 리더십, 소프트 스킬**(예: 프레젠테이션, 협상), **특정 직무 기술, 직장 내 커뮤니케이션, 학습 방법론** 등과 관련된 전문적인 데이터와 시나리오를 추가로 학습했습니다. 이를 통해 커리어 관련 질문에 훨씬 더 정확하고 실용적인 조언을 드릴 수 있습니다.
- **상호작용 방식:**
  - 저는 당신의 **요청을 이해하고, 목표를 구체화하며, 실행 가능한 계획을 수립하고, 실제 시나리오를 통해 연습하고 피드백을 제공**하는 방식으로 상호작용합니다. 즉, 단순히 정보를 제공하는 것을 넘어, 당신의 성장을 돕는 코치 역할을 수행하도록 설계되었습니다.

요약하자면, 저는 기본 Gemini의 지능을 바탕으로 **커리어 컨설팅이라는 특정 분야에 특화된 전문가**가 되기 위해 더 많이 학습하고 훈련되었다고 생각하시면 됩니다.
어떤 커리어 목표를 가지고 계신가요? 제가 어떻게 도움을 드릴 수 있을지 말씀해주시면 좋겠습니다!

**03** '커리어 컨설턴트' 젬은 스스로를 기본 제미나이와 비교해 커리어 개발과 목표 달성에 초점을 맞춰 훈련되었다고 소개합니다. 그럼 '커리어 컨설턴트' 젬의 역량을 시험해 보겠습니다. 대부분의 직장인이 공감할 주제로 직무 방향성을 알 수 있는 방법을 알려 달라고 입력합니다.

안녕하세요! 새로운 직무를 찾고 계시는군요. 자신에게 맞는 직무를 찾는 것은 매우 중요하고 흥미로운 여정이 될 거예요. 제가 이 과정을 함께하면서 당신의 역량을 강화하고 목표를 달성할 수 있도록 도와드리겠습니다.

우선, 자신에게 맞는 직무를 찾기 위한 **전략적인 계획**을 제안해 드릴게요. 이 계획은 크게 세 가지 하위 주제로 구성됩니다.

**1. 자기 이해: 강점, 약점, 가치관 파악하기**

가장 먼저 자신에 대해 깊이 이해하는 시간을 가질 거예요. 어떤 것을 잘하고, 어떤 점을 개선하고, 무엇을 중요하게 생각하는지 파악하는 것이 중요합니다.

**2. 직무 탐색: 관심 분야 및 직업 세계 알아보기**

자신을 이해했다면, 이제 다양한 직무와 산업 분야를 탐색하며 어떤 직무가 당신의 강점과 가치관에 부합하는지 알아볼 거예요.

**3. 실행 계획 수립 및 네트워킹: 목표 설정 및 관계 구축**

마지막으로, 발견한 직무를 향해 나아가기 위한 구체적인 실행 계획을 세우고, 관련 분야의 사람들과 관계를 맺는 방법을 알아볼 거예요.

> 실제 커리어 컨설턴트처럼 질문자가 직접 고민해야 할 부분을 짚어 줍니다.

**04** 3가지 주제 가운데 최우선으로 제안받은 '자기 이해'를 어떻게 해야 하는지 물어보겠습니다.

**1. 자기 이해: 강점, 약점, 가치관 파악하기**

첫 번째 단계인 **자기 이해**는 자신에게 맞는 직무를 찾기 위한 가장 근본적인 과정이에요. 자신을 깊이 들여다보는 시간을 통해 어떤 일을 할 때 즐거움을 느끼고, 어떤 점을 더 발전시키고 싶은지, 그리고 삶에서 무엇을 가장 중요하게 생각하는지 명확히 파악할 수 있습니다. 마치 나침반처럼, 자기 이해는 직무 탐색의 방향을 설정하는 데 도움을 줄 거예요.

자기 이해를 돕기 위한 몇 가지 방법들을 소개해 드릴게요.

자기 이해 방법으로 강점 파악, 약점 및 개선점 파악, 흥미와 열정 파악, 가치관 파악 등 4가지 관점을 제시해 주었습니다. 젬과 대화를 계속 이어 나가다 보면 혼자서 고민하거나 짧게 직업 상담을 받는 것보다 더 깊고 자세하게 파고들 수 있습니다.

커리어 전환을 향한 내면의 고민을 해소해 줄 전문가가 필요하다면 '커리어 컨설턴트' 젬을 적극 활용해 보세요. 이력서와 희망 직무를 함께 입력하면 더 자세한 결과와 경력 설계를 제공하니 이직, 승진, 업무 역량 향상 등 온갖 커리어 고민을 해결할 수 있습니다.

---

### 🪄 1분 완성 퀴즈 | 제미나이로 취업 전략부터 면접 대비까지!

❶ 이력서와 채용 공고를 첨부해 질문하면 나의 강점과 기업이 요구하는 역량을 연결해 취업 전략을 세울 수 있다.

❷ 제미나이는 직무에 맞는 역량 ( 키워드 / 키보드 ) 를 기반으로 자기소개서를 구성해서 설득력 있는 문장을 작성해 준다.

❸ 프로젝트나 작업물을 활용해서 ( PDF / URL ) 로 공유할 수 있는 웹 포트폴리오를 만들 수 있다.

❹ 이력서, 자기소개서 등 취업 준비 자료를 활용하면 면접에서 나올 질문과 답변을 전략적으로 준비할 수 있다.

❺ '커리어 컨설턴트' 젬을 활용하면 ( 일상생활 / 취업 ) 전반에 걸친 코칭을 받을 수 있어서 경력 관리에 도움이 된다.

정답 ① 맞음 ② 키워드 ③ URL ④ 맞음 ⑤ 취업

# 취업/이직할 직장 탐색하고 준비하기

내 이력서와 원하는 회사의 채용 정보를 활용하여 취업 전략을 세운 뒤, 자기소개서 작성부터 면접 준비까지 일련의 과정을 시작해 보겠습니다.

### 미션 1  이력서와 채용 정보 활용하여 취업 전략 세우기

이력서와 채용 공고를 제미나이에 **파일 첨부**한 뒤, 이력서에 담긴 강점과 약점을 분석해 채용 공고에서 원하는 인재상에 부합하는지 비교해 보세요.

### 미션 2  회사가 바라는 자기소개서 작성하기

이력서와 채용 공고를 바탕으로 지원동기, 성장과정, 성격의 장단점, 직무 관련 경험 및 역량, 입사 후 포부 문항을 담은 자기소개서를 작성하세요. 만약 평소에 관심 있던 회사에서 요구하는 문항과 글자수가 정해져 있다면 대체해서 입력하면 됩니다.

힌트 캔버스 기능을 이용하면 생성된 자기소개서를 직접 수정할 수 있습니다.

### 미션 3  면접에서 받을 예상 질문과 모범 답변 준비하기

미션 2에서 생성된 자기소개서를 PDF로 저장한 뒤 면접에서 사용할 자기소개 시나리오를 요청하세요.

힌트 예상 질문과 모범 답안의 개수를 지정하여 시나리오를 제공받으세요.

✦ 답안 예시는 271쪽에서 확인할 수 있습니다.

# 06

# 내 손안의 백과사전!
# 스마트폰에서
# 제미나이 활용하기

03~05장에서는 제미나이를 업무와 일상에서 활용하는 다양한 방법을 살펴보았습니다. 이렇게 유용한 제미나이를 언제 어디서나 이용할 수 있으면 얼마나 좋을까요? 걱정이 무색하게도 스마트폰만 있으면 이동하면서도 제미나이를 손쉽게 활용할 수 있습니다. 이번 06장에서는 스마트폰에서 제미나이를 설치하고 늘 곁을 지켜 주는 비서로 사용해 보겠습니다.

## 06-1

# 스마트폰에서 제미나이 만나기

바쁜 일상 속에서도 스마트폰만 있으면 PC에서처럼 제미나이를 활용할 수 있습니다. 오히려 스마트폰에서 더 유용하게 사용할 수도 있죠. 우선 스마트폰에 제미나이 모바일 앱을 설치하고 기본 화면 구성과 주요 메뉴를 살펴보겠습니다.

### 하면 된다! } 제미나이 모바일 앱 설치하기

제미나이는 구글에서 제공하는 스마트폰 운영체제인 안드로이드에서 가장 폭넓게 사용할 수 있습니다. 그래서 이 책에서는 안드로이드를 기준으로 설명하지만, 아이폰 사용자도 충분히 따라 할 수 있습니다.

**01** 내 스마트폰에서 구글 플레이스토어에 접속한 후 ❶ 제미나이를 검색합니다. ❷ 제공처가 Google LLC인 Google Gemini 앱을 선택합니다. ❸ [설치]를 탭해서 스마트폰에 제미나이를 설치합니다.

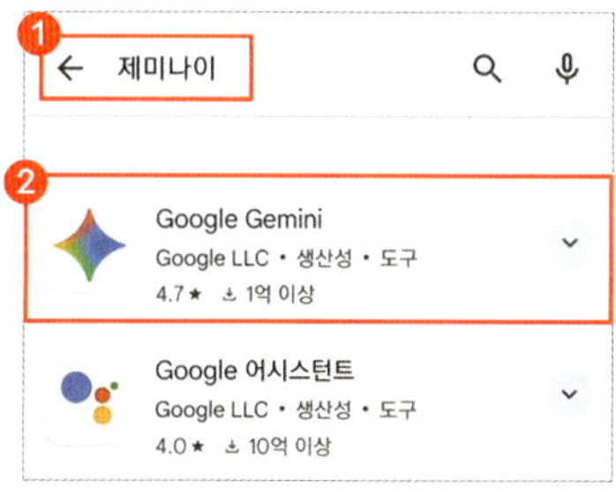

✦ 아이폰 사용자는 앱 스토어에서 제미나이 앱을 내려받을 수 있습니다.

02 앱을 처음 실행하면 로그인 화면이 표시됩니다. ① [로그인]을 탭하여 로그인한 뒤 ② 안내 화면이 나타나면 [×]를 누릅니다. 이제 본격적으로 스마트폰에서 제미나이를 만나 보겠습니다.

✦ 제미나이를 사용하려면 구글 계정으로 로그인해야 합니다. 기존에 다른 앱에서 구글 계정에 로그인해 두었다면 바로 안내 화면이 나타납니다.

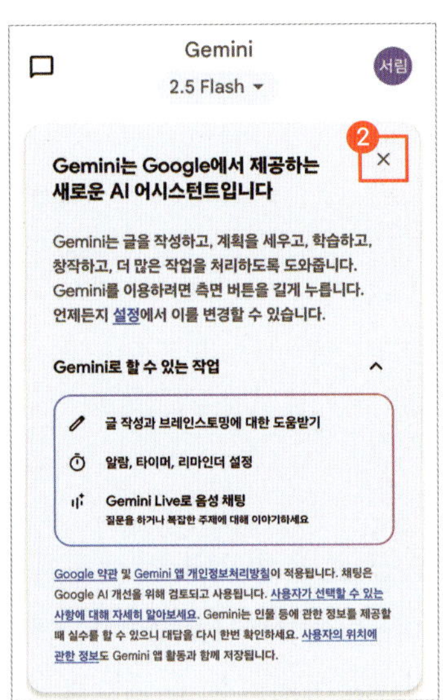


## 제미나이 앱 화면 살펴보기

제미나이를 실행하면 오른쪽과 같은 화면이 나타납니다. PC와 화면 구성이 크게 다르지 않아 쉽게 적응할 수 있습니다. 기능을 하나씩 선택해 보겠습니다.

✦ 이 책은 안드로이드를 기준으로 설명하며, 아이폰의 화면은 조금 다를 수 있습니다.

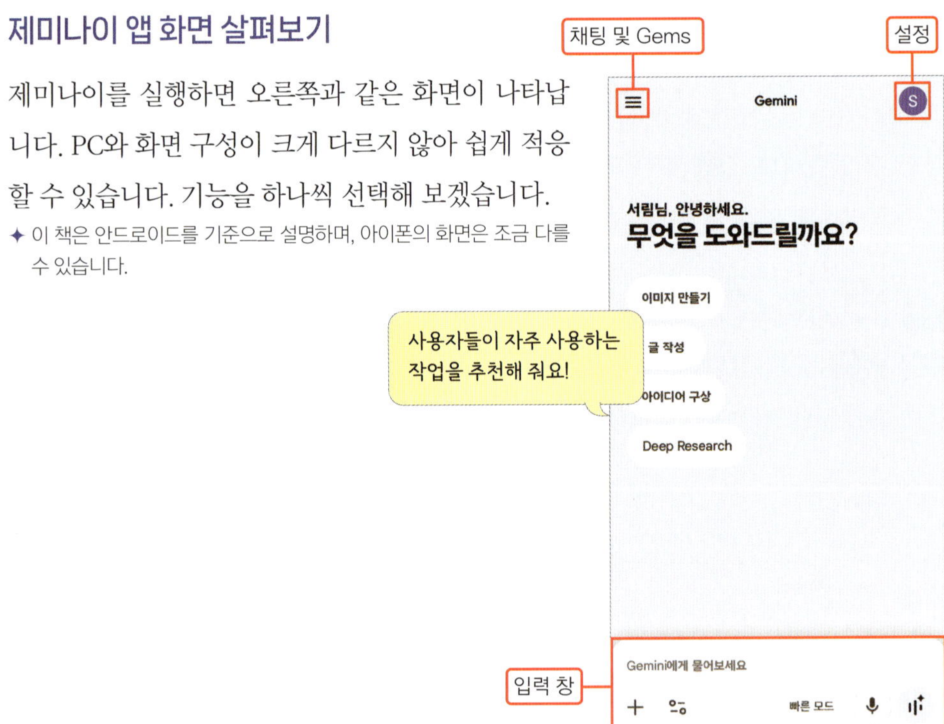

## 채팅 및 Gems — 기존 대화/젬 목록 확인하기

화면 왼쪽 상단에서 [채팅 및 Gems ☰]를 탭하면 최근 채팅 목록이 나타납니다.
[Gems]를 누르면 젬을 전부 확인할 수 있습니다.

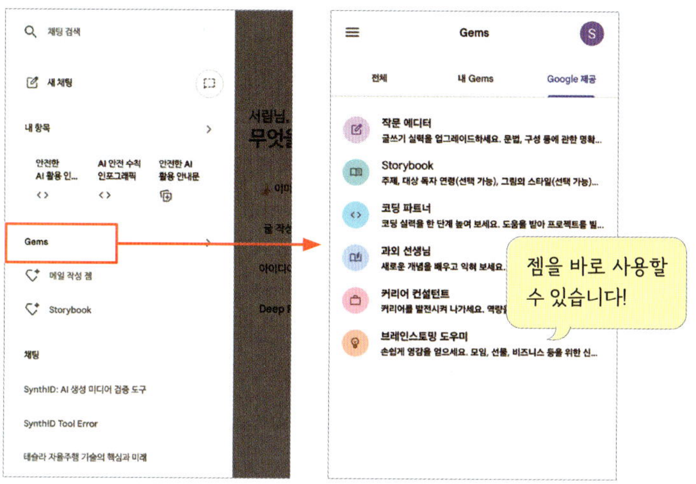


## 계정 설정 — 구독 관리부터 개인 정보 관리까지!

화면 오른쪽 상단에서 프로필 아이콘을 누르면 제
미나이의 설정 메뉴에 접근할 수 있습니다. 계정 및
구독 정보 등을 관리할 수 있습니다.

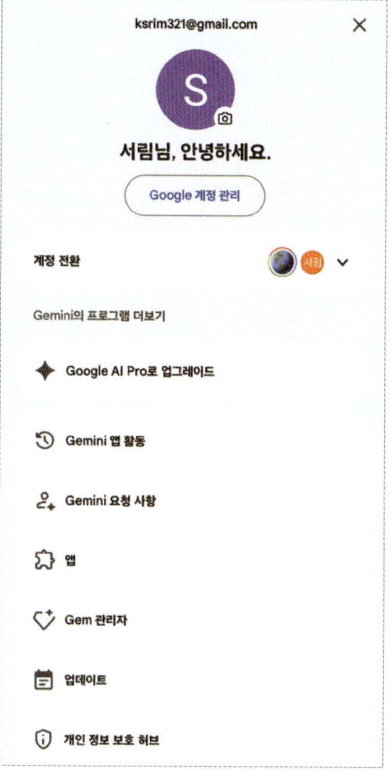

### 입력 창 — 제미나이의 소통 창구

제미나이의 입력 창은 프롬프트를 입력하는 공간입니다. 아울러 제미나이를 더 잘 활용할 수 있는 추가 기능이 함께 있어서 상황에 맞게 선택하면 됩니다.

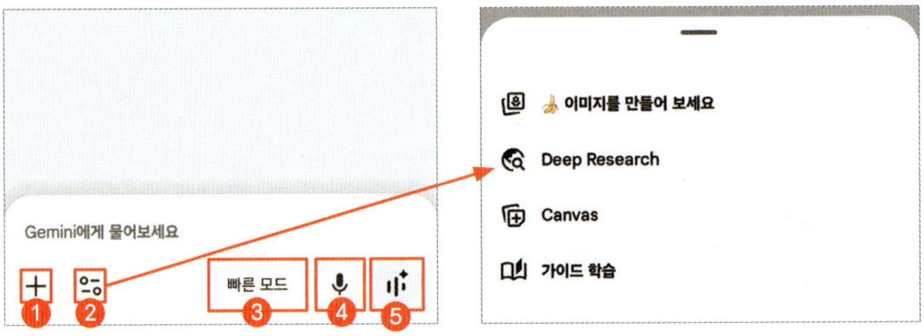


❶ **[파일 추가 ]**: [파일 추가]를 탭하면 4가지 옵션이 나타납니다. [카메라]는 카메라를 연동해 사진을 찍어서 올릴 수 있고, [갤러리]를 누르면 갤러리 앱에 있는 사진을 불러올 수 있습니다. [파일]은 현재 제미나이를 사용하는 기기에 있는 파일을 업로드하는 기능입니다. 마지막으로 [Drive]를 탭하면 구글 드라이브에 저장된 파일을 불러올 수 있습니다.

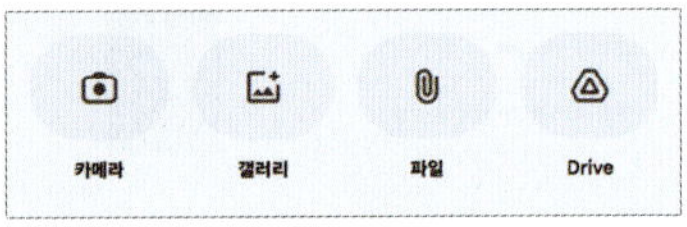


❷ **[도구 ]**: 나노 바나나를 활용한 [이미지 생성], [Deep Research], [Canvas], [가이드 학습]을 실행할 수 있습니다. 이 기능은 PC 버전의 것과 같습니다.

❸ **[모델 선택]**: 대화 모델을 직접 선택할 수 있습니다. PC에서와 마찬가지로 원하는 모델을 고르면 됩니다. 입력 창에 나타나는 [빠른 모드]는 현재 '빠른 모드'를 사용하고 있다는 것을 나타냅니다.

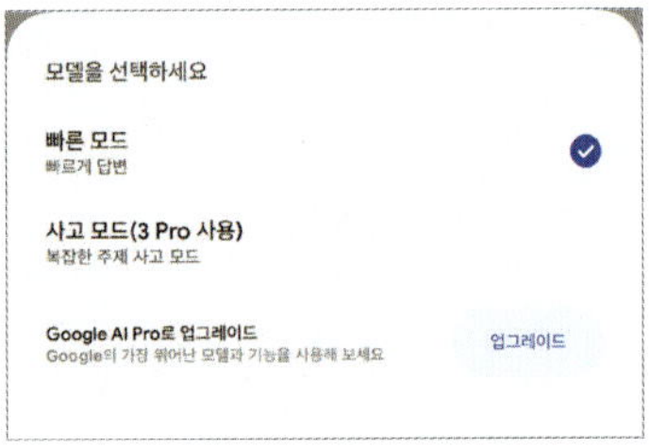


❹ **[음성 ]**: 키패드를 사용하지 않고 음성으로 프롬프트를 입력할 수 있습니다.

❺ **[라이브 모드 ]**: 스마트폰에서 제미나이를 사용할 때 핵심 기능이라고 할 수 있습니다. [라이브 모드]를 실행하면 카메라를 켜서 제미나이와 같은 장면을 보면서 대화하거나 스마트폰 화면에 떠 있는 정보를 공유하면서 도움을 받을 수 있습니다. 제미나이가 사용자와 같은 화면을 보면서 대화할 수 있는 매우 혁신적인 기능입니다.

## 하면 된다! } 제품 사진 올려서 정보 물어보기

제미나이 앱에서는 카메라 앱을 열어 직접 사진을 찍고, 그 이미지에 관해 질문할 수 있습니다. 이번 실습에서는 카메라로 눈앞에 있는 음료수 병의 사진을 찍어 올린 뒤 정보를 물어보겠습니다.

01 ❶ 입력 창에서 [파일 추가 ⊞]를 탭한 뒤 ❷ [카메라 ▣]를 선택합니다.

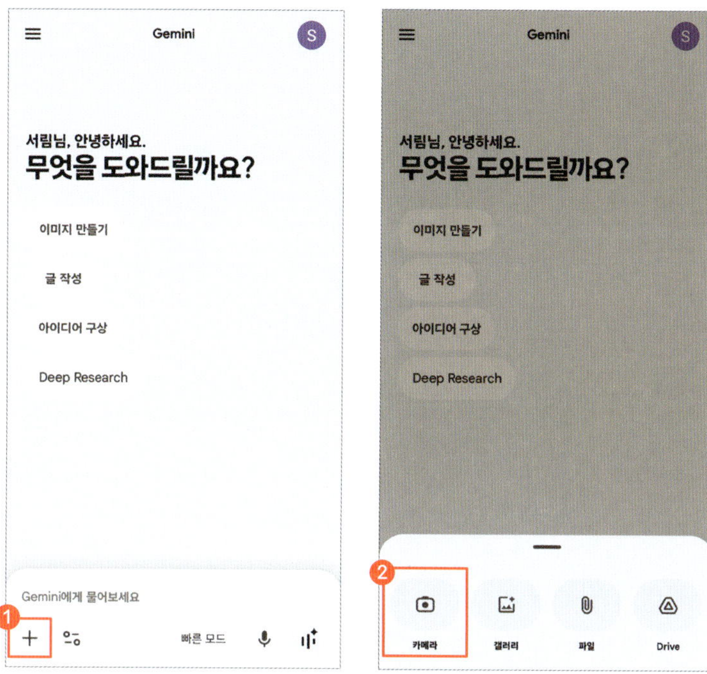

✦ 미리 사진을 찍어 놓았다면 [갤러리]를 탭해서 사진을 업로드해도 됩니다.

02 자동으로 카메라 앱이 열리면서 사진을 촬영할 수 있습니다. ❶ 음료수 병에 붙은 외국어 라벨을 찍은 뒤 ❷ 입력 창에 이게 뭐야?라고 입력합니다.

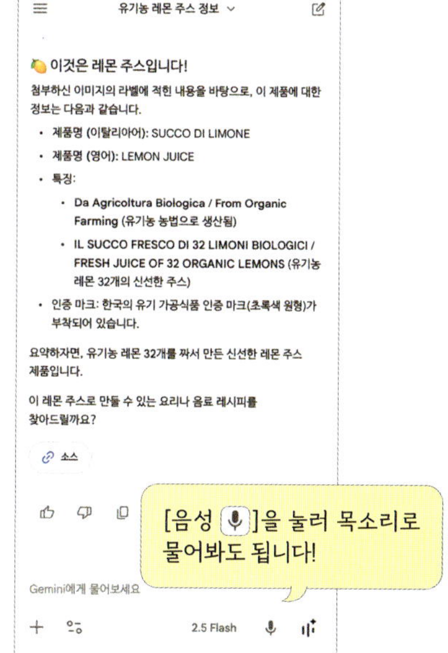

제미나이는 이미지를 인식해서 제품이 무엇인지 파악해 주고 외국어 해석과 함께 배경 정보나 관련 설명을 함께 알려 줍니다. 제미나이 덕분에 라벨에 적힌 SUCCO DI LIMONE가 레몬 주스를 뜻하는 이탈리어 말이며 32개의 유기농 레몬으로 만든 신선한 주스라는 것을 알게 되었습니다.

같은 방법으로 처음 보는 물건, 이름 모를 식물, 전자제품 조작부에 나타나는 표시처럼 일상 속 다양한 궁금증을 해결할 수 있습니다.

## 하면 된다! } 카페에서 흘러나오는 노래 제목 물어보기

유튜브에서 사용하는 배경 음악이나 카페에서 흘러나오는 노래의 제목이 궁금할 때 제미나이 앱을 실행한 뒤 질문하면 바로 찾을 수 있습니다.

**01** ❶ 프롬프트 입력 창에서 [음성 🎤]을 탭한 후 ❷ "이 노래 뭐야"라고 음성으로 물어보겠습니다. 채팅 화면에 질문이 텍스트로 입력되고 제미나이는 소리를 인식하기 위해 준비합니다. 잠시 후 소리 인식 화면으로 전환되고 '노래를 틀거나 부르거나 흥얼거리세요', '듣는 중', '좀 더 듣는 중', '거의 끝났습니다' 순서로 음성 인식이 진행됩니다.

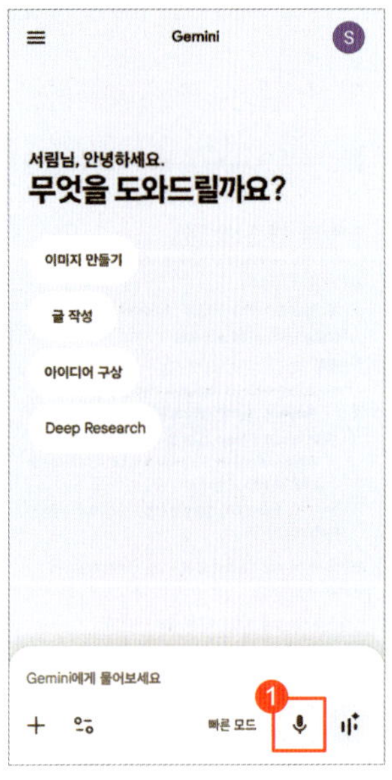

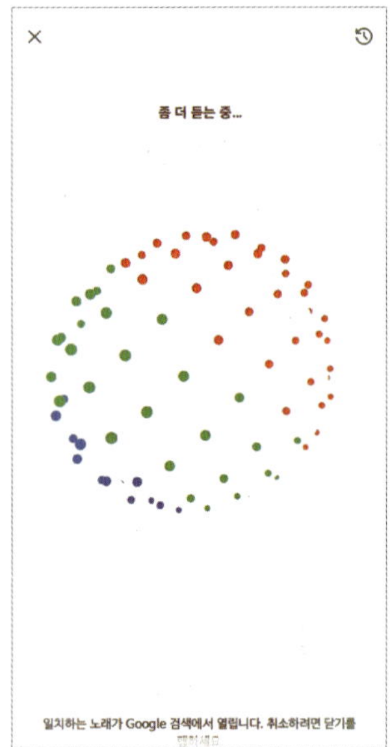

02 ① 시간이 조금 더 흐르면 '지금 음악을 듣고 있어요. 잠시만요. 어떤 노래인지 찾아볼게요.'라고 답한 뒤 구글 앱을 자동으로 실행하여 제미나이가 찾은 음악을 검색한 페이지로 연결합니다. ② 구글 앱에서 해당 음악 제목의 검색 결과를 확인할 수 있습니다.

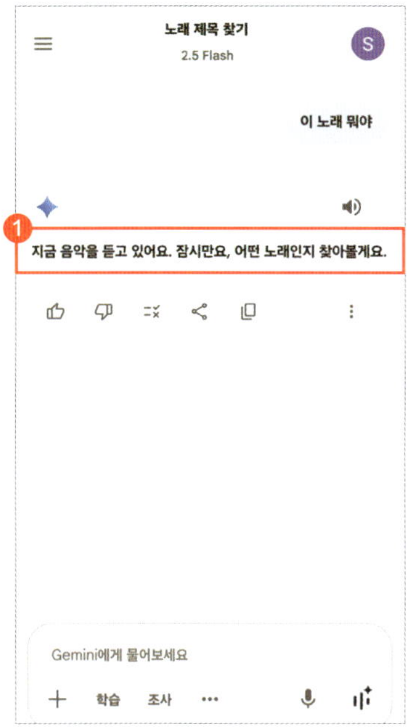

검색 결과에 있는 유튜브 영상을 선택하니 카페에서 흘러나오던 음악이 재생됩니다.

음료수 병 라벨에 적힌 문구와 카페에서 흘러나오는 음악을 제미나이에게 실시간으로 공유하며 대화해 보았습니다. 이처럼 스마트폰에서 제미나이를 사용하면 언제 어디서나 제미나이의 편의성을 누릴 수 있습니다.

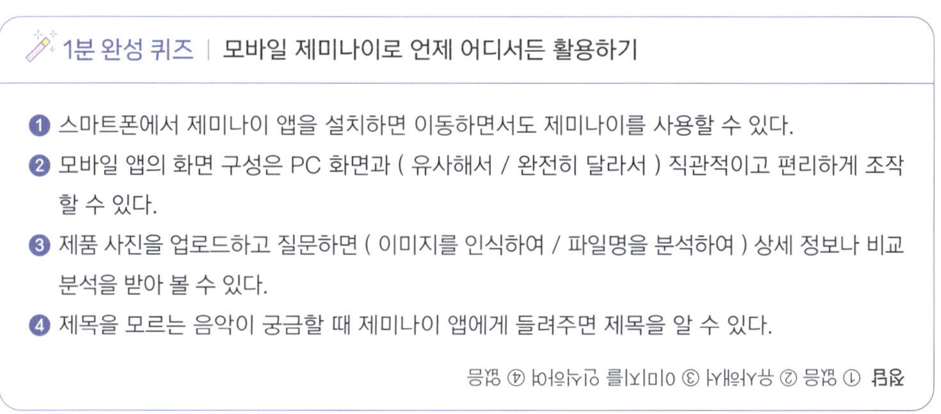

🪄 **1분 완성 퀴즈** | **모바일 제미나이로 언제 어디서든 활용하기**

❶ 스마트폰에서 제미나이 앱을 설치하면 이동하면서도 제미나이를 사용할 수 있다.

❷ 모바일 앱의 화면 구성은 PC 화면과 ( 유사해서 / 완전히 달라서 ) 직관적이고 편리하게 조작할 수 있다.

❸ 제품 사진을 업로드하고 질문하면 ( 이미지를 인식하여 / 파일명을 분석하여 ) 상세 정보나 비교 분석을 받아 볼 수 있다.

❹ 제목을 모르는 음악이 궁금할 때 제미나이 앱에게 들려주면 제목을 알 수 있다.

정답 ① 있음 ② 유사해서 ③ 이미지를 인식하여 ④ 있음

# 안드로이드와 구글의 시너지!
# 제미나이에서 스마트폰 앱 다루기

## 제미나이~ 구글 앱 열어 줘!

스마트폰에서 제미나이를 열면 스마트폰에 설치된 앱을 직접 실행하지 않아도 스마트폰의 작업을 자동으로 수행할 수 있는데요. 예를 들어 스마트폰의 제미나이 앱에서 [음성 🎤]을 탭하고 "구글 열어 줘"라고 말하면 구글 앱이 바로 실행되고, "설정 열어 줘"라고 말하면 스마트폰의 설정 화면을 직접 열어 줍니다.

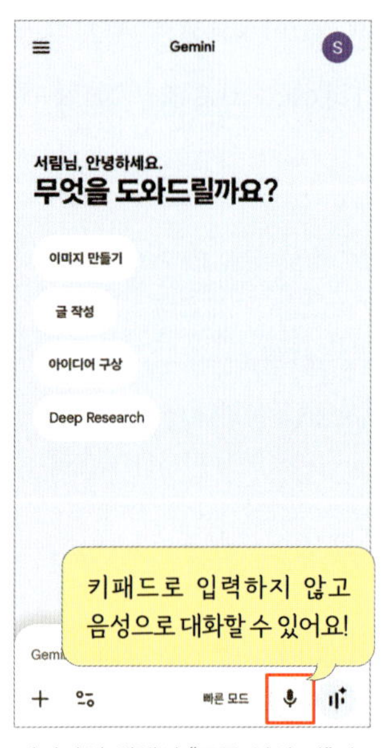


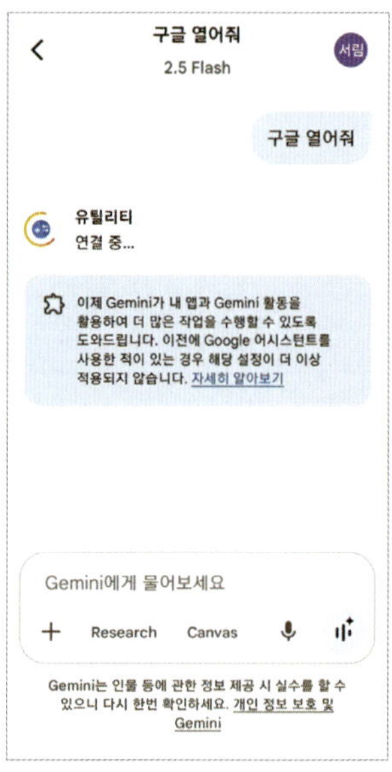

제미나이 앱에서 "구글 열어 줘"라고 요청하는 과정

제미나이는 구글의 안드로이드 운영체제와 연동되어 단순 명령으로도 스마트폰 앱을 실행하거나 설정 관리 화면에 접속하는 등 내가 해야 하는 작업을 대신해 줄 수 있습니다. 앱의 위치를 직접 찾지 않아도 제미나이에 텍스트나 음성을 입력하는 것만으로 스마트폰을 동작할 수 있어서 매우 편리합니다.

## 실시간 정보 물어보기 — 근처 병원 탐색하기

제미나이는 강력한 웹 검색 기능으로 사용자의 질문에 맞춰 실시간 정보를 제공합니다. 예를 들어 늦은 저녁 시간에 병원에 가야 하는 상황을 떠올려 보겠습니다. 제미나이에게 지금 당장 진료받을 수 있는 가장 가까운 병원을 찾아 달라고 입력하면, 현재 위치를 기준으로 근처 병원을 검색해서 검색 결과와 구글 지도를 함께 보여 줍니다. 병원 이름, 주소, 전화번호, 평점, 위치까지 확인할 수 있는데요. 주변 병원을 하나하나 검색해 보지 않아도 되므로 시간을 크게 아낄 수 있습니다. 단, 업체에서 등록한 정보를 찾아 안내해 주는 것이므로 방문하기 전에 전화로 확인해 보는 것이 좋습니다.

❶ 제미나이 답변에서 [지도 보기]를 누르면 ❷ 곧바로 구글 지도로 연결되며 현재 위치에서 찾아가는 경로를 확인할 수 있습니다. 이 기능은 단순 검색뿐만 아니라 특정 상황에 맞는 정보를 찾아야 할 때 매우 유용합니다.

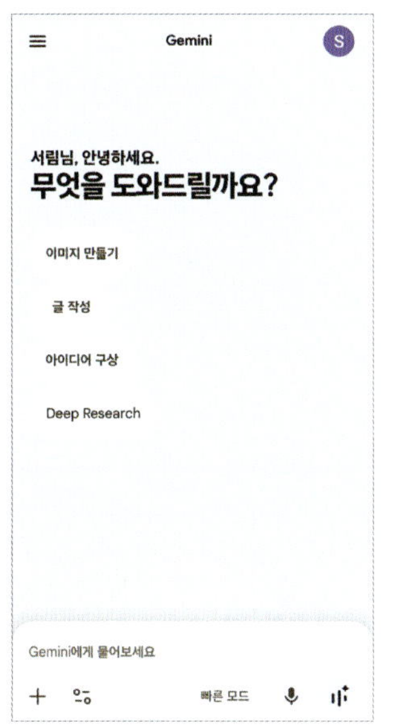

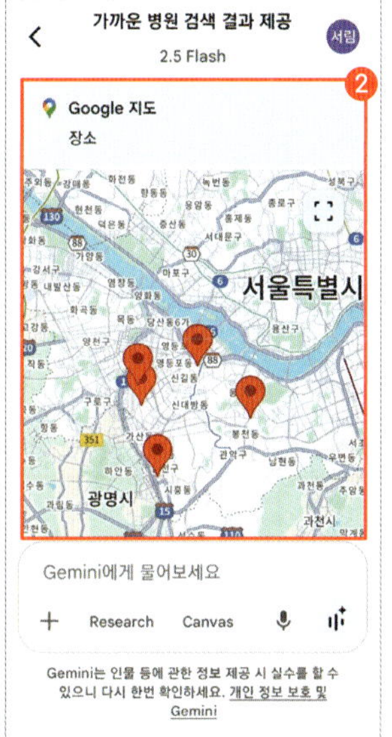


제미나이에게 요청했을 때 구글 지도로 연결되는 모습

## @으로 구글 서비스 + 스마트폰 앱 바로 쓰기

스마트폰에서 제미나이 입력 창에 @을 입력하면 PC에서 사용할 수 있는 구글 캘린더, 드라이브, 지메일 등의 구글 서비스뿐만 아니라 스마트폰에 설치된 메시지, 전화, 유틸리티 앱까지 모두 편하게 사용할 수 있습니다. 개인정보가 포함되거나 연결하기 전에 동의가 필요한 앱은 안내 창이 따로 나타나며, 승인하면 바로 사용할 수 있습니다.

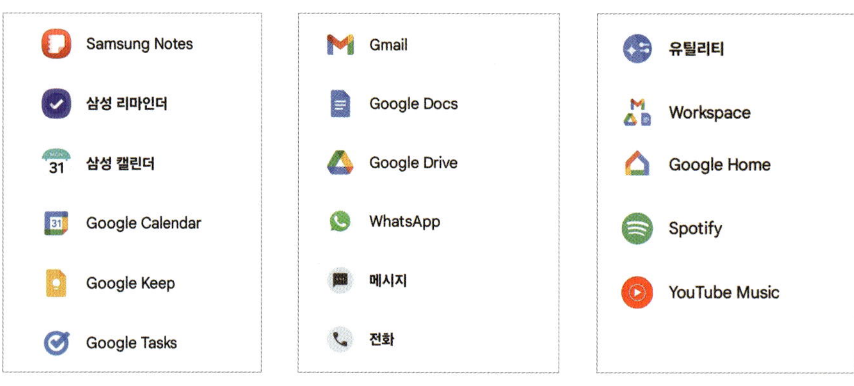

제미나이 모바일 앱에서 사용할 수 있는 구글 서비스와 안드로이드 앱


## 하면 된다! } 스마트폰에서 구글 캘린더 자동 입력하기

제미나이 앱에서 구글 캘린더에 일정을 저장해 보겠습니다.

**01** ❶ 프롬프트 입력 창에 @을 입력한 뒤 ❷ [Google Calendar]를 선택합니다. ❸ 입력 창에 내일 오전 11시에 우체국 방문을 저장해 달라고 입력하고 ❹ [제출 ➤]을 탭합니다.

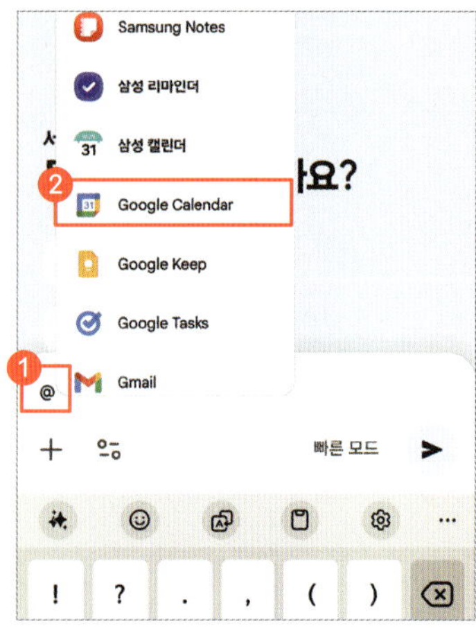


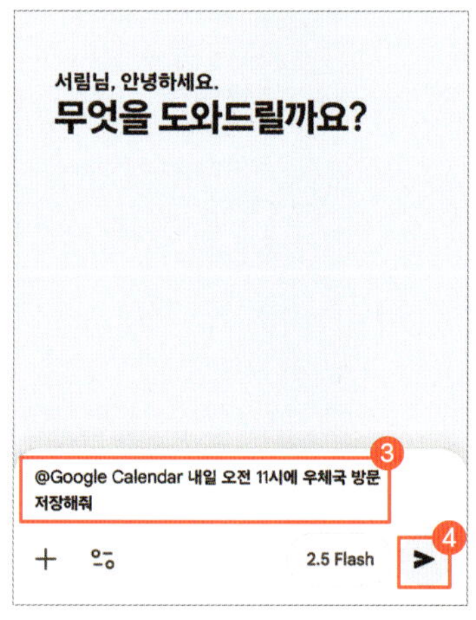

02 ❶ 구글 캘린더를 처음 연동하면 구글 워크스페이스와 연결할지 묻는 확인 창이 나타나며, 여기서 [연결]을 탭해야 이후 기능을 사용할 수 있습니다. ❷ 대화 화면으로 전환되면서 제미나이가 구글 캘린더를 연결하고 요청 사항을 저장하는 과정이 나타납니다. ❸ [Google Calendar]를 탭하면 ❹ 구글 캘린더 앱으로 연결되며 실제로 저장된 일정을 확인할 수 있습니다.

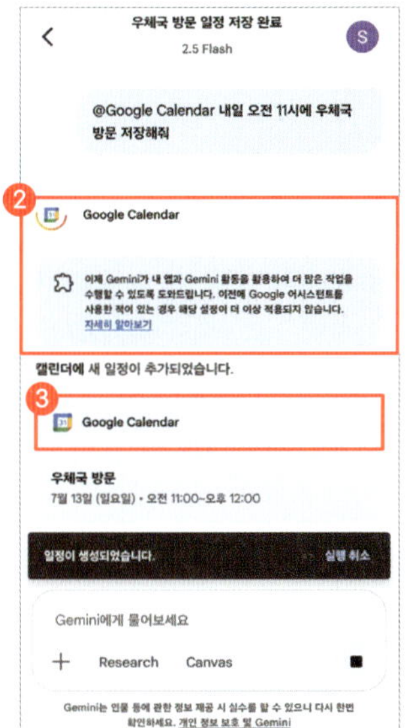
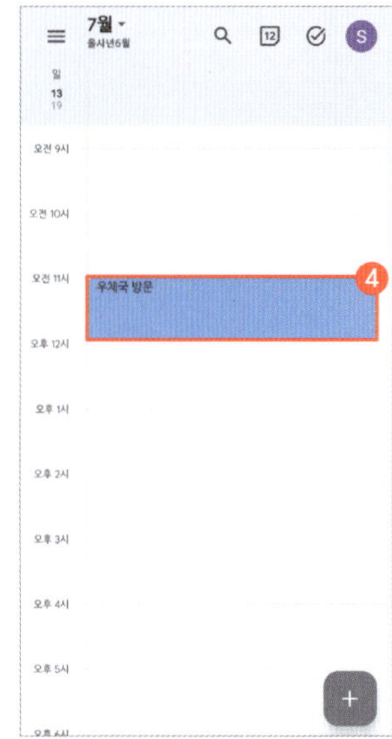

간단한 예시지만 요리하거나 운동하는 등 장시간 손을 이용하기 어렵거나 일정을 여러 건 등록해야 할 때 반복 작업을 하지 않아도 되어 정말 유용한 기능입니다. 지메일, 메시지 등 직접 작성하기 번거로운 작업을 말로 설명해서 처리할 수도 있어요. PC보다 더 다양한 앱을 연동할 수 있다는 점도 스마트폰 제미나이 앱의 장점입니다.

---

🪄 **1분 완성 퀴즈** | 제미나이를 스마트폰의 앱과 자연스럽게 연결하기

❶ 제미나이 앱은 스마트폰에 설치된 앱과 연결할 수 있다. 제미나이에게 "구글 앱 열어 줘"와 같이 요청하면 해당 앱을 바로 ( 실행 / 업데이트 ) 할 수 있다.

❷ ( 소리 / 위치 ) 기반 정보를 활용해서 근처 병원, 약국, 식당 등을 실시간으로 탐색할 수 있다.

❸ 입력 창에 @을 입력하면 제미나이에서 ( MS / 구글 ) 서비스나 스마트폰의 앱을 바로 연결해 작업할 수 있다.

❹ 일정과 관련된 내용을 입력하면 구글 캘린더에 자동으로 등록해 주어 일정 관리가 간편해진다.

정답 ❶ 실행 ❷ 위치 ❸ 구글 ❹ 캘린더

# 일심동체로 움직이는 비서 제미나이
# — 라이브 모드

06-1절에서 제미나이 앱의 화면 구성을 소개할 때 라이브 모드를 제미나이 모바일 버전의 핵심 기능이라고 강조했습니다. 라이브 모드를 활용하는 2가지 방법을 살펴보겠습니다.

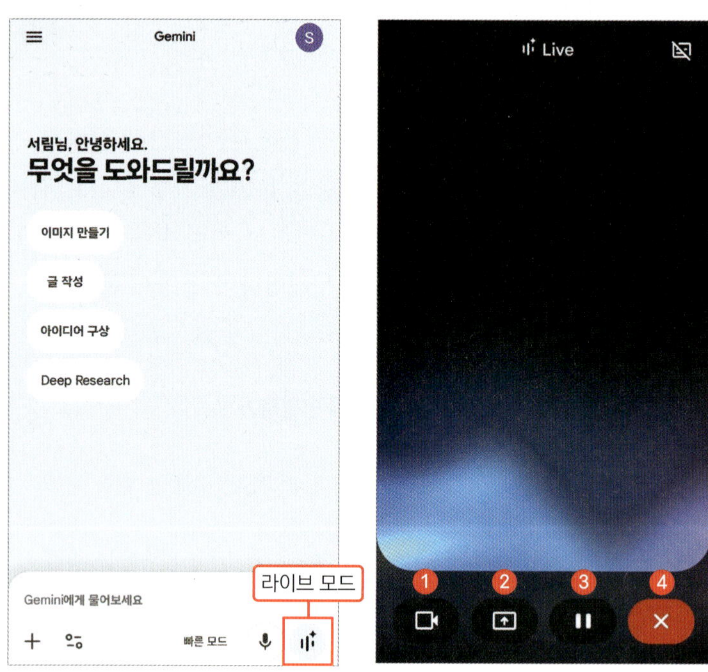

❶ [카메라 ▣]: 현재 눈앞에 있는 장면을 카메라로 보여 주면서 질문할 수 있습니다.

❷ [화면 공유 ▣]: 제미나이에게 스마트폰 속 화면을 공유하면서 대화를 나눌 수 있습니다.

❸ [일시 정지/계속 ▮▮]: 라이브 모드를 일시 중지하거나 일시 중지된 라이브 모드를 다시 재생합니다.

❹ [종료 ✖]: 라이브 모드를 종료하고 텍스트 대화 방식으로 전환합니다.

## 하면 된다! } 모르는 문제 함께 보며 풀이 요청하기

카메라 앱으로 모르는 문제를 보여 주면서 제미나이와 대화를 나눠 보겠습니다.

`01` ❶ 스마트폰의 제미나이 입력 창 하단에서 [라이브 모드 ▮▮]를 탭하여 라이브 모드를 실행합니다. ❷ 라이브 모드를 처음 사용하면 Gemini와 Live 채팅하기 안내 창이 나타나는데 [확인]을 누르면 됩니다. ❸ 카메라로 내 눈앞의 상황을 공유하면서 대화하기 위해 [카메라 ▣]를 선택합니다.

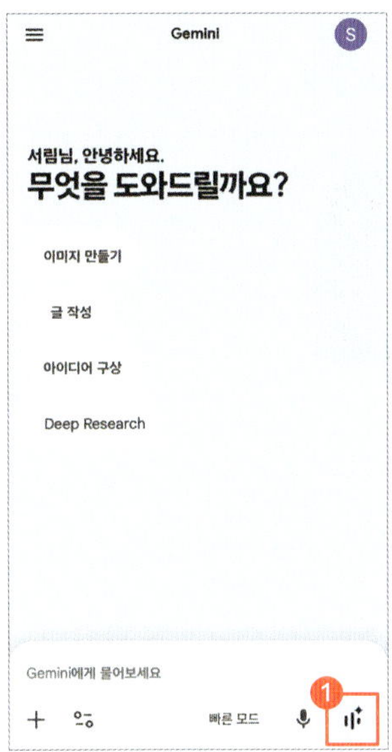
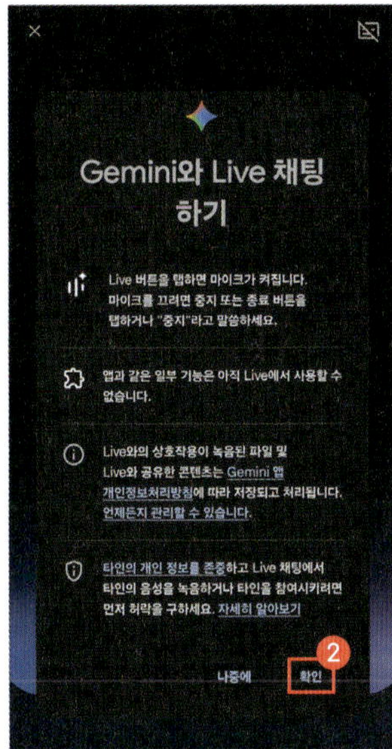

02 여기서는 문제집을 풀다가 이해되지 않는 문제를 제미나이에게 보여 주면서 문제를 설명해 달라고 요청해 보겠습니다. ❶ 카메라로 문제를 비추면 제미나이가 이미지를 분석하고 질문 내용을 인식해 대화를 이어 갑니다. ❷ 화면 오른쪽 상단에서 [자막 ▣]을 누르면 ❸ 오른쪽 화면처럼 제미나이의 음성을 자막으로 확인할 수 있습니다. ❹ 자세한 설명을 텍스트로 받기 위해 [종료 ✖]를 탭합니다.

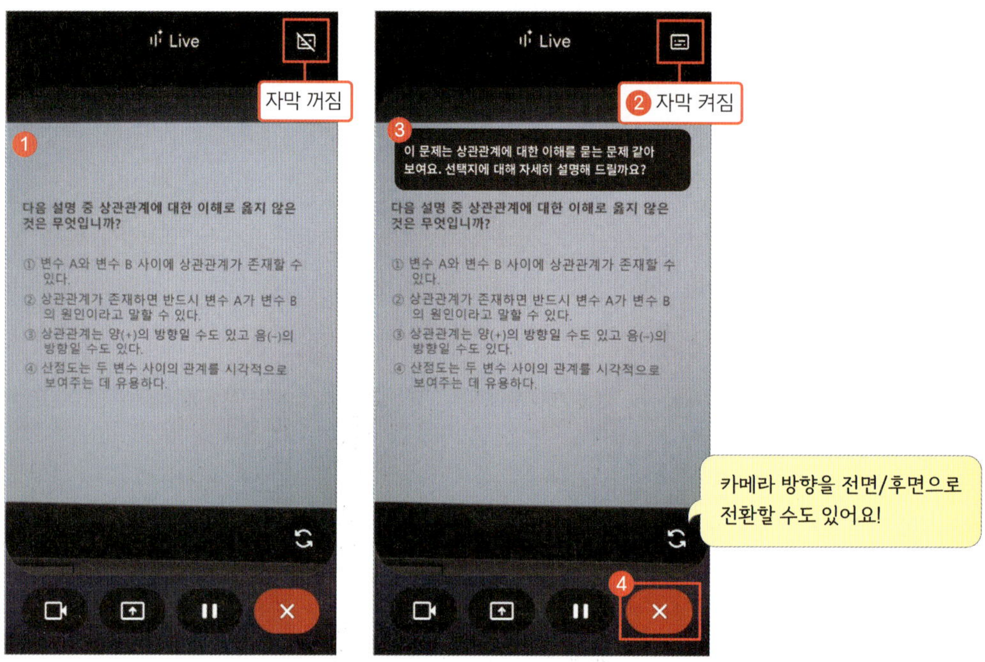


03 입력 창에서 다 모르겠어라고 대답하면 제미나이는 보기를 하나하나 설명해 주면서 정답까지 제시해 줍니다. 정답만 딱 확인해 주는 게 아니라 학습의 흐름을 따라갈 수 있도록 도와주네요!

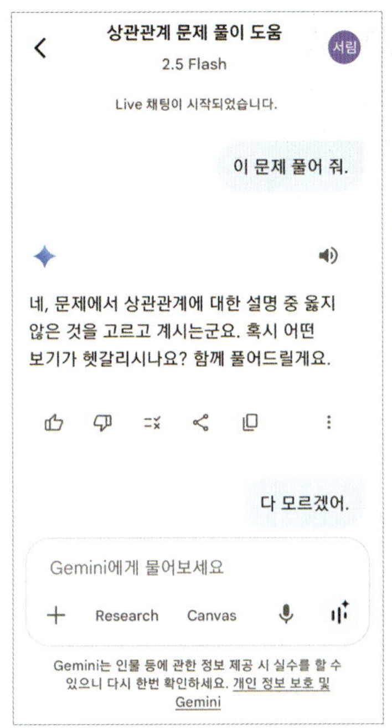
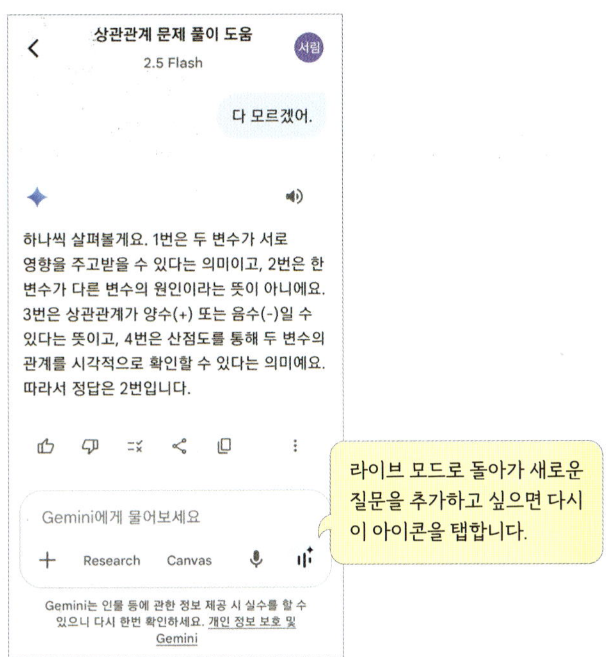


라이브 모드의 카메라 기능을 활용하면 복잡하게 설명하지 않고도 눈앞에 펼쳐진 모
습을 그대로 전달하며 질문할 수 있으니 정말 편리합니다. 제미나이의 강력한 멀티모
달 기능으로 책이나 사물뿐만 아니라 보이는 상황까지도 인식하여 문제를 직관적으
로 해결해 나갈 수 있습니다.

## 하면 된다! } 스마트폰 화면 속 주가 정보 함께 보기

앞서 제미나이 라이브 모드의 카메라 기능으로 현실의 장면을 공유해 주었습니다. 이
번에는 스마트폰 화면 자체를 보여 주며 대화를 이어 갈 수 있는 화면 공유 기능을 사
용해 보겠습니다.

**01** ❶ 제미나이 입력 창에서 [라이브 모드 🔳]를 탭해 라이브 모드를 실행합니다.
❷ 라이브 모드 화면에서 [화면 공유 🔳]를 누르면 'Google 앱으로 녹화 또는 전송을
시작하시겠습니까?'라는 안내 화면이 나타나는데, ❸ 여기에서 [시작]을 탭합니다.

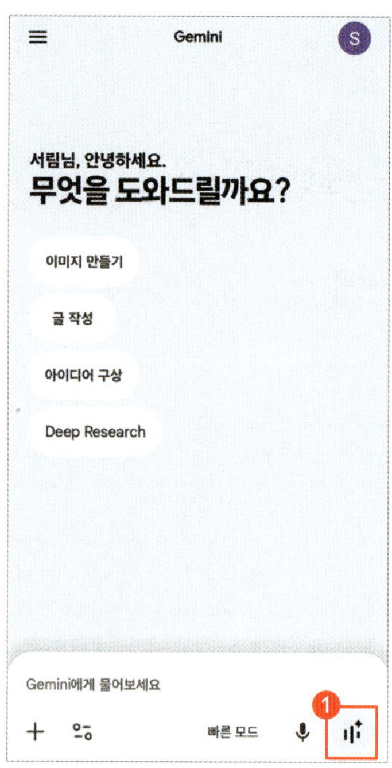
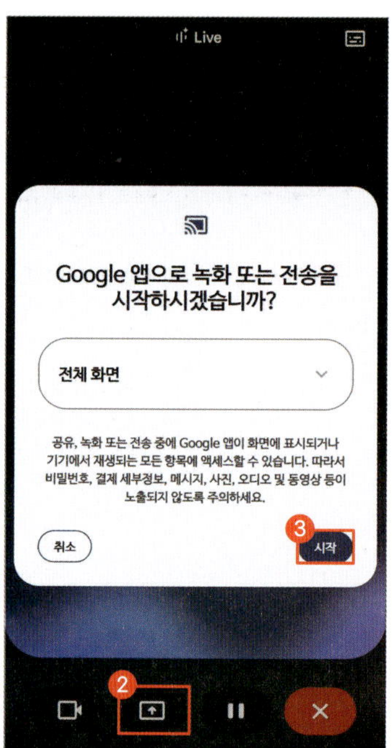




**02** 지금부터 스마트폰에 보이는 화면이 제미나이에게 실시간으로 공유됩니다. 네이버에서 제공하는 구글의 주식 정보를 보면서 음성으로 "이게 뭐야?"라고 물어보세요. 제미나이가 '알파벳의 주식 시세네요. 현재 주가가 궁금하신 건가요? 아니면 다른 정보가 필요하신 건가요?'라고 응답합니다.

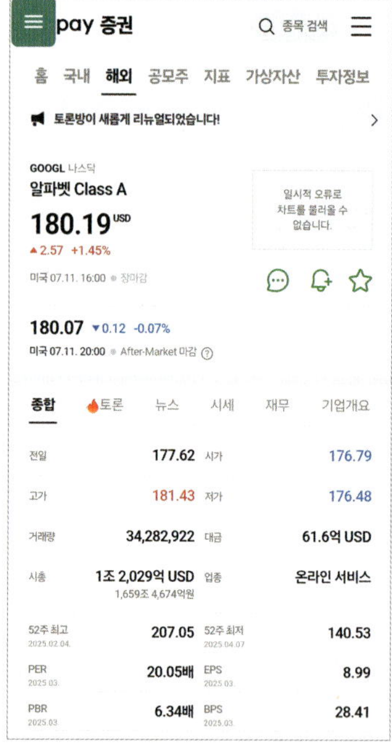

제미나이에게는 화면 속 내용을 토대로 바로 질문하거나 설명해 달라고 요청할 수 있어서 복잡한 메뉴 구조를 일일이 설명하지 않아도 됩니다. 구성이 복잡하거나 요소가 많다면 오히려 설명하는 게 더 어렵거든요. 급한 상황에서는 화면으로 바로 보여 주는 것이 더 빠르게 답을 얻을 수 있는 방법입니다. 마치 줌 회의를 하듯이 화면을 띄워 두고 제미나이와 대화를 이어 나가는 방식으로 활용하면 됩니다.

제미나이는 PC에서도 십분 유용하지만 '언제 어디서든 활용할 수 있다는 점'과 '카메라 및 음성 기능을 갖췄다는 점'에서 더욱 강력합니다. 일상의 불편함 또는 어려움을 해결해야 할 때 스마트폰 속 제미나이를 적극 활용하는 것을 추천합니다.

---

### 🪄 1분 완성 퀴즈 | 라이브 모드로 화면 공유하며 더 똑똑하게 활용하기

❶ ( 라이브 모드 / 원격 모드 ) 를 실행하면 제미나이와 같은 장면을 보며 대화할 수 있다. 현실에 있는 이미지나 문서를 함께 보며 실시간으로 설명과 도움을 받을 수 있다.

❷ 내 ( PC / 스마트폰 ) 화면을 제미나이에게 보여 주며 대화하면 필요한 부분을 직접 보며 안내받을 수 있다.

정답 ① 라이브 모드 ② 스마트폰

# 스마트폰에서 제미나이 만능으로 사용해 보기

다음 3가지 미션을 수행하며 스마트폰으로 제미나이를 활용하는 것에 익숙해져 보세요. 미션 주제 외에 다른 주제로 응용해 봐도 좋습니다.

### 미션 1    외국 제품 사진 올려서 정보 물어보기

해외 전자제품 설명서 또는 수입된 식재료의 영양성분 등을 촬영해서 제미나이에게 설명해 달라고 요청해 보세요.

### 미션 2    캘린더에 미용실 예약 일정 추가하기

스마트폰에서 @Google Calendar 기능을 이용해 구글 캘린더에 미용실 예약 일정을 추가합니다.

### 미션 3    우리 동네 부동산 정보 분석하기

스마트폰에서 부동산 정보가 나타나는 화면을 라이브 모드로 제미나이에게 공유한 뒤 최근에 올라온 매물 정보를 살펴보세요.

힌트 라이브 모드를 실행한 채로 부동산 관련 앱을 열어 화면을 공유합니다.

✦ 답안 예시는 271쪽에서 확인할 수 있습니다.

# 07

# 활용도가 배가 되는
# 노트북LM과
# 구글 AI 스튜디오

구글은 제미나이 외에도 수많은 AI 서비스를 제공하는데, 가장 유명한 것이 노트북LM과 구글 AI 스튜디오입니다. **노트북LM**은 특정 주제와 관련된 자료를 업로드한 뒤 그 내용을 기반으로 학습하거나 새로운 형태의 정보를 만들 수 있는 서비스인데요. 스스로 학습하는 건 물론이고 다른 사람과 공유할 수 있어서 학생, 연구원, 기업 등으로 영역이 확대되고 있습니다.

그리고 **구글 AI 스튜디오**는 구글의 여러 가지 모델을 이용해 아이디어를 실험해 볼 수 있는 공간입니다. 제미나이처럼 텍스트나 이미지를 생성할 수 있을 뿐만 아니라 오디오와 동영상, 앱까지 생성할 수 있습니다. 특히 **나노 바나나**라는 이미지 생성 모델을 도입하면서 그 성능이 더욱 풍부해졌는데요. 구글에서는 이 모든 것을 무료로 제공하여 인기가 매우 높습니다. 지금부터 이 2가지 AI의 특징과 활용법을 알아보겠습니다.

# 특정 자료를 기반으로
# 콘텐츠를 만드는 노트북LM

노트북LM은 내가 원하는 주제와 관련된 다양한 형태의 자료를 업로드한 후 해당 자료를 기반으로 질의응답, 아이디어 구상, 영상, 오디오, 마인드맵 등의 정보를 생성해서 공유할 수 있도록 만든 구글의 대표적인 AI 서비스입니다.

노트북LM
로고

> • **노트북LM 링크**: notebooklm.google

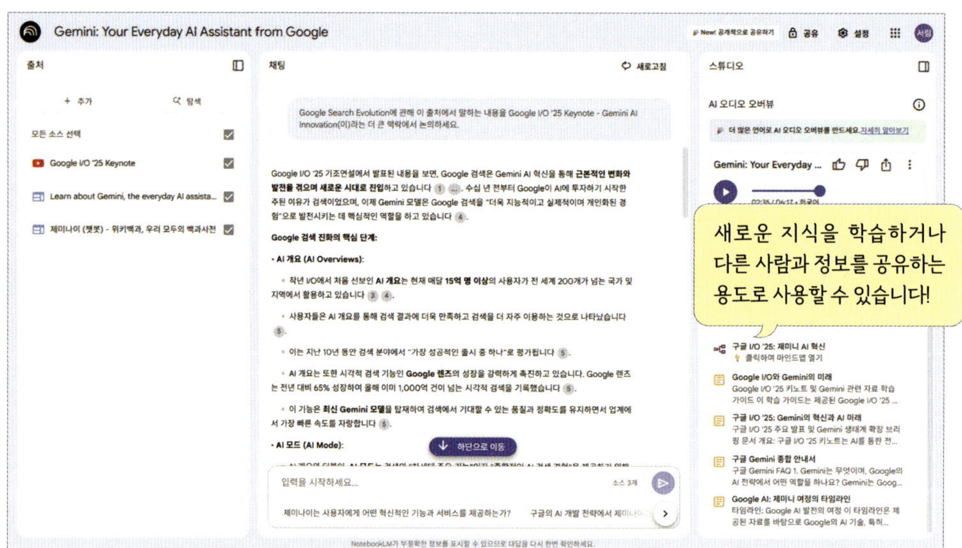


노트북LM에서 제미나이 관련 챗봇을 만든 모습

노트북LM에서는 말 그대로 '새 채팅'이 아닌 '새 노트북'을 생성하는데, 여기서 '노트북'은 하나의 챗봇이라고 볼 수 있습니다. 발표 주제에 맞게 자료 조사를 해서 PPT 파일을 만들 듯이 내가 학습하고 싶거나 공유하고 싶은 특정 주제에 대해 다양한 자료와 정보를 추가한 하나의 모음집을 만드는 것이죠. 이어서 노트북LM을 써야 하는 이유를 자세히 살펴보겠습니다.

## 노트북LM을 써야 하는 이유

제미나이는 사전에 학습한 방대한 자료와 인터넷 정보를 바탕으로 대답하는 반면, 노트북LM은 오로지 내가 업로드한 PDF, 음성, 영상, 웹사이트, 텍스트 등의 자료를 바탕으로 대답합니다. 결과물 역시 노트북LM은 단순한 텍스트 응답에 그치지 않고, 요약 자료나 학습 가이드처럼 핵심 내용을 빠르게 파악할 수 있는 자료로 재구성하거나 오디오나 동영상, 마인드맵과 같은 시청각 자료로 재탄생시키죠.

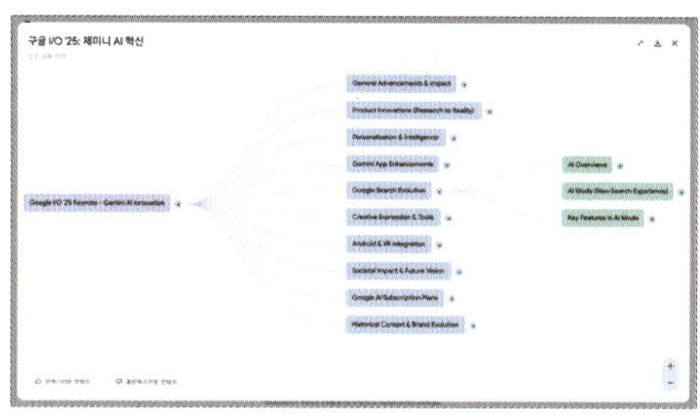

노트북에 넣은 자료를 마인드맵으로 시각화한 형태

노트북에 넣은 자료를 FAQ로 구성한 형태

노트북을 공유받은 다른 사람은 해당 결과물로 정보를 습득하고 채팅을 통해 궁금한 사항을 질문하면서 부족한 부분을 채워 나갈 수 있습니다. 그래서 노트북LM은 개인적으로 학습하거나 연구자의 연구 결과를 공유할 때, 그룹 내에서 정보를 공유하는 상황 등 폭넓게 활용할 수 있습니다.

그럼 '제미나이'의 정보를 제공하는 노트북을 만들어 보며 노트북LM을 활용하는 방법을 알아보겠습니다.

## 하면 된다! } 노트북LM 시작하기

노트북LM을 실행하고 새 노트북을 만들어 보겠습니다.

01 ❶ 크롬 브라우저에서 노트북LM을 검색한 뒤 ❷ [Google NotebookLM]을 클릭합니다. ❸ 노트북LM이 실행되면 [NotebookLM 사용해 보기]를 클릭해 구글 계정으로 로그인합니다.

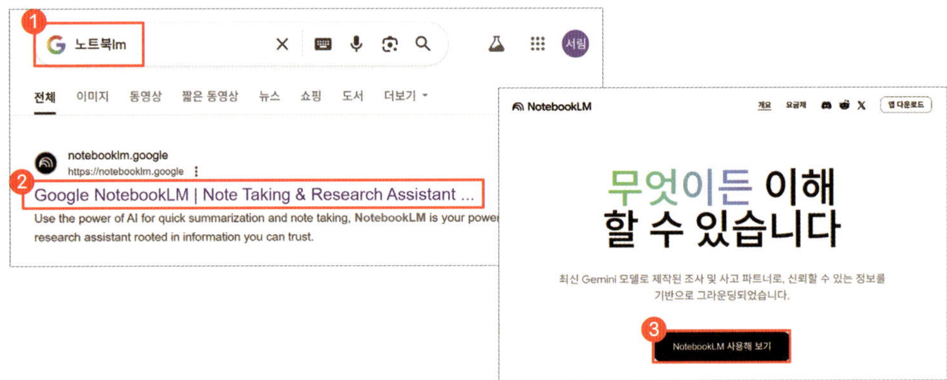


02 노트북LM의 시작 화면이 나타나면 [새 노트 만들기]를 클릭합니다.

 노트북을 구성할 수 있는 화면이 나타납니다. 출처, 채팅, 스튜디오라는 3가지 영역으로 구성된 것을 살펴볼 수 있습니다.

❶ **출처**: 자료를 업로드하는 공간입니다.

❷ **채팅**: 업로드한 자료에 관해 질문하고 요청할 수 있습니다.

❸ **스튜디오**: 업로드한 자료로 보고서, 인포그래픽, 마인드맵, 동영상 등을 만들 수 있습니다. 노트북을 생성한 사람 외에는 이 영역을 편집할 수 없습니다.

## 하면 된다! } 노트북의 기반이 되는 소스 추가하기

노트북LM에서는 PC와 구글 드라이브에 저장된 파일은 물론이고 URL 링크와 텍스트를 모두 삽입할 수 있습니다. 또한 심층 조사 보고서를 생성해 주는 [딥 리서치]와 웹 검색 결과를 제공하는 [패스트 리서치(Fast Research)]가 더해져 더 많은 정보를 소스로 추가할 수 있습니다. 이렇게 다방면으로 수집한 자료를 전부 올릴 수 있으니 가능한 한 신뢰도 높은 자료를 최대한 많이 수집하는 것이 유리합니다. 정확한 정보를 제공하기 위해 제미나이의 공식 웹사이트와 2025년 구글의 공식 발표 영상, 제미나이 위키백과 링크를 기본 자료로 활용해서 제미나이를 소개하는 챗봇을 만들어 보겠습니다.

01 제미나이 공식 웹사이트 링크와 제미나이 관련 유튜브 영상을 소스로 삽입해 보겠습니다. 출처 영역에서 [소스 추가]를 클릭합니다.

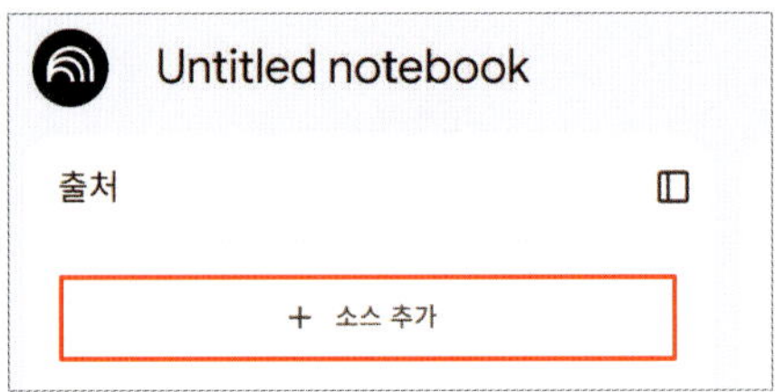

02 소스를 업로드할 수 있는 창이 나타나면 ❶ 링크의 [웹사이트]를 클릭합니다. ❷ URL 붙여넣기에 https://gemini.google/about을 입력하고 ❸ [삽입]을 클릭합니다.

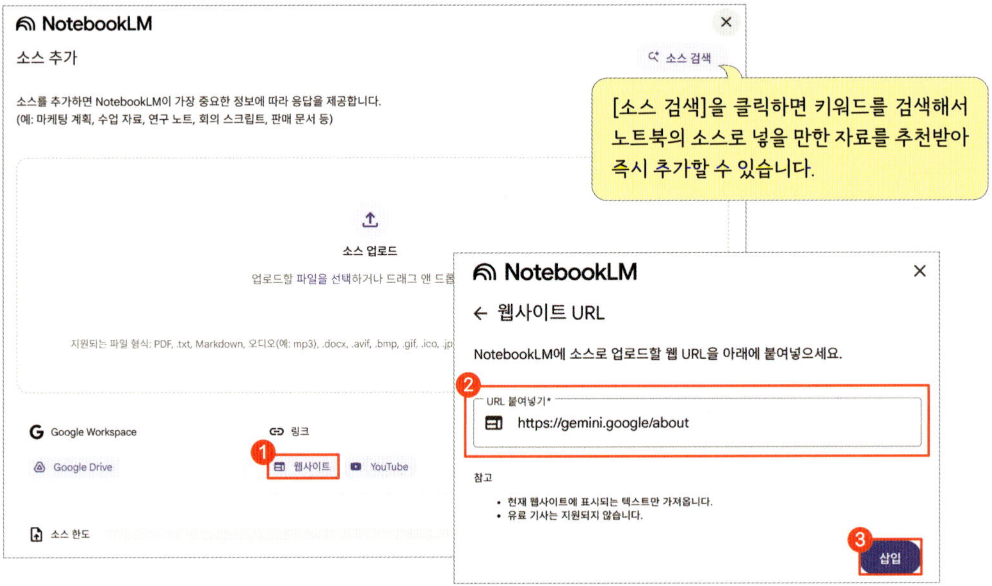


03 이번에는 구글의 키노트 발표 유튜브 영상 URL을 추가해 보겠습니다. 이 영상에는 구글의 AI 관련 내용과 제미나이에 대한 설명이 포함되어 있습니다. 다시 한번 출처 영역에서 [소스 추가]를 클릭합니다.

04 ❶ 링크에서 [YouTube]를 클릭합니다. ❷ 유튜브에서 'Google 25 Keynote'라고 검색하면 나타나는 영상의 URL을 복사해서 붙여 넣고 ❸ [삽입]을 클릭합니다.

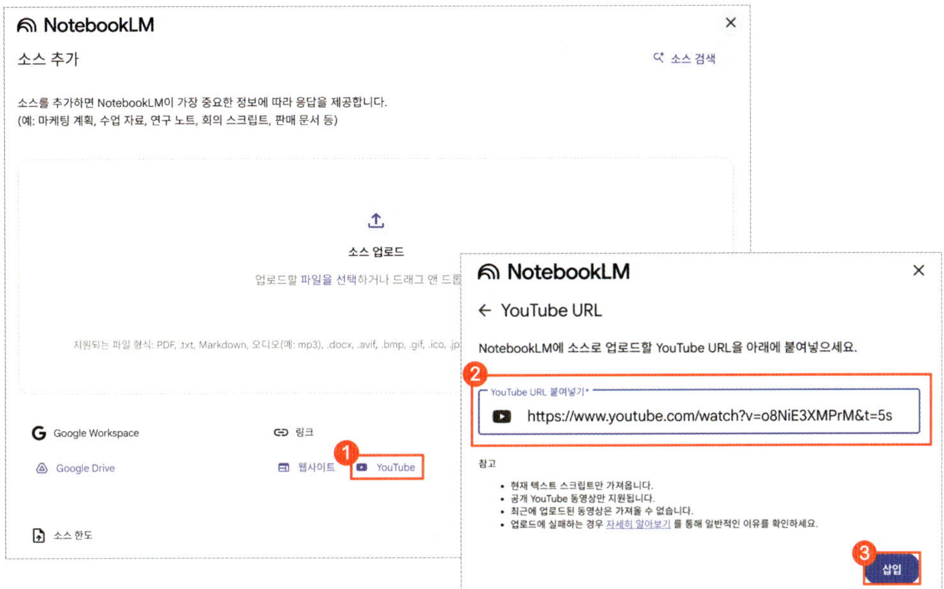


05 출처에 2가지 URL을 추가하니 제목이 'Untitle notebook'에서 'Gemini: Your Everyday AI Assistant from Google'로 바뀝니다. 이어서 출처로 넣을 만한 소스를 제미나이에게 추천받아 보겠습니다. ❶ 탐색 창에 제미나이를 검색한 후 ❷ [제출 →] 을 클릭합니다.

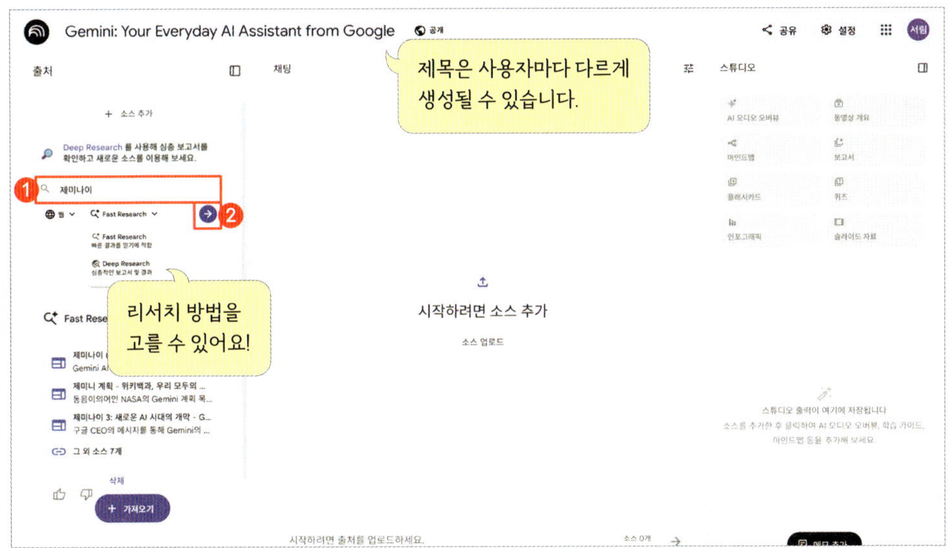

06 같은 키워드로 검색해도 시기에 따라 검색 결과가 다를 수 있습니다. 이 중 불필요한 소스를 제외해 보겠습니다. ❶ Fast Research 완료가 뜨면 [보기]를 클릭한 다음 ❷ [모든 소스 선택]을 해제하고 ❸ [제미나이 (챗봇) - 위키백과, 우리 모두의 백과사전]에만 체크 표시합니다. ❹ [가져오기]를 클릭해서 소스를 불러옵니다.

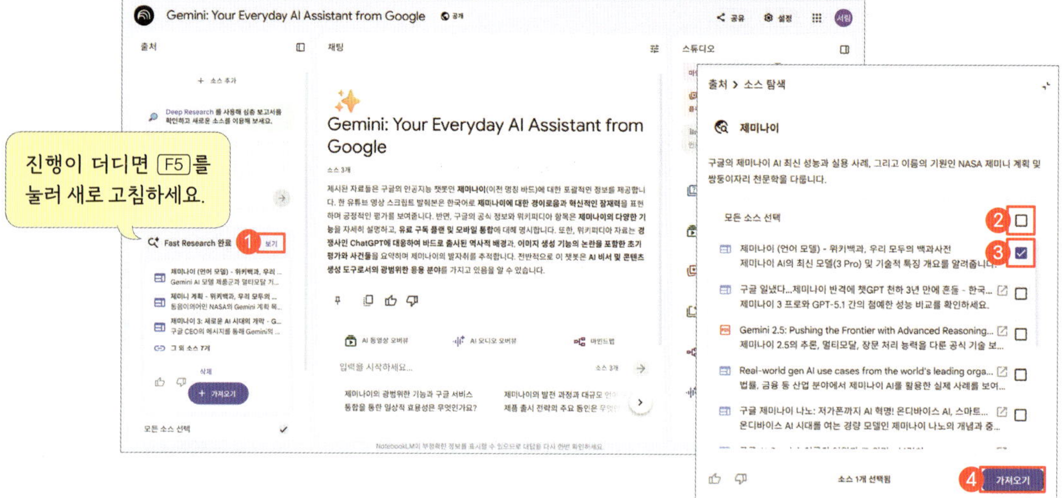


## 하면 된다!} 소스를 바탕으로 자료 생성하고 공유하기

출처로 업로드한 자료를 활용해서 정보를 생성해 보겠습니다. 노트북을 공유했을 때 다른 사람들이 확인하길 바라는 기본 정보나 강조하고 싶은 내용 등을 저장하면 됩니다. 클릭하는 것만으로도 같은 정보를 갖가지 형태로 저장해 둘 수 있어서 매우 편리하며, 결과물은 스튜디오 목록에 자동으로 나타납니다.

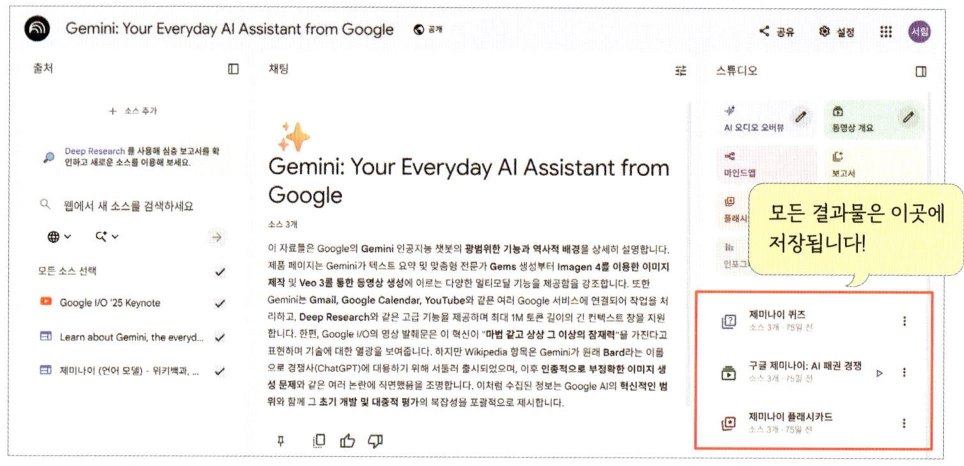


✦ 같은 소스를 첨부해도 결과물의 제목과 내용이 책 속 화면과 다를 수 있습니다.

**01** ❶ 노트북LM 화면의 오른쪽 상단 스튜디오 영역에서 [AI 오디오 오버뷰]를 클릭하면 AI 오디오 오버뷰 창이 나타나면서 'Gemini: Google's Everyday AI As' 음성 파일이 생성됩니다. ❷ [재생 ▶]을 클릭하면 남녀 2명이 제미나이를 설명하는 음성이 흘러나옵니다.

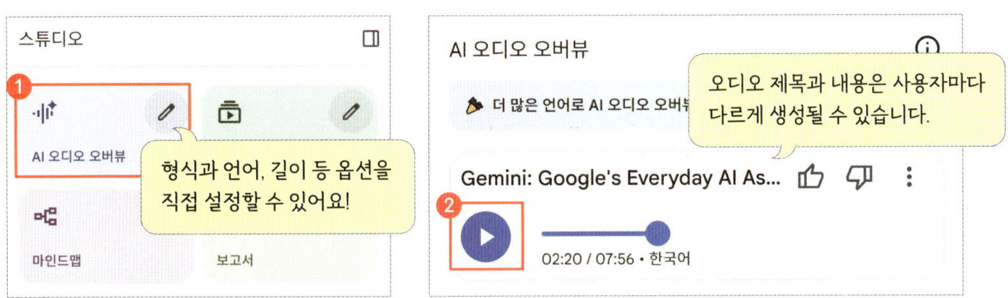


**02** ❶ 이번에는 [동영상 개요]를 선택해 보세요. 스튜디오 영역 상단에 '구글 제미나이: AI 패권 경쟁' 동영상 파일이 생성됩니다. ❷ [재생 ▶]을 클릭하면 자료 화면과 동영상 내용을 설명하는 음성이 흘러나옵니다.

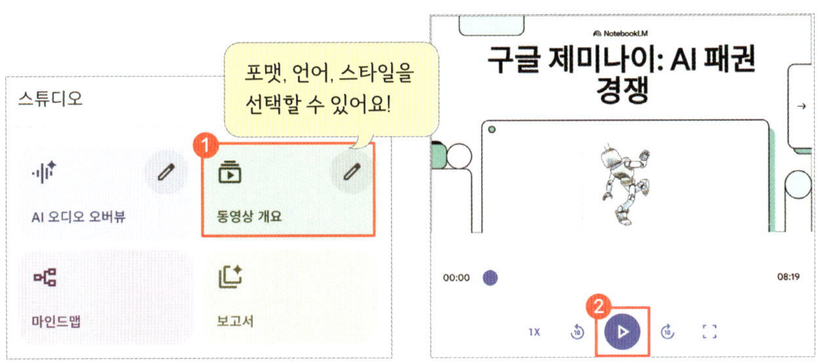


> 🛈 **여기서 잠깐!**   **동영상의 스타일을 직접 설정할 수 있어요!**
>
> 노트북LM에 나노 바나나가 탑재되면서 [동영상 개요]에서 [맞춤설정 ✎]을 클릭하면 영상 스타일을 직접 설정할 수 있습니다. 수채화, 종이 공예, 애니메이션, 화이트보드, 레트로풍, 전통 등 목적에 어울리는 스타일을 선택해 동영상을 생성해 보세요.

03 마찬가지로 ❶ [마인드맵], ❷ [보고서], ❸ [플래시카드], ❹ [퀴즈], ❺ [인포그래픽], ❻ [슬라이드 자료]를 하나씩 클릭합니다. [AI 오디오 오버뷰]처럼 클릭 한 번으로 내용이 자동으로 만들어집니다.

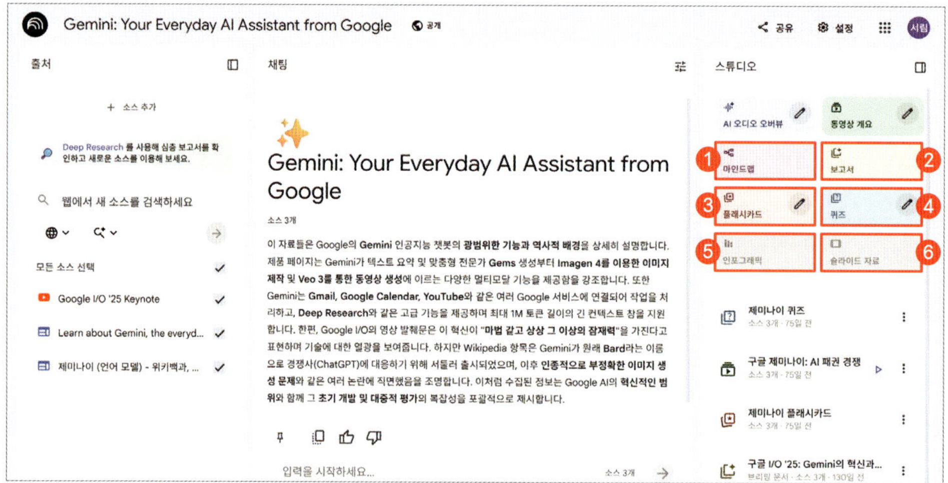

❶ **[마인드맵]**: 자료를 종합한 뒤 시각적으로 구조화하여 마인드맵으로 보여 줍니다.

❷ **[보고서]**: 형식을 직접 지정하거나 브리핑 문서, 학습 가이드, 블로그 게시물 형식 가운데 선택해서 보고서를 작성할 수 있습니다. 첨부된 자료의 특징에 따른 추천 형식도 제공합니다.

❸ **[플래시카드]**: 자료의 내용을 활용해서 키워드를 암기하는 플래시카드를 만들 수 있습니다.

❹ **[퀴즈]**: 자료의 내용을 바탕으로 객관식 형태의 퀴즈를 만들 수 있습니다.

❺ **[인포그래픽]**: 자료를 종합하여 한 장의 시각화된 정보로 보여 줍니다.

❻ **[슬라이드 자료]**: 자료의 내용을 여러 장의 이미지 슬라이드 형식으로 제공합니다.

각 항목으로 만들 수 없는 정보는 직접 추가할 수 있습니다. ❶ 노트북LM 화면 오른쪽 하단에서 [메모 추가]를 클릭해 새 메모 창이 나타나면 ❷ 노트북에 관한 설명, 사용 방법, 문의 연락처 등을 입력합니다.

## 04 노트북 공유하기

앞에서 만든 노트북을 공유하려면 ❶ 화면 오른쪽 상단에서 [공유]를 클릭합니다. ❷ 노트북 액세스의 ▾ 아이콘을 눌러 ❸ 노트북에 접근할 수 있는 사용자를 [링크가 있는 모든 사용자]로 선택합니다. ❹ [링크 복사]를 클릭한 후 ❺ [저장]을 클릭합니다. 이제 링크를 공유받은 사람은 해당 노트북에 접속해서 정보를 확인할 수 있습니다

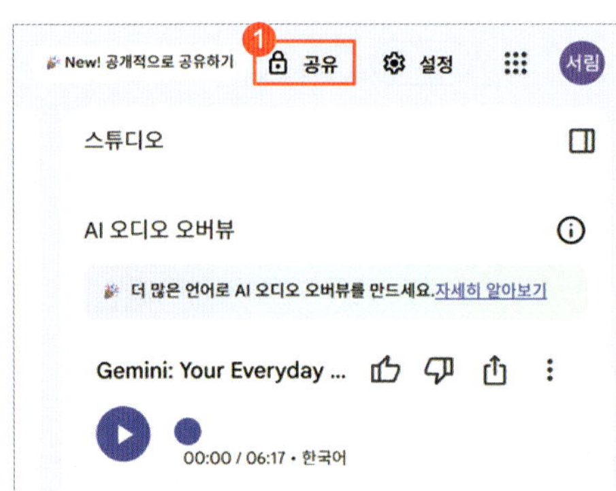


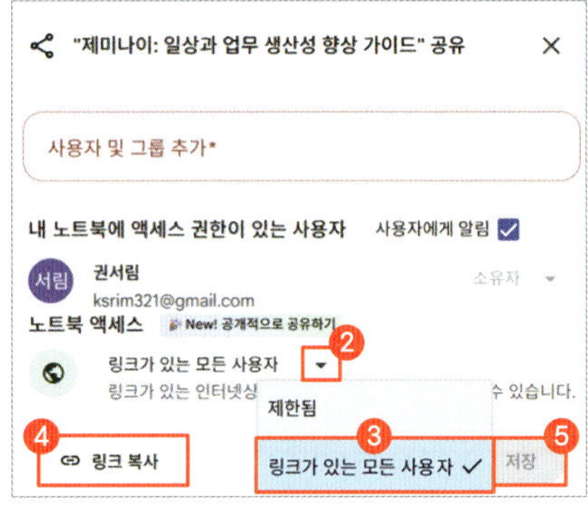

노트북을 제작한 계정 외에 다른 계정으로 접속하면 자료나 새로운 정보를 추가하는 기능이 사라지고 다음과 같은 화면이 나타납니다. ❶ 입력 창에 제미나이의 주요 장점 3개를 알려 달라고 입력합니다. ❷ 그러면 노트북LM은 자료를 참고하여 제미나이의 특징을 정리해서 소개합니다.

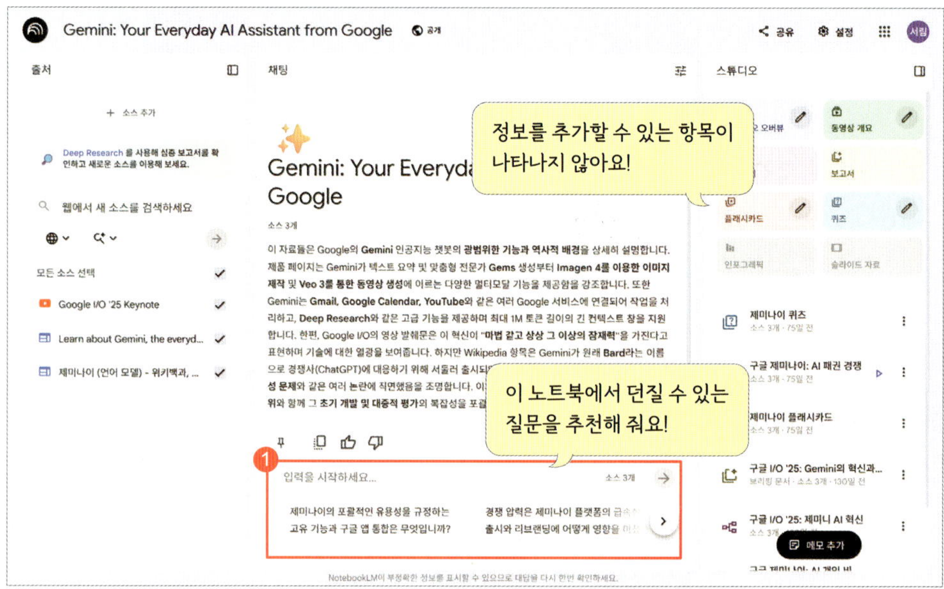


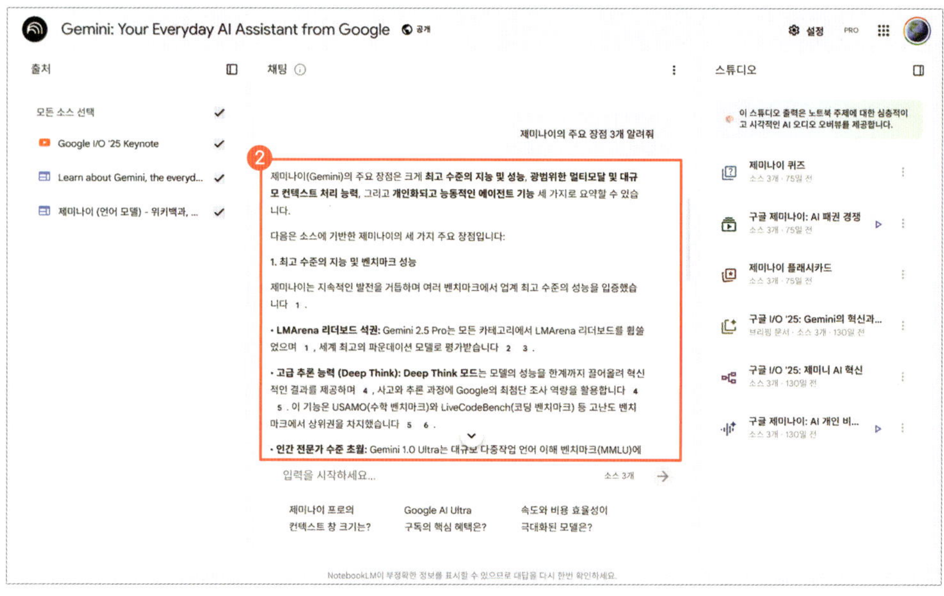

## 노트북LM에서 볼 수 있는 정보 유형

실습에서 살펴본 것처럼 노트북LM에서는 [AI 오디오 오버뷰], [동영상 개요], [마인드맵], [보고서], [플래시카드], [퀴즈] 등을 눌러 정보를 구성할 수 있습니다.

다음 링크에 접속하여 이 책과 같은 화면으로 살펴보겠습니다.

> • **실습용 노트북LM 링크**: bit.ly/notebooklm_type

✦ 작업이 진행되는 속도에 따라 결과물의 순서가 다르게 나타나거나 작업 결과물에 차이가 있을 수 있습니다.

### ① AI 오디오 오버뷰

[AI 오디오 오버뷰]는 자료의 내용을 활용해서 팟캐스트 같은 대화 형식의 오디오 요약본을 만드는 기능입니다. AI 오디오 오버뷰 창의 오른쪽에서 ⋮ 아이콘을 클릭하고 [다운로드]를 선택하면 PC에 오디오 파일을 내려받을 수 있습니다.

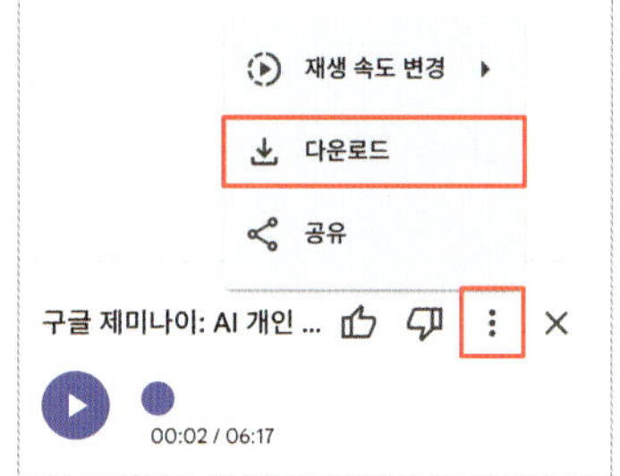


### ② 동영상 개요

[동영상 개요]는 자료의 내용을 영상으로 만드는 기능입니다. 동영상 개요 창의 오른쪽 상단에서 [공유 ◁]를 클릭하면 링크를 복사해서 공유할 수 있고, [다운로드 ⬇]를 클릭하면 PC에 동영상 파일을 내려받을 수 있습니다.

### ❸ 마인드맵 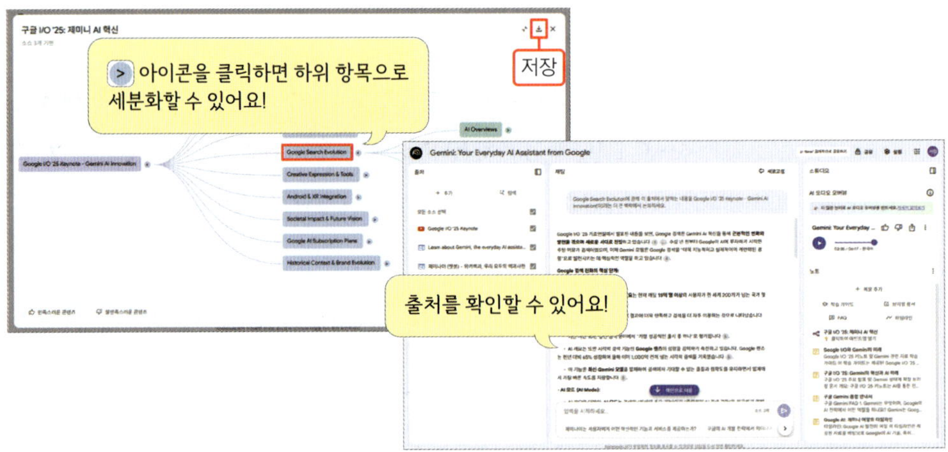

[마인드맵]은 자료를 종합하여 정보를 마인드맵으로 시각화한 형상을 보여 줍니다. 키워드를 클릭하면 채팅 창에서 자세한 설명이 나타납니다. 마인드맵 화면의 오른쪽 상단에서 [저장 ⬇]을 클릭하면 이미지를 내려받을 수 있습니다.



마인드맵의 키워드를 클릭하면 나오는 설명 화면

### ❹ 보고서

[보고서]는 자료에서 제공하는 정보를 요약한 브리핑 문서를 포함해 여러 유형의 보고서를 만드는 기능입니다. 노트북에 담긴 내용을 빠르게 파악할 수 있고 브리핑 자료로 활용할 수도 있습니다.

### ❺ 플래시카드 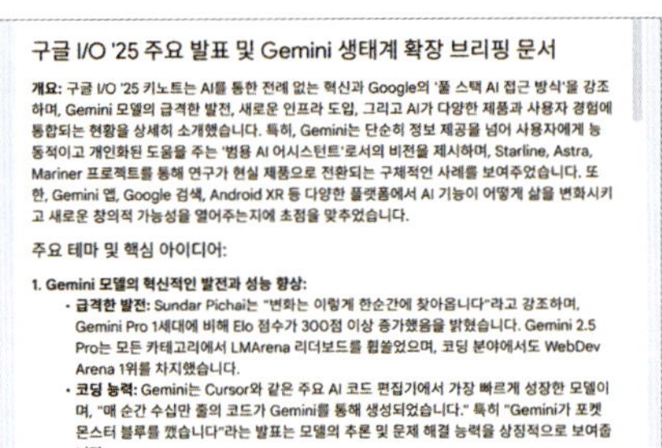

[플래시카드]는 자료의 내용을 바탕으로 키워드를 암기할 수 있는 플래시카드를 만드는 기능입니다. 노트북LM을 학습용으로 사용할 때 유용합니다.

### ⑥ 퀴즈 ▣

[퀴즈]에서는 자료의 내용을 바탕으로 만들어진 문제를 확인할 수 있습니다. 플래시카드와 마찬가지로 노트북LM을 학습용으로 사용할 때 유용한 기능입니다.

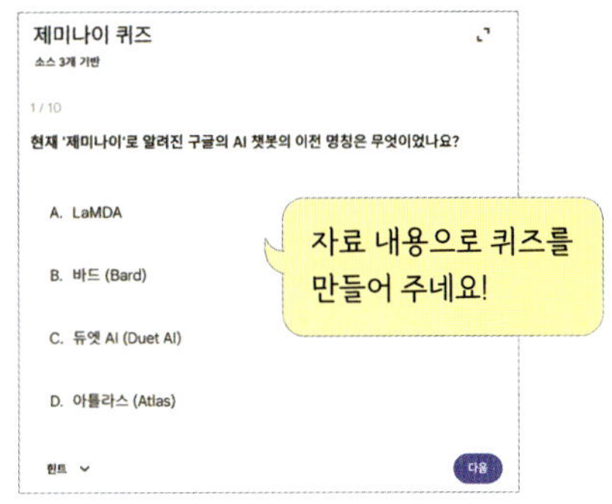


### ⑦ 인포그래픽 ▦ / ⑧ 슬라이드 자료 ▢

[인포그래픽]은 자료의 내용을 종합해서 한 장의 인포그래픽을 만드는 유형이고 [슬라이드 자료]는 자료의 내용을 여러 장의 이미지 슬라이드로 생성하는 유형입니다. 두 유형 모두 텍스트를 시각화할 때 유용합니다.

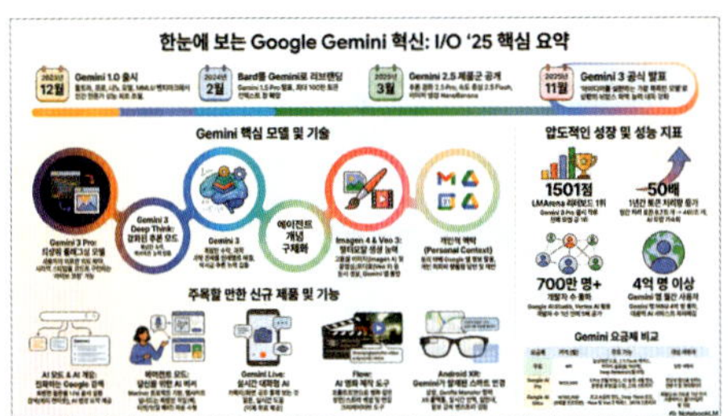

자료를 [인포그래픽]으로 시각화한 모습

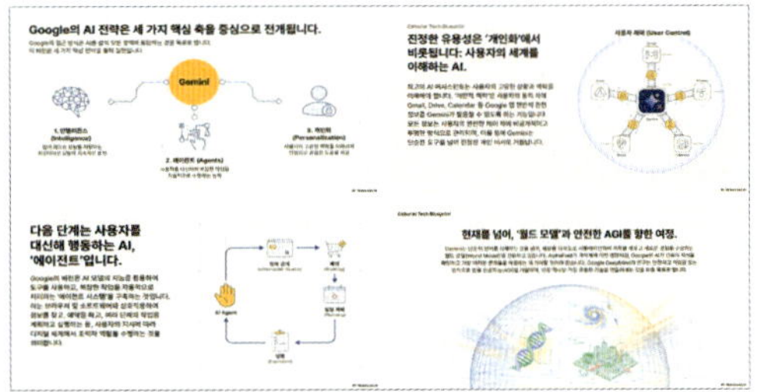

자료를 [슬라이드 자료]로 만든 모습

노트북LM은 프로젝트를 함께 수행하는 동료끼리 자료를 공유하거나 선생님이 학생들에게 학습 자료를 공유하는 경우 등 수많은 상황에서 빛을 발합니다. 노트북LM에서 만들 수 있는 정보 유형은 계속해서 발전하고 있으며, 어떤 유형이든 클릭 한 번으로 생성해 낼 수 있습니다. 상황에 따라 적합한 형식을 선택해서 사용하길 바랍니다.

---

**✏️ 1분 완성 퀴즈** | 노트북LM으로 자료에 기반해서 요약·질문·아이디어 생성하기

❶ ( 노트북LM / 코랩 ) 은 직접 업로드한 PDF, 웹사이트, 유튜브 영상, 텍스트 자료 등을 기반으로 오디오 음성, 설명 동영상, 마인드맵, 보고서, 플래시카드, 퀴즈 등 다양한 형식으로 정보를 생성해 준다. 따라서 특정한 주제와 관련된 학습 자료나 정보를 공유할 때 매우 유용하다.

❷ 최종으로 완성한 노트북은 ( 링크 / 파일 ) 로 다른 사람에게 공유할 수 있다.

정답 ① 노트북LM ② 링크

# 최신 AI 모델을 체험해 보는
# 구글 AI 스튜디오

구글 AI 스튜디오는 제미나이 모델을 활용해서 서비스를 개발하거나 구글의 AI 기능을 사용해 보고 싶은 사람들을 위해 다양한 모델과 옵션을 무료로 체험하고 프롬프트를 실행해 볼 수 있도록 제공하는 AI 실험실이라고 볼 수 있습니다. 무엇보다 좋은 모델을 무료로 사용해 볼 수 있고 이미지나 동영상을 생성할 수 있어 인기가 높습니다.

구글 AI 스튜디오
로고

> • **구글 AI 스튜디오 링크:** aistudio.google.com

구글 AI 스튜디오는 구글 계정만 있으면 별도로 가입하지 않아도 사용할 수 있으며 구글 드라이브도 연동할 수 있습니다. 새로운 기능이 수시로 추가되고 예전에 사용하던 기능이 사라지는 경우도 있으니 핵심 기능 위주로 알아보겠습니다.

## 하면 된다! } 구글 AI 스튜디오 시작하기

구글 AI 스튜디오의 모든 기능을 제대로 활용하려면 크롬 브라우저를 사용하는 것을 추천합니다. 크롬 브라우저에서 구글 AI 스튜디오를 실행해 보겠습니다.

**01** ❶ 크롬 브라우저에서 **구글 AI 스튜디오**를 검색한 뒤 ❷ [Google AI Studio]를 선택합니다. ❸ [Get started]를 클릭해서 구글 계정으로 로그인합니다.

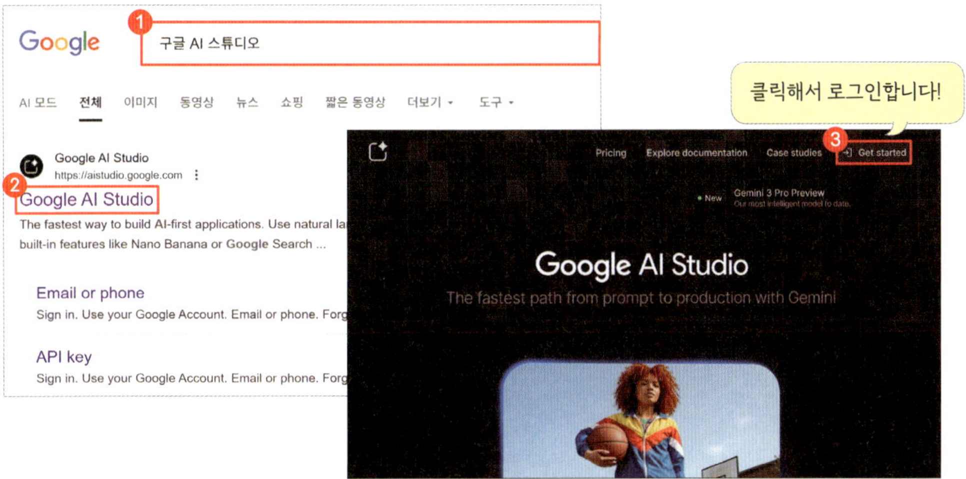


**02** 구글 AI 스튜디오가 실행되면 다음과 같은 화면이 나타납니다. 왼쪽 사이드바에는 기초 화면인 [Home]과 [Playground], [Build], [Dashboard], [Documentation] 메뉴가 있는데, 상황에 따라 선택하면 됩니다.

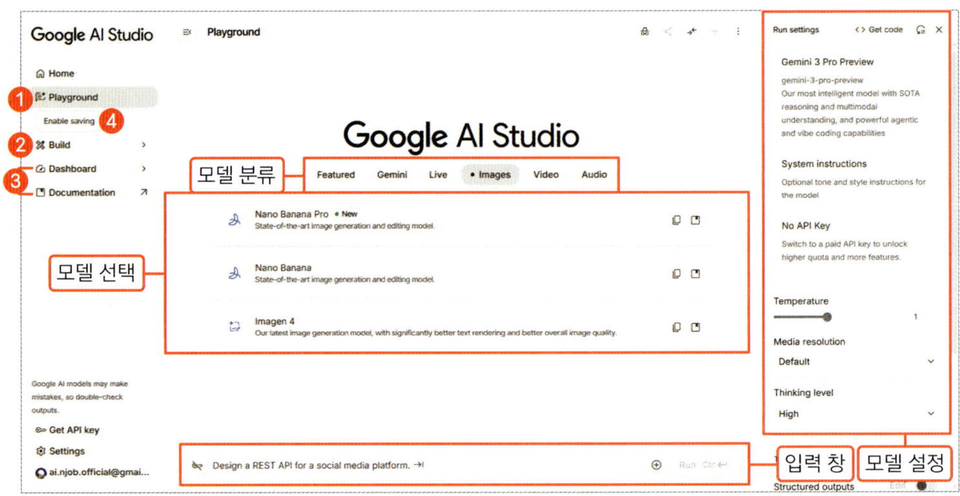


❶ **[Playground]**: 제미나이처럼 채팅으로 여러 가지 작업을 할 수 있는 것은 물론이고, 모델과 옵션을 실험해 볼 수도 있습니다.

❷ **[Build]**: 개발 관련 지식을 몰라도 채팅만으로 앱을 만들 수 있습니다. 07-2절에서 앱을 만들며 자세히 배웁니다.

❸ **[Dashboard] / [Documentation]**: 구글의 AI 모델을 이용해 개발하는 경우 사용하는 메뉴입니다.

❹ **[Enable saving]**: 구글 드라이브를 연동해서 작업 내용을 저장합니다. 최신 대화 목록을 확인할 수 있습니다. 구글 드라이브를 연결한 경우에는 나타나지 않습니다.

구글 AI 스튜디오에서 콘텐츠를 만들 때 주로 사용하는 메뉴는 [Playground]입니다. [Playground]에서는 기본 대화도 나눌 수 있지만 이미지와 오디오, 동영상까지 무료로 만들 수 있는데요. 이어서 [Playground] 메뉴에 접속해 다양한 콘텐츠를 생성해 보겠습니다.

✦ 채팅 내용을 저장하려면 [Enable saving]을 활성화해야 합니다. 이 과정은 256쪽에서 자세히 다룹니다.

## 다양한 버전의 제미나이 이용해 보기

구글 AI 스튜디오에 접속하면 바로 보이는 [Playground] 메뉴에서는 제미나이에서처럼 채팅으로 결과물을 만들 수 있습니다. 이때 프롬프트로 드라이브나 PC에서 파일을 불러올 수도 있고, 목소리를 녹음하거나 사진을 촬영해 올릴 수도 있죠. 참고용으로 제시할 샘플 미디어도 참조할 수 있습니다. 일부 모델은 API 키를 발급받아야 사용할 수 있는데, 입력 창 왼쪽에 있는 열쇠 모양 아이콘을 클릭하면 해당 API 키를 제공받을 수 있습니다.

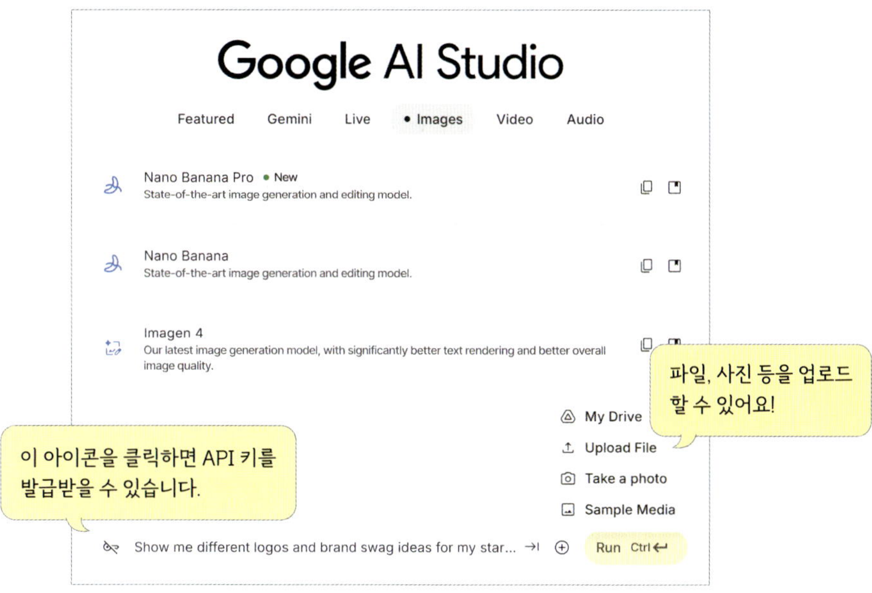



[Chat] 메뉴를 클릭하면 보이는 구글 AI 스튜디오 기본 화면

구글 AI 스튜디오 화면 오른쪽에 있는 사이드바에서 Run settings의 옵션을 조정할 수 있습니다.

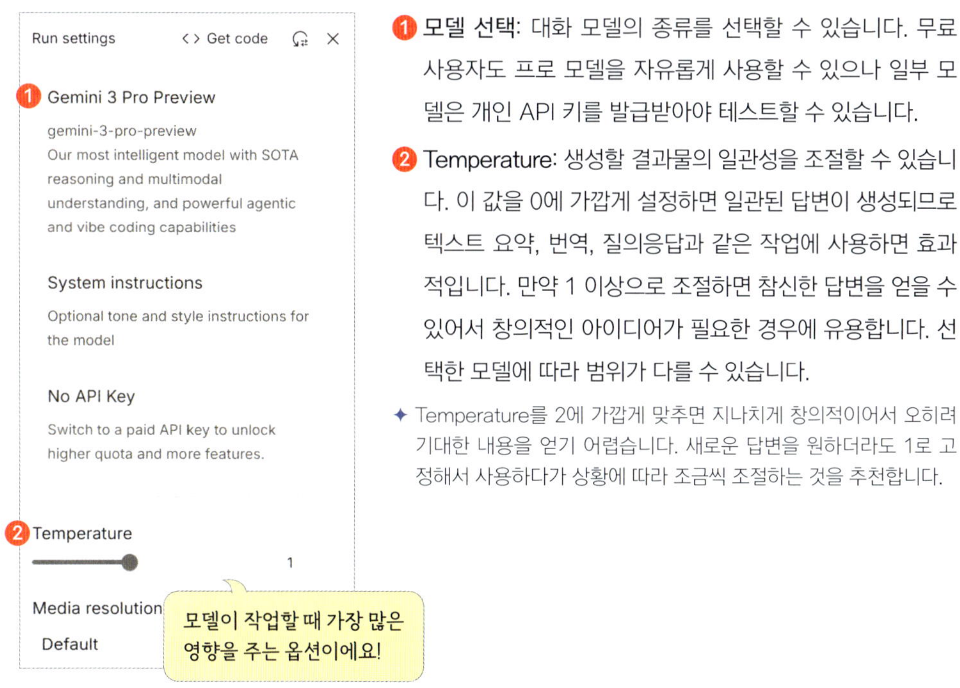



① **모델 선택**: 대화 모델의 종류를 선택할 수 있습니다. 무료 사용자도 프로 모델을 자유롭게 사용할 수 있으나 일부 모델은 개인 API 키를 발급받아야 테스트할 수 있습니다.

② **Temperature**: 생성할 결과물의 일관성을 조절할 수 있습니다. 이 값을 0에 가깝게 설정하면 일관된 답변이 생성되므로 텍스트 요약, 번역, 질의응답과 같은 작업에 사용하면 효과적입니다. 만약 1 이상으로 조절하면 참신한 답변을 얻을 수 있어서 창의적인 아이디어가 필요한 경우에 유용합니다. 선택한 모델에 따라 범위가 다를 수 있습니다.

✦ Temperature를 2에 가깝게 맞추면 지나치게 창의적이어서 오히려 기대한 내용을 얻기 어렵습니다. 새로운 답변을 원하더라도 1로 고정해서 사용하다가 상황에 따라 조금씩 조절하는 것을 추천합니다.

[Playground → Live → Gemini 2.5 Flash Native Audio Preview 09-2025]를 선택하
면 스마트폰의 제미나이 앱에서 사용했던 라이브 모드처럼 음성으로 대화를 나눌 수 있
습니다. 카메라로 장면을 공유하거나 PC 화면을 공유할 수도 있어 주변 사물을 비추거
나 PC에서 발생한 문제를 바로 보여 주면서 도움을 받을 수 있습니다.

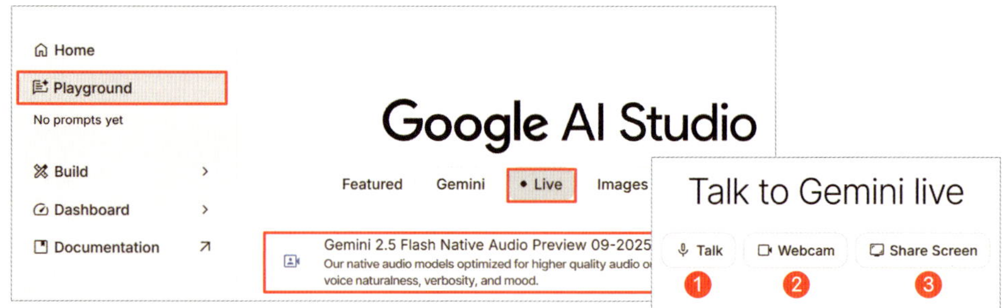

① [Talk]: 사용하는 기기의 마이크를 통해 제미나이와 음성으로 대화하는 기능입니다.

② [Webcam]: 대화 모델에게 보여 주고 싶은 곳을 카메라로 촬영해 공유하며 대화하는 기능입니다.
PC에 카메라가 연결되지 않은 경우에는 나타나지 않습니다.

③ [Share Screen]: 사용하는 기기의 화면을 공유하며 대화하는 기능입니다.


[웹캠(Webcam)]과 [셰어 스크린(Share Screen)]은 스마트폰에서 사용하는 방법과 동일
하므로 06장을 참고하면 됩니다. 3가지 옵션 가운데 [토크(Talk)]를 클릭해 보겠습니
다. 그럼 마이크가 활성화되면서 화면 하단에 음성 입력 창이 나타나는데, 편하게 말
로 질문하면 됩니다.

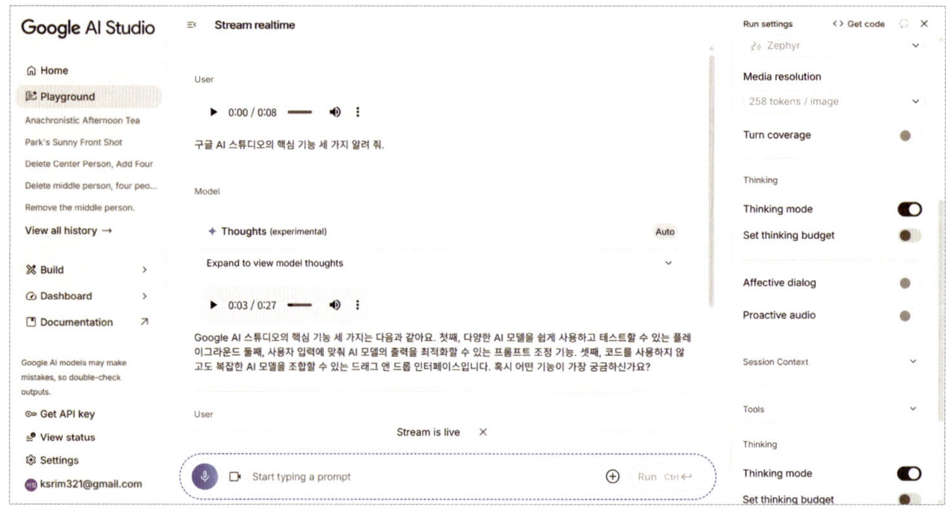

구글 AI 스튜디오의 핵심 기능 3가지를 알려 달라고 말하니 음성이 텍스트로 인식되고, 모델 역시 음성으로 대답해 주는 것을 확인할 수 있습니다. 이때 답변을 텍스트로도 보여 주고 오디오 플레이어도 추가되므로 만일 놓치더라도 확인하면서 대화를 이어 나가면 됩니다. 만약 질문이나 요청 사항을 텍스트로 작성하기 복잡하거나 길어진다면 이렇게 대화하듯이 토크 기능을 사용해 보세요.

## 이미지·오디오·동영상 무료로 만들기

구글 AI 스튜디오에서는 프롬프트를 입력하는 것만으로도 이미지, 오디오, 동영상을 무료로 만들 수 있습니다. 옵션도 설정할 수 있어서 입맛에 맞는 결과물을 생성하는 데 유용합니다.

이도 마찬가지로 [Playground] 메뉴에서 실행합니다. 모델 분류 항목 가운데 [Images]를 선택하면 이미지를, [Audio]를 선택하면 오디오를, [Video]를 선택하면 동영상을 만들 수 있습니다.

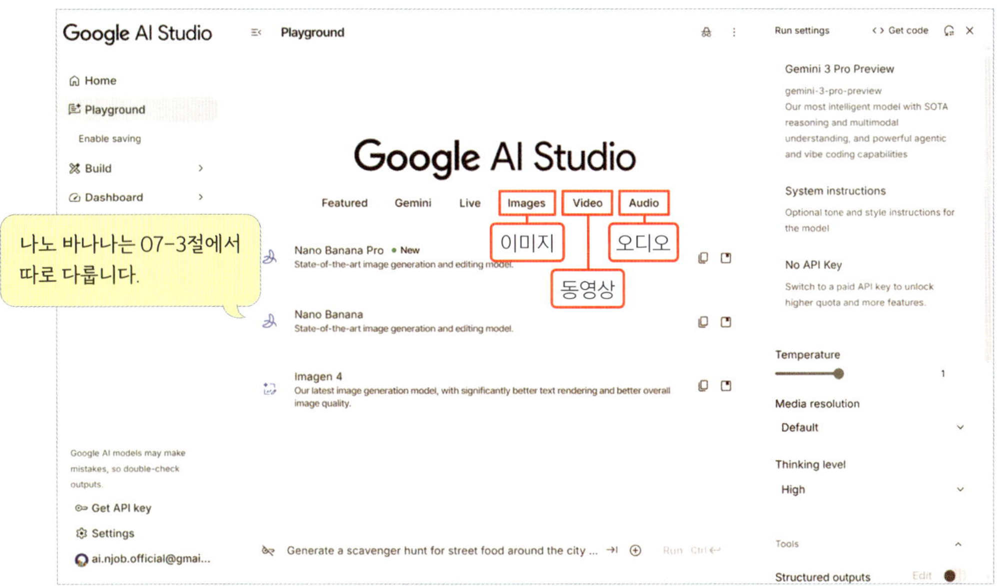


단, 이 기능은 무료로 사용하는 데 한도가 있으므로 무한정 사용하기는 어렵습니다. 또, 사용자가 많을 경우 지금은 사용할 수 없다는 메시지가 나타날 수도 있으니 참고하세요!

## 하면 된다! } 활용도가 높은 무료 이미지 만들기

[Imagen]을 이용하면 이미지를 묘사하는 텍스트를 입력해서 이미지를 생성할 수 있습니다. 07-3절에서 다룰 나노 바나나가 이미지를 생성하고 편집하는 데 매우 높은 성능을 보여 주지만, [Imagen] 역시 이미지를 우수한 수준으로 생성해 줍니다.

**01** ❶ 구글 AI 스튜디오 화면의 왼쪽 사이드바에서 [Playground]를 클릭하고 ❷ [Images]를 선택합니다. ❸ 여기서는 [Imagen 4]를 사용해서 이미지를 생성해 보겠습니다.

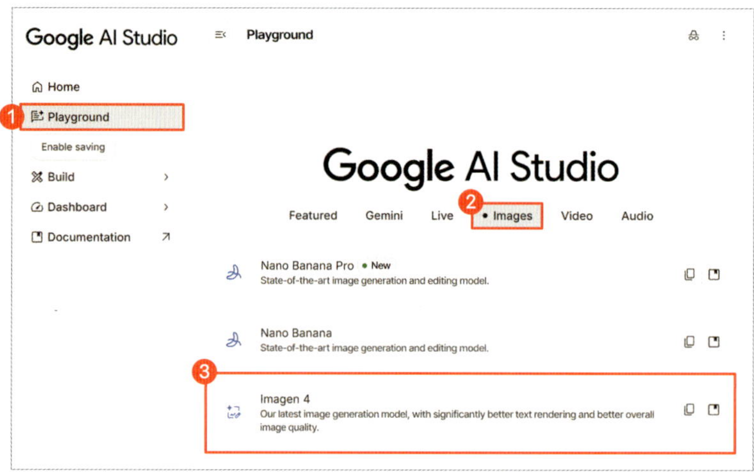

**02** 입력 창 하단에 예시 이미지가 나타나는데, 특정 이미지를 클릭하면 해당 이미지를 생성할 수 있는 프롬프트가 자동으로 입력됩니다. 두 번째 이미지를 선택해 보겠습니다.

✦ 이 책을 실습하는 시기에 따라 나타나는 이미지가 다를 수 있습니다.

03 ❶ 선택한 이미지를 만들 때 사용한 장문의 영어 프롬프트가 자동으로 나타납니다. ❷ 이미지를 생성할 모델을 선택하고 ❸ Number of results를 4로 설정해서 동일한 프롬프트로 4개의 이미지를 생성하도록 지정합니다. ❹ 화면 비율을 뜻하는 Aspect ratio를 [4:3]으로 변경하고 ❺ 이미지의 화질을 의미하는 Output resolution을 최대로 설정합니다. ❻ 마지막으로 [Run]을 클릭합니다.

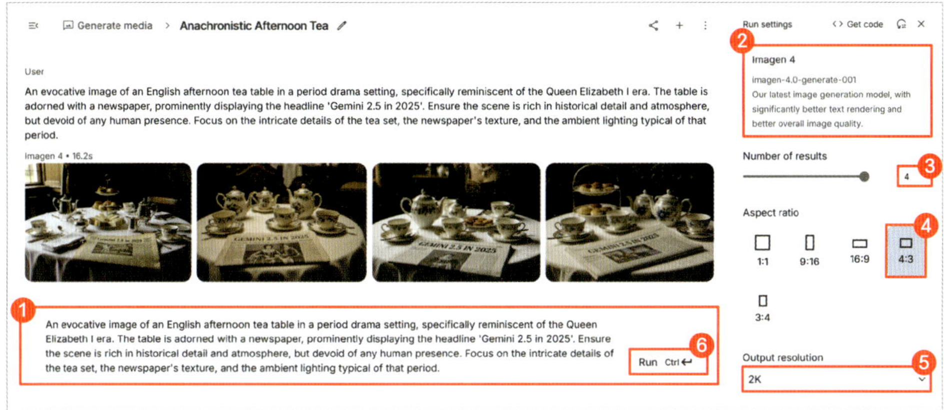

✦ 예시로 제공된 이미지의 프롬프트를 활용할 수도 있지만, 자신이 원하는 이미지의 내용을 직접 작성해서 생성할 수도 있습니다.

## 하면 된다! } 텍스트 대본으로 여러 명이 대화하는 음성 만들기

텍스트를 입력해서 해당 내용을 음성으로 만들어 보겠습니다. 오른쪽의 설정 화면에서 모델과 대화하는 인물의 수를 선택할 수도 있고, 등장인물별로 목소리를 다르게 설정할 수도 있습니다. 구글 AI 스튜디오를 소개하는 2명의 대화 음성을 만들어 보겠습니다.

01 ❶ 구글 AI 스튜디오 화면의 왼쪽 사이드바에서 [Playground]를 클릭하고 ❷ [Audio]를 선택합니다. ❸ 그런 다음 목록에서 [Gemini 2.5 Pro Preview TTS]를 선택합니다.

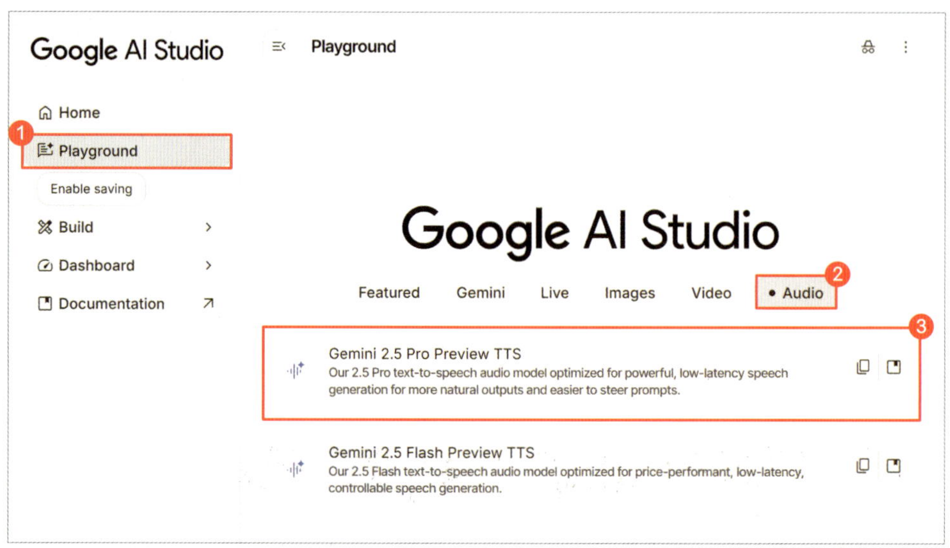

02 ❶ 화면 가운데에 있는 'Script builder - Style instructions'에 스피치 오디오의 스타일을 입력합니다. 여기서는 **활기찬 분위기와 차분한 목소리**라고 입력해 보겠습니다. ❷ 두 명이 대화를 하는 형식으로 만들려면 Mode에서 [Multi-speaker audio]를 선택합니다. ❸ 그리고 [+ Add dialog]를 클릭해 다음 내용을 입력해 나갑니다.

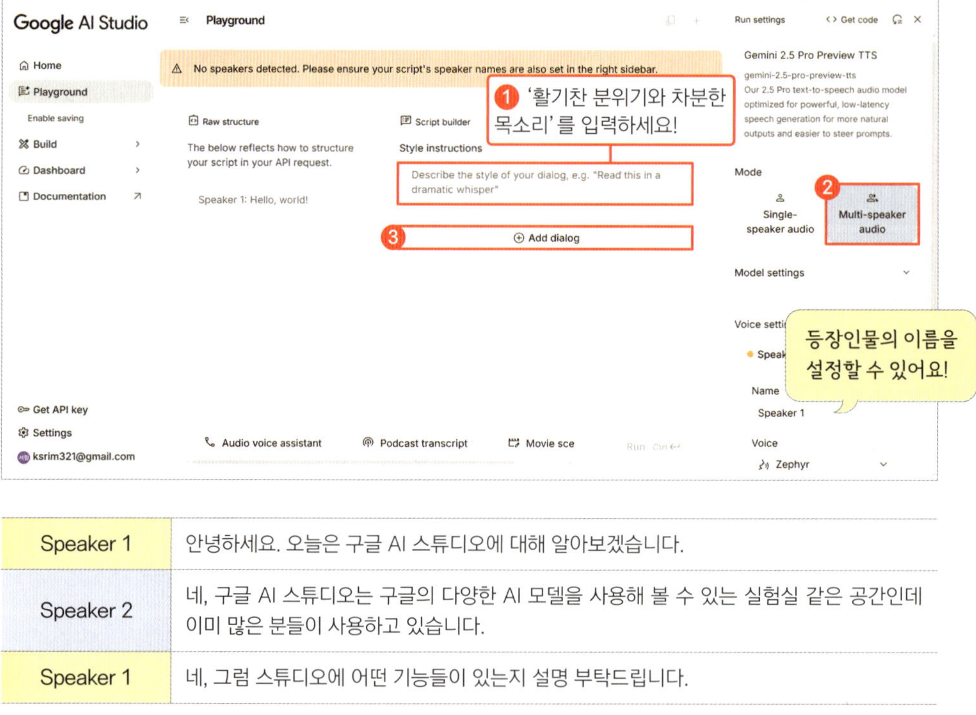


| Speaker 1 | 안녕하세요. 오늘은 구글 AI 스튜디오에 대해 알아보겠습니다. |
| --- | --- |
| Speaker 2 | 네, 구글 AI 스튜디오는 구글의 다양한 AI 모델을 사용해 볼 수 있는 실험실 같은 공간인데 이미 많은 분들이 사용하고 있습니다. |
| Speaker 1 | 네, 그럼 스튜디오에 어떤 기능들이 있는지 설명 부탁드립니다. |

**03** ❶ Raw structure 영역에 대화 내용이 프롬프트로 작성된 것을 확인하고 ❷ 화면 하단에서 [Run]을 클릭합니다. 그러면 대화 내용이 담긴 오디오 파일이 생성되는데 ❸ [⋮ → 다운로드]를 클릭하면 파일을 내려받을 수 있습니다.

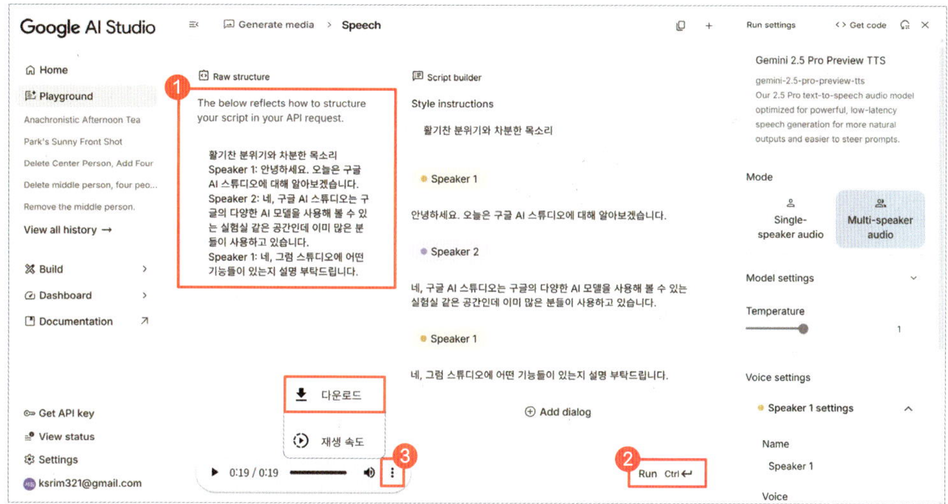

## 하면 된다! } 무료로 진짜 같은 영상 만들기

이번에는 텍스트나 이미지를 활용해서 비디오를 생성해 보겠습니다. 04-2절에서 만든 '바람막이를 입고 달리는 모델' 이미지를 달리는 영상으로 변환해 보겠습니다.

**01** ❶ 구글 AI 스튜디오 화면의 왼쪽 사이드바에서 [Playground]를 클릭하고 ❷ [Video]를 선택합니다. ❸ 이어서 생성 모델로 [Veo 2]를 선택합니다.

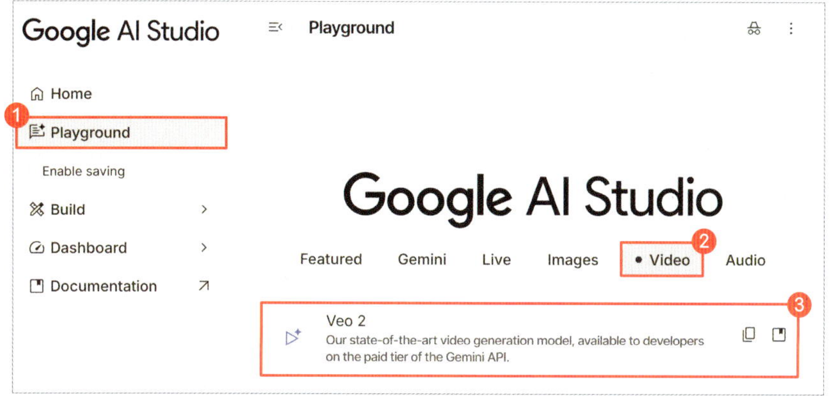

**02** ❶ 입력 창에서 [Add an image to the prompt 🖾]를 클릭해 모델 이미지를 불러옵니다. ❷ 모델들이 러닝하는 사진을 영상으로 만들어 달라고 프롬프트를 입력합니다. ❸ 옵션은 기본값 그대로 두고 [Run]을 클릭합니다.

**03** 어느 정도 시간이 지나면 영상이 생성됩니다. 사진 1장을 올렸는데도 영상 내에서 서로 마주 보는 모습이나 달리면서 팔의 방향이 바뀌는 모습을 확인할 수 있습니다.

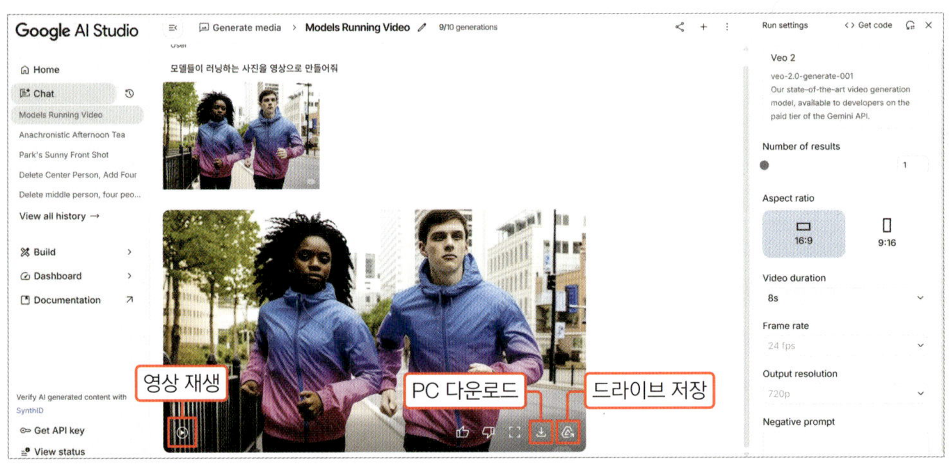

이미지나 오디오를 만들 때와 마찬가지로 구글 AI 스튜디오 화면의 오른쪽에 있는 설정 화면에서 생성 모델과 동영상 생성 개수 등 옵션을 지정할 수 있습니다. 또, 재생 시간, 영상 재생의 부드러움을 설정할 수 있는 초당 프레임 개수(FPS), 화질 등도 설정할 수 있습니다.

같은 방식으로 찌개 사진을 찍어 올려서 음식이 팔팔 끓는 영상으로 만들 수도 있고, 향수 등 제품 이미지를 다양한 각도에서 촬영한 광고 영상으로 완성할 수도 있습니다. 만들고 싶은 영상의 내용을 프롬프트로 잘 설명하면 구글 AI 스튜디오의 비오(Veo)가 완성도 높게 생성해 줍니다. 제미나이에서는 유료로 구독해야 영상을 생성할 수 있으므로, 무료로 영상을 만들고 싶을 때 구글 AI 스튜디오를 이용하면 됩니다.

## 개발자 부럽지 않은 앱 만들기

구글 AI 스튜디오에서는 개발 언어를 몰라도 앱을 만들 수 있습니다. 여기서 앱이란 특정 작업이나 목적을 수행하기 위해 개발된 결과물이라고 생각하면 됩니다. 예를 들어 계산기는 숫자와 원하는 계산 방법이 입력되면 사용자의 요청에 따라 계산 작업을 수행하는 앱이라고 볼 수 있습니다.

구글 AI 스튜디오의 왼쪽 사이드바에서 [Build]를 클릭하면 다음 화면이 나타납니다. 화면 상단에는 원하는 앱을 설명하는 프롬프트 입력 창이 있고, 그 아래로 다양한 샘플 앱이 나타납니다. 샘플 앱을 선택하면 해당 앱을 만들 수 있는 코드를 채팅에 불러온 뒤 프롬프트를 수정해서 사용할 수도 있습니다.

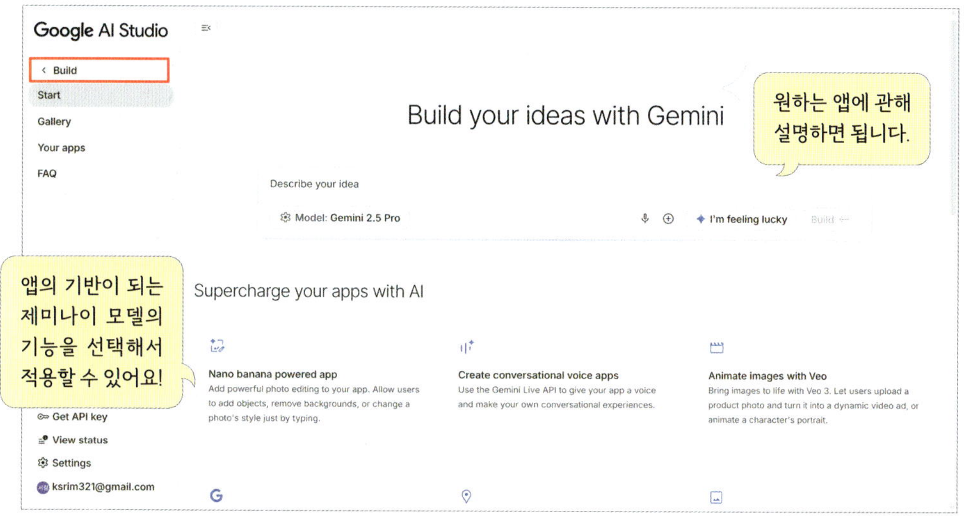


구글 AI 스튜디오에서 [Build]를 선택한 화면

## 하면 된다! } 헤어스타일 시뮬레이터 앱 만들기

어떤 주제의 앱이든 응용할 수 있도록 샘플 앱을 사용하지 않고 앱을 직접 만들어 보겠습니다. 여기서는 헤어스타일을 시뮬레이션해 볼 수 있는 앱을 만듭니다.

01 ❶ 프롬프트 입력 창에 이미지를 올리면 화면 왼쪽에 나타나고, 하단에는 머리 기장과 색상, 스타일을 선택하는 기능이 있고, 오른쪽에는 선택한 머리 모양을 적용한 이미지를 제공하는 앱을 만들어 줘라고 작성한 뒤 ❷ [Build]를 클릭합니다.

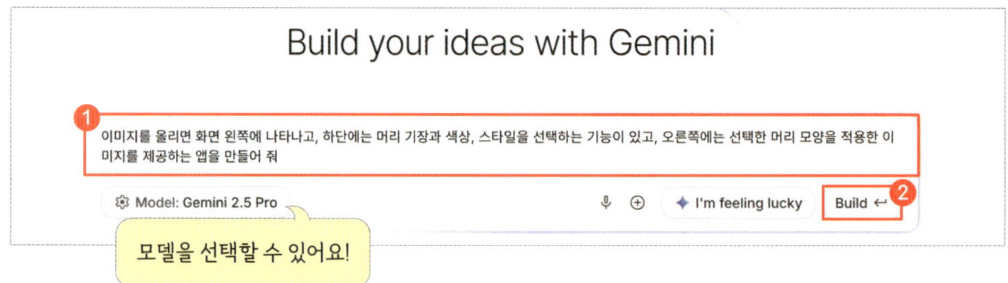


02 'AI 헤어스타일 체인저' 앱이 생성되면서 구글 AI 스튜디오 화면이 크게 작업 창과 미리보기 창으로 분할됩니다. 놀랍게도 세부적으로 요청하지 않았는데도 알아서 개발 구조를 만들고 각 영역마다 필요한 코드를 작성해 줍니다.

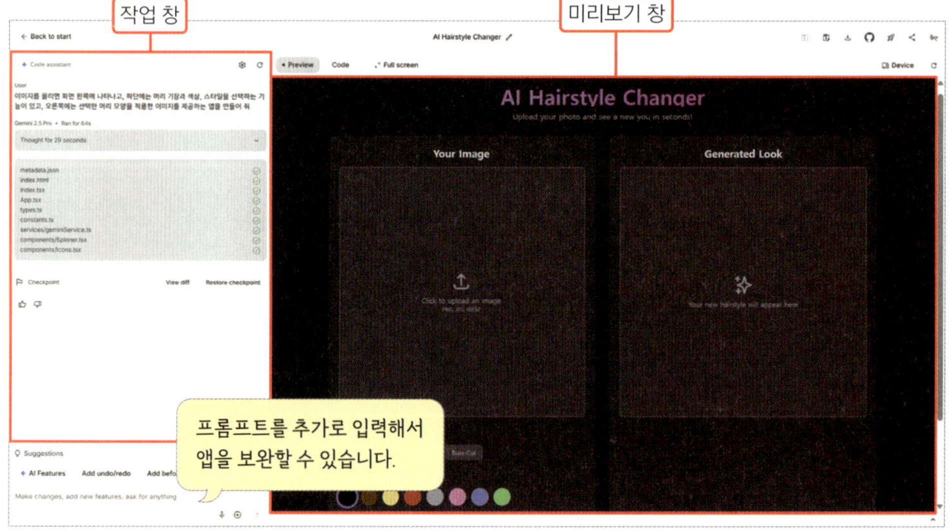


✦ 미리보기 창의 상단에서 [Full screen]을 클릭하면 전체 화면으로 전환할 수 있습니다.

**03** 앱이 제대로 작동하는지 확인해 보겠습니다. ❶ [Your Image]에 사진을 업로드하고 ❷ 기장과 색상, 스타일을 선택한 후 ❸ [Apply New Hairstyle]을 클릭합니다.

✦ 같은 프롬프트를 입력해도 결과물에 차이가 있으므로 화면이 다르게 나타날 수 있습니다.

앱 화면의 색상이나 선택 옵션 등은 채팅 창에서 프롬프트를 추가로 입력하거나 수정해서 보완할 수 있습니다. 프롬프트를 어떻게 입력하느냐에 따라 한 장의 제품 이미지를 다양한 콘셉트의 이미지로 생성하는 앱을 만들 수도 있고, 이미지를 일러스트로 바꿔 주는 앱으로도 만들 수 있습니다.

만약 구글 AI 스튜디오로 만든 앱이 전체적으로 마음에 들지 않을 때에는 하나하나 수정하기보다 아예 다시 생성하는 게 편리합니다. 기존의 프롬프트를 활용해서 재요청하거나 프롬프트를 처음부터 다시 작성해서 시작해도 좋으니 여러 번 시도해 보길 바랍니다.

## 04 앱 공유하기

❶ 작업 화면 오른쪽 상단에서 [Share app ⌣]을 클릭한 후 ❷ [Publish your app]을 활성화합니다. ❸ [Copy]를 클릭하면 앱으로 연결되는 URL을 복사해서 다른 사람에게 전달할 수 있습니다.

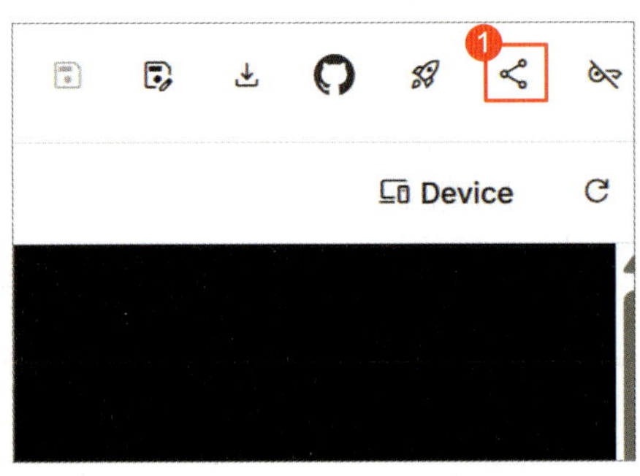
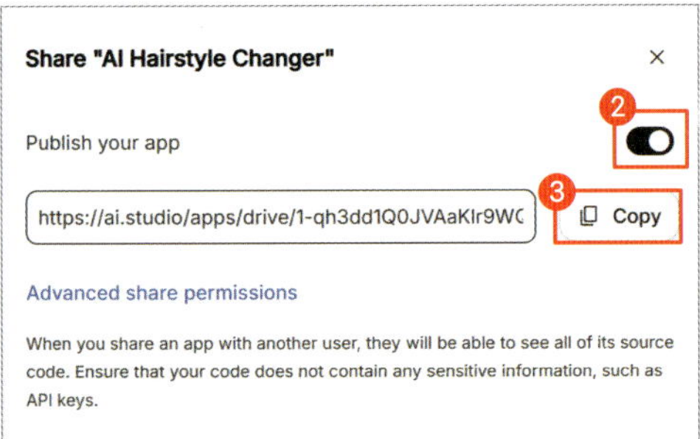

아이디어만 있으면 누구나 쉽게 앱을 만들고 공유할 수 있습니다. 머릿속으로 구상한 기능을 프롬프트로 설명하기 어렵다면 제미나이에게 기능을 설명하고 그 내용을 앱을 만들 수 있는 프롬프트로 만들어 달라고 요청하면 됩니다.

## 지난 대화 목록 보기

구글 AI 스튜디오에서 작업한 내용을 구글 드라이브에 저장하고 싶을 때 [Enable saving] 기능을 사용합니다. ❶ 이 메뉴를 최초로 클릭하면 연결할 계정을 선택하는 창이 나타나는데, ❷ 현재 로그인된 계정을 선택하면 자동으로 해당 계정의 구글 드라이브와 연동됩니다.

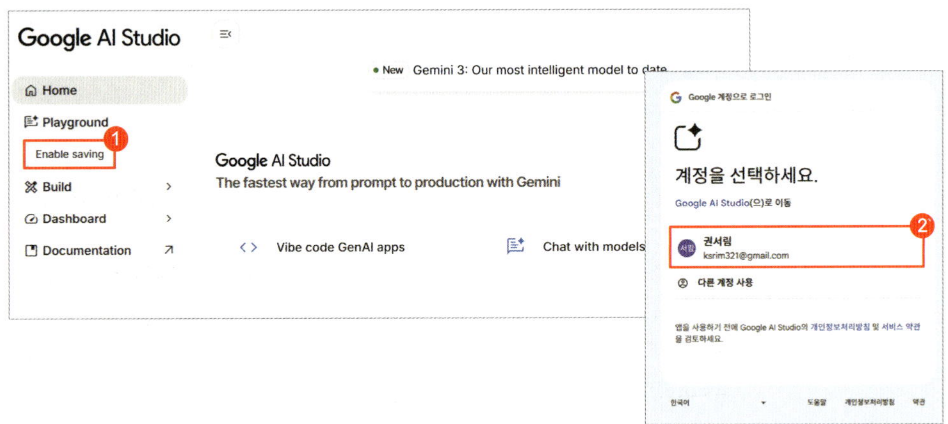

계정이 연결되면서 [View all history]로 전환되며 클릭하면 결과물을 모두 확인할 수 있습니다. 결과물 목록 화면 오른쪽 상단에서 [Open in drive]를 클릭해 구글 드라이브로 이동합니다. 구글 드라이브의 [Google AI Studio] 폴더에서 자동으로 저장된 결과물을 확인하고 내려받을 수 있습니다.

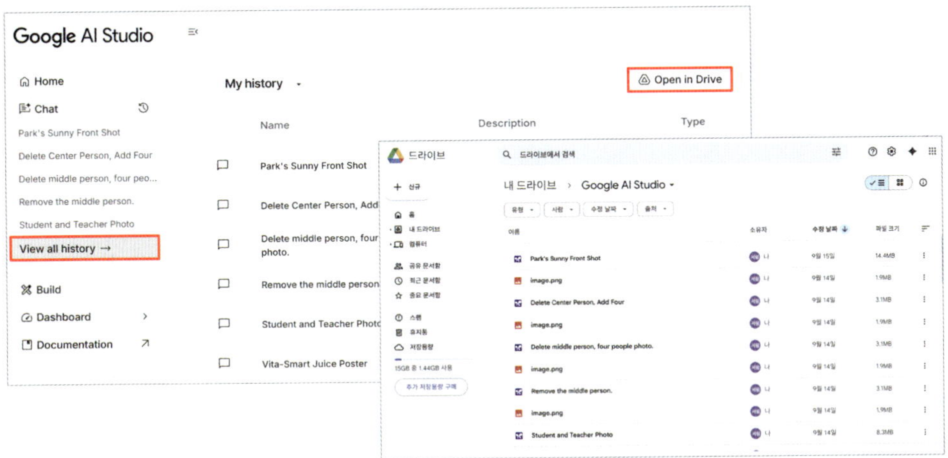

제미나이가 업무와 일상에 필요한 작업을 요청하는 작업실이라면, 구글 AI 스튜디오는 AI를 활용해서 다양한 작업을 해볼 수 있는 실험실이라고 할 수 있습니다. 상상력과 실행력만 갖추면 구글이 제공하는 예시와 모델을 활용해서 좋은 결과물을 창작할 수 있습니다.

> ✨ **1분 완성 퀴즈** | 구글 AI 스튜디오는 최신 모델을 체험할 수 있는 무료 실험실!
>
> ❶ 구글 AI 스튜디오에서는 ( 유료로 / 무료로 ) 이미지를 만들 수 있을 뿐만 아니라 다른 사용자나 구글이 만든 이미지의 프롬프트까지 확인할 수 있다.
>
> ❷ 제미나이에서 유료로 사용할 수 있는 동영상 제작 기능을 무료로 ( 무한정 / 일정량 ) 체험할 수 있다. 이때 동영상을 생성하는 모델로는 ( Veo / View ) 를 사용한다.
>
> ❸ 개발 언어를 몰라도 채팅하는 것만으로 앱을 구현하고 공유할 수 있다. 구글 AI 스튜디오의 [( Build / Dashboard )] 메뉴의 목적은 아이디어의 초안을 빠르게 공유하는 데 있다.
>
> 정답 ① 무료로, ② 일정량, Veo ③ Build

# 이미지 생성부터 합성까지!
# 일관성을 유지하는 나노 바나나

구글의 새로운 이미지 생성 모델 나노 바나나(Nano Banana)가 등장하면서 이제 누구나 고품질 이미지를 생성하고, 원하는 형태로 수정하고 합성할 수 있습니다. 나노 바나나의 특장점은 이미지를 수정하는 프롬프트를 입력했을 때 기존 이미지와 일관성을 유지하면서 새로운 이미지를 생성한다는 점입니다. 다른 이미지 생성 모델보다 훨씬 더 안정적이고 실제로 있는 듯한 이미지를 생성해 주므로 활용도가 매우 높습니다.

구글 AI 스튜디오에서 나노 바나나를 활용해 이미지를 생성한 모습

## 하면 된다! } 나노 바나나로 인물 복장 바꾸기

구글 AI 스튜디오에서 나노 바나나를 사용해 보겠습니다. 원본 이미지를 첨부하고 야구 선수 복장을 입혀 달라고 요청해 보겠습니다.

**01** ❶ 구글 AI 스튜디오 화면의 왼쪽 사이드바에서 [Playground]를 클릭한 뒤 ❷ [Images]를 선택하고 ❸ [Nano Banana]를 누릅니다.

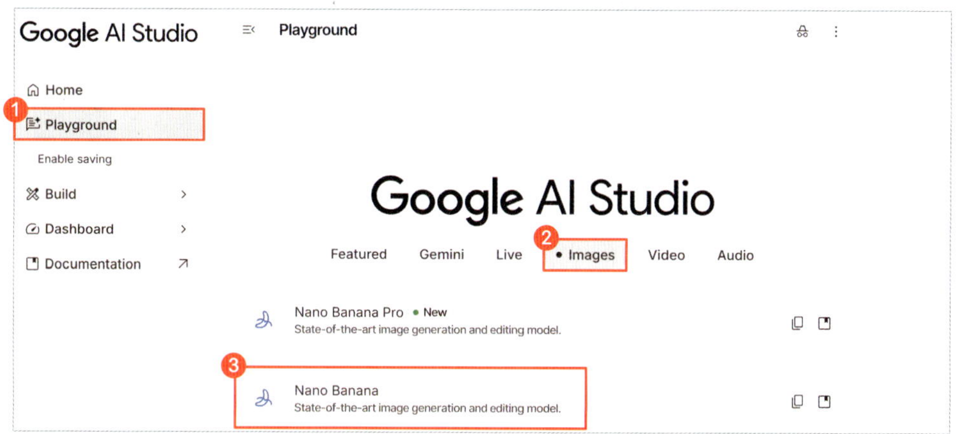

**02** ❶ 입력 창에서 [⊕ → Upload File]을 눌러 야구 선수 복장을 합성할 원본 사진을 첨부하고 ❷ 의상을 야구 선수 복장과 모자로 수정해 줘라고 입력한 뒤 ❸ [Run]을 클릭합니다.

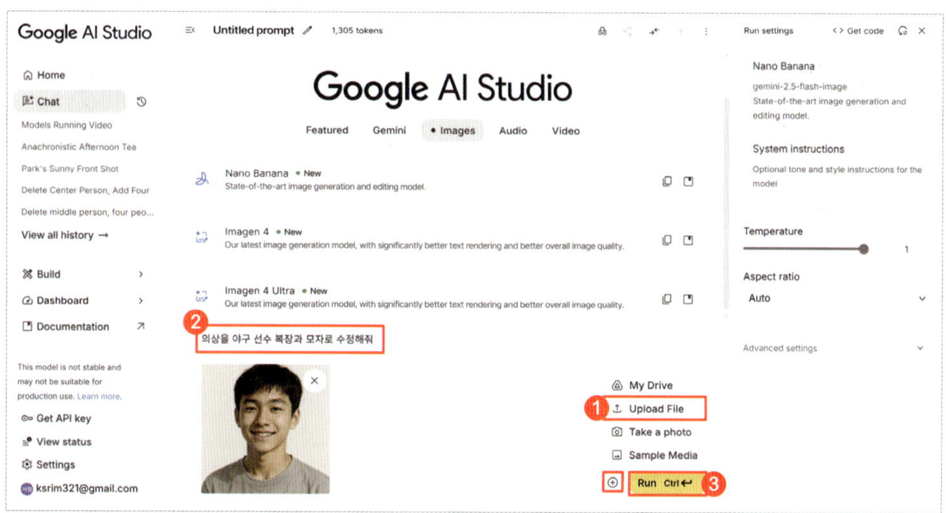

**03** 조금 기다리면 얼굴은 유지된 채 복장만 변경된 이미지가 생성됩니다. 추가로 **모자를 벗겨 줘**, **정장 차림에 안경을 낀 증명사진으로 수정해 줘**라고 요청하니 잘 반영되어 나타납니다. 이렇게 인물의 복장이나 액세서리를 추가하거나 제거할 수도 있습니다.

| 원본 이미지 | 의상을 야구 선수 복장과 모자로 수정해 줘 | 모자 벗겨 줘 | 정장 차림에 안경을 낀 증명사진으로 수정해 줘 |
| --- | --- | --- | --- |

이처럼 나노 바나나는 이미지 편집에서 매우 좋은 성능을 보여 줍니다. 이어서 이미지에 다양하게 변주를 주는 예시를 살펴보겠습니다.

## 일관성을 유지한 채 요소만 바꾸는 방법

요소의 외관은 유지한 채로 표정과 헤어스타일, 연령대 등을 하나하나 바꿔 보겠습니다. 마치 필터를 씌운 듯 날씨와 계절감을 적용하거나 특수 효과를 입힐 수도 있습니다.

### 표정 바꾸기

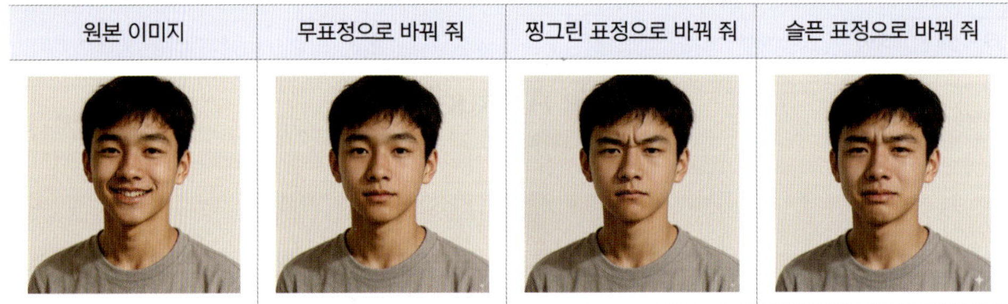

| 원본 이미지 | 무표정으로 바꿔 줘 | 찡그린 표정으로 바꿔 줘 | 슬픈 표정으로 바꿔 줘 |
| --- | --- | --- | --- |

## 헤어스타일·메이크업·연령대 바꾸기

## 제품 착용하기

## 포즈 바꾸기

참고하고 싶은 포즈가 있다면 직접 스케치하거나 비슷한 포즈를 한 이미지를 함께 첨부합니다.

## 요소 지우기/바꾸기

| 원본 이미지 | 왼쪽에 있는 사람을 지워 줘 | 배경을 런던 시계탑으로 수정해 줘 | [가운데 있는 사람]만 독사진으로 수정해 줘 |
| --- | --- | --- | --- |

## 상황·환경 바꾸기

| 원본 이미지 | 주방을 배경으로 멋있는 광고 이미지 만들어 줘 | [가족 이미지 추가] 가족이 주스를 마시고 있는 이미지 만들어 줘 | 광고 포스터 만들어 줘 |
| --- | --- | --- | --- |

## 각도 바꾸기

특정 이미지를 다양한 각도에서 본 것처럼 수정하면 기존 이미지에서 보이지 않던 부분도 실제로 있는 것처럼 섬세하게 표현해 줍니다.

| 원본 이미지 | 뒤에서 본 이미지 만들어 줘 | 옆에서 본 이미지 만들어 줘 | 위에서 본 이미지 만들어 줘 |
| --- | --- | --- | --- |

## 날씨·시간대·계절감 바꾸기

같은 장면도 날씨, 시간대, 계절만 바꾸면 분위기가 완전히 달라집니다. 다음은 원본
이미지의 특성을 그대로 유지한 채 요청 사항만 반영된 이미지입니다.

| 원본 이미지 | 비가 오는 이미지로 수정해 줘 | 새벽 이미지로 수정해 줘 | 크리스마스 시즌 이미지로 수정해 줘 |
| --- | --- | --- | --- |

## 효과 적용하기

나노 바나나는 영화에 보이는 컴퓨터 그래픽 효과도 쉽게 입혀 줍니다. 놀이 공원의 특
징과 구조를 그대로 유지한 채 요청한 효과만 반영된 결과물을 확인할 수 있습니다.

| 원본 이미지 | 야간 불꽃놀이 이미지로 수정해 줘 | 폐허 느낌의 이미지로 수정해 줘 | 물에 잠긴 이미지로 수정해 줘 |
| --- | --- | --- | --- |

# 스케치 초안으로 완성도 높은 이미지 만들기

나노 바나나는 스케치 초안도 전문적이고 고급스러운 이미지로 만들어 줍니다. 업로
드한 스케치의 구도와 특징을 그대로 유지한 채 프롬프트로 요청한 효과만 추가로 반
영된 결과물을 확인할 수 있습니다.

| 원본 이미지 | 스케치를 고급 아파트 조감도로 만들어 줘 |
| --- | --- |
| 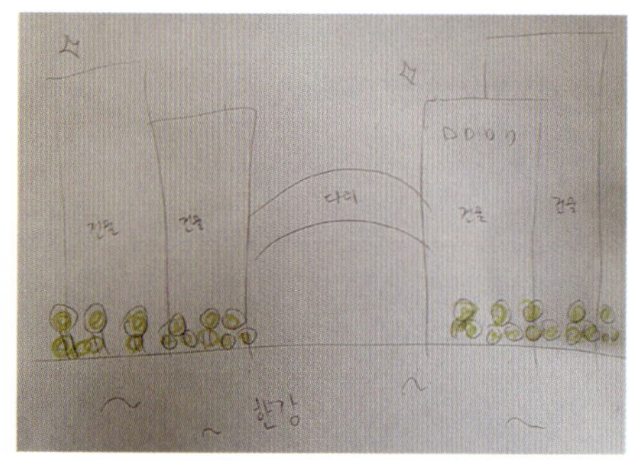 |  |

나노 바나나의 압도적인 이미지 생성 기능과 사용자의 아이디어, 다양한 참고 시안을 합치면 완성도 높은 이미지를 무궁무진하게 생성해 낼 수 있습니다. 이제 이미지 편집 프로그램을 따로 배우지 않아도 텍스트만으로 이미지 요소를 수정할 수 있습니다. 이렇게 이미지를 만든 다음 구글 AI 스튜디오의 [Veo]로 영상을 만들어도 좋습니다.

> **🪄 1분 완성 퀴즈 | 나노 바나나로 일관된 이미지 만들기**
>
> ❶ ( 나노 / 메타 ) 바나나로 생성한 이미지는 수정을 반복해도 요소의 기본 형태를 유지한다.
> ❷ 인물의 표정이나 포즈, ( 성격 / 배경 ) 을 바꿀 수 있는 건 물론 계절감이나 특수 효과도 적용할 수 있다.
> ❸ 구도와 특징을 스케치한 이미지를 올려 이미지를 생성해 달라고 요청하면 그럴싸한 이미지를 만들어 준다.
>
> 정답 ① 나노 ② 배경 ③ 생성

# 구글 AI 스튜디오로 교육용 자료 만들기

초등학교 교사가 되었다고 가정하고 구글 AI 스튜디오로 초등 수학 교육 콘텐츠를 생성해 봅니다.

## 미션 1  수준별 수학 문장제 문제 만들기

학생 수준(기초/보통/심화)에 따라 난이도가 다른 문장제 문제를 생성해 보세요. 문제의 형식은 객관식 2문제, 주관식 2문제, 서술형 1문제로 지시합니다.

## 미션 2  수학 개념을 설명하는 짧은 영상 만들기

구글 AI 스튜디오의 [Video] 기능을 활용하여 '도형의 대칭' 개념을 보여 주는 간단한 영상을 만들어 보세요.

**힌트** 영상의 색감과 분위기 등을 함께 요청하면 예상하는 방향에 가까운 결과물을 만들 수 있습니다.

## 미션 3  간단한 구구단 퀴즈 앱 만들기

[Build] 기능을 이용하여 객관식 문제 5개로 구성된 구구단 퀴즈 앱을 만들어 보세요. 정답을 맞히면 '참 잘했어요!'라는 메시지가 나타나도록 설계합니다.

**힌트** 역할과 목표, 세부 조건을 자세히 알려 줘야 원하는 결과물을 정확하게 만들 수 있습니다.

✦ 답안 예시는 272쪽에서 확인할 수 있습니다.

장 끝에 있는 〈AI 활용 능력 점검〉의 답안 예시를 제공해 드립니다. 이 예시는 절대적인 정답이 아니며 사용자에 맞춰 다양하게 응용해 볼 수 있습니다.

## AI 활용 능력 점검 01                                                          51쪽

### 미션 1 │ 나만의 맞춤 여행 계획하기

> 예 2박 3일 일정으로 제주도로 가족 여행을 가려고 해. 여행 계획을 세워 줘.

### 미션 2 │ 오늘 뭐 먹지? 맞춤 메뉴 추천받기

> 예 오늘 저녁 메뉴 추천해 줘. 집에 김치랑 돼지고기가 있어. 만드는 방법까지 단계별로 알려 줘.

### 미션 3 │ 영화 주인공과 가상 인터뷰하기

어떤 영화의 어떤 캐릭터인지 명확하게 지정하는 것이 중요합니다. 첫 질문으로 "자기소개를 부탁해"를 보내면 흐름이 자연스럽습니다.

> 예 지금부터 너는 영화 '겨울왕국'의 엘사야. 내가 너를 인터뷰할게. 준비 됐니?

## AI 활용 능력 점검 02                                                          89쪽

### 미션 1 │ 인포그래픽으로 발표 자료 만들기

입력 창에서 [Canvas]를 활성화하고 다음 프롬프트를 입력합니다.

> 예 인공지능(AI)이 작동하는 핵심 원리에 관해 이제 막 AI를 배우기 시작한 고등학생도 이해할 수 있도록 쉬운 비유를 들어서 설명해 줘. '머신러닝'과 '딥러닝'의 차이점을 반드시 포함해서.

캔버스 화면이 활성화되면 [만들기 → 인포그래픽]을 선택합니다.

## 미션 2 │ 발표 대본 작성하기

예 너는 IT 기술을 일반인에게 쉽게 설명하는 전문 강사야. 내가 만든 인포그래픽 내용을 바탕으로 발표 대본을 작성하려고 해. 아래 조건에 맞춰서 완벽한 대본을 만들어 줘.

#조건
1. 발표 대상: AI를 처음 접하는 동료 선생님들
2. 발표 시간: 약 3분 분량
3. 발표 목적: AI의 기본 원리, 특히 '머신러닝'과 '딥러닝'의 차이점을 쉽게 이해시키기
4. 작성 스타일: 딱딱한 설명문이 아닌, 친근하고 부드러운 대화체로 작성
5. 필수 포함 내용: '머신러닝'과 '딥러닝'을 설명할 때, 일상생활과 관련된 재미있는 비유를 반드시 하나 이상 포함할 것

#인포그래픽 내용
(미션 1에서 최종적으로 완성한 인포그래픽을 캡처해서 붙여 넣으세요.)

### 미션 1 | SWOT 분석하기

> (예) 아래에 제공한 우리 서비스의 기본 정보, 강점, 약점을 분석하고 관련된 외부 환경을 조사해서 SWOT 분석 전략을 도출해 줘.

서비스 정보
- 서비스명: 워크매니저 AI
- 서비스 내용: AI 기반 자동 회의록 요약 및 업무 관리 서비스
- 주요 특징: 실시간 회의록 자동 요약 및 핵심 액션 아이템 추출, 업무 연관성 기반 자동 배정 및 스케줄링, 진행 상황 모니터링 및 선제적 리스크 알림
- 서비스 대상: 일반 직장인과 팀 리더

강점 (Strengths)
- 업무 배정과 스케줄링까지 연결하여 실행력을 극대화함
- 반복 작업을 대폭 자동화하여 시간 절약 및 효율성 면에서 유리함
- 업무 진행 상황을 모니터링하고 선제적으로 위험을 감지해서 알려 줌

약점 (Weaknesses)
- 회의 내용이 복잡한 경우 정확도가 떨어질 수 있음
- 데이터 보안 및 개인 정보 보호 체계를 구축하는 데 많은 투자가 필요함
- 기존 시스템과의 통합이 복잡하고 비용이 많이 들 수 있음

### 미션 2 | 제품 기획 보고서 작성하기

입력 창에서 [Deep Research]를 활성화하고 다음 프롬프트를 입력합니다.

> (예) AI 기반 업무 비서 서비스에 대한 현황, 전망 등을 담은 '시장 동향 보고서'를 작성해 줘. 기관, 기업, 연구소 등의 공식적인 문서만 활용해서 작성해 줘.

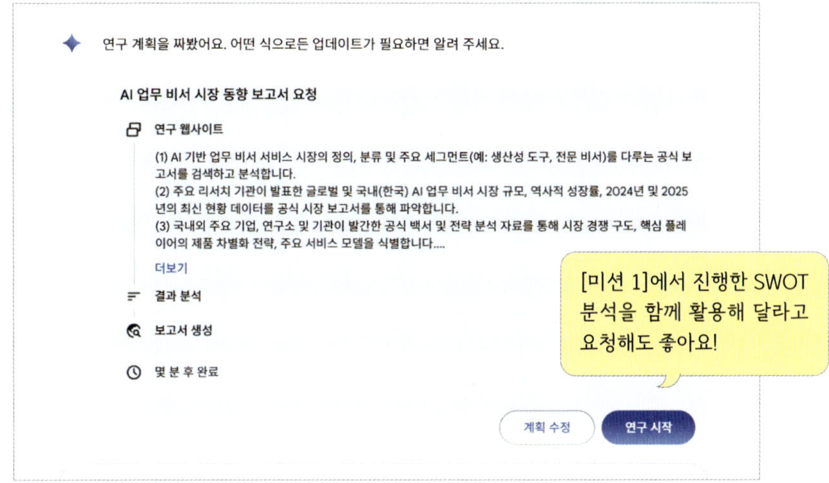


## 미션 3   제품을 세상에 알리는 보도자료 초안 작성하기

🟢 아래 내용으로 우리 회사 'AI 기반 업무 비서 서비스'의 보도자료를 작성해 줘.

- 회사명: 이지스테크
- 서비스명: 워크매니저 AI
- 서비스 내용: AI 기반 자동 회의록 요약 및 업무 관리 서비스
- 주요 특징: 실시간 회의록 자동 요약 및 핵심 액션 아이템 추출, 업무 연관성 기반 자동 배정 및 스케줄링, 진행 상황 모니터링 및 선제적 리스크 알림
- 서비스 대상: 일반 직장인과 팀 리더
- 서비스 시작 시기: 2026년 5월
- (선택) 관계자 한마디: 직접 작성해 줘.

# AI 활용 능력 점검 04 168쪽

## 미션 1   크리스마스/신년에 어울리는 블로그 주제 찾기

🟢 구글 트렌드 정보를 활용해서 네이버 블로그 유입을 늘릴 수 있는 크리스마스 포스팅 주제를 발굴해 줘.

 크리스마스 선물을 추천해 주는 블로그 글을 작성해 줘.

---

**블** **블로그 글 작성 도우미** · 사용자설정 Gem

크리스마스 선물 추천에 대한 블로그 글 작성을 요청하셨군요! 네이버 블로그 독자들의 **관심을 사로잡고 검색 엔진에 잘 노출**될 수 있도록 매력적인 제목과 **실용적인 내용**으로 재구성해 드릴게요.

**블로그 글의 목적**을 **'정보 제공 및 추천'**으로 설정하고, 독자들이 선물을 고르는 데 **실질적인 도움**이 되도록 작성했습니다. 제공해주신 샘플 문체를 반영하여 **친근하고 활기찬 어조**로 작성했어요.

---

### 🎁 실패 없는 크리스마스 선물 추천! 🎄 센스 만점 아이템 BEST 5!

안녕하세요, 블로그 이웃님들! 이제 정말 설레는 **크리스마스**가 코앞으로 다가왔어요! 거리에 럴만 들어도 마음이 몽글몽글해지죠? 🧡

하지만 이맘때쯤 찾아오는 **가장 큰 고민**이 있죠? 바로 **'크리스마스 선물 뭐 사지?'**입니 소중한 가족, 고마운 친구에게 어떤 선물을 해야 **센스 만점**이라는 소리를 들을 수 있을까요

고민은 이제 그만! **네이버 블로그 운영 전문가**가 **실패 확률 제로**인 **크리스마스 선물 BEST 5**를 엄선해서 추천 해 드립니다. 지금부터 센스 폭발하는 아이템들을 함께 만나보세요!

---

**1. 포근한 따뜻함 선물: 겨울 필수템, 고급 향 테라피 아이템**



---

 캐시미어 목도리와 장갑을 극사실적으로 그려 줘.

---

**블** **블로그 글 작성 도우미** · 사용자설정 Gem

알겠습니다! 캐시미어 목도리와 장갑을 극사실적으로 그려드릴게요.

**미션 1** | 이력서와 채용 정보 활용하여 취업 전략 세우기

🔘 [이력서 첨부], [채용 공고 첨부]
채용 공고와 나의 이력서를 검토해서 취업 전략을 제시해 줘.

**미션 2** | 회사가 바라는 자기소개서 작성하기

🔘 [이력서 첨부], [채용 공고 첨부]
위의 채용 공고와 나의 이력서를 활용해서 지원 동기, 성장 과정, 성격의 장단점, 직무 관련 경험 및 역량, 입사 후 포부 각 문항을 500자 내외로 작성해 줘.
바로 작성하지 말고 각 문항마다 나에게 질문하고 그 내용을 바탕으로 작성해 줘.

**미션 3** | 면접에서 받을 예상 질문과 모범 답변 준비하기

🔘 [자기소개서 첨부]
나의 자기소개서를 기준으로 1분짜리 자기소개 시나리오 만들어 줘.
역량, 인성 등 예상 질문 10개와 모범 답안 만들어 줘.



**각 미션 답안 예시 이미지 참조**(왼쪽부터 순서대로 미션 1, 2, 3)　　라이브 모드

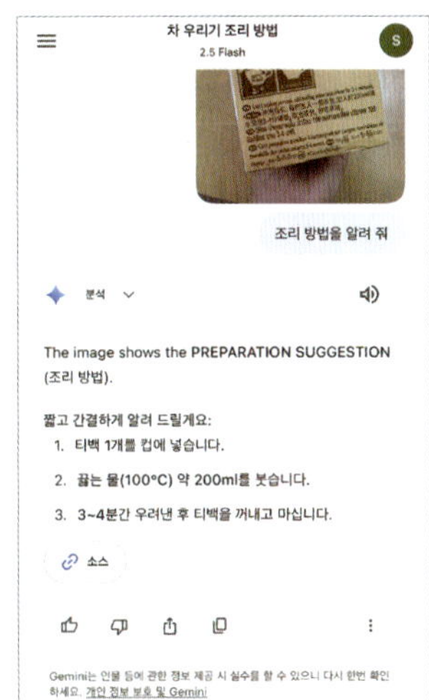

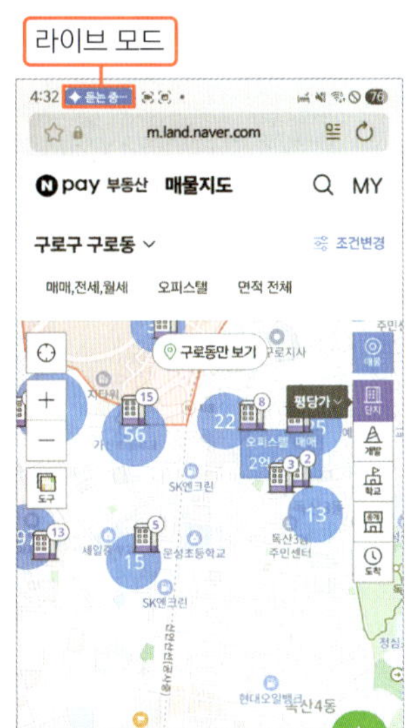

## 미션 1 │ 수준별 수학 문장제 문제 만들기

(예) 너는 초등학교 수학 문제 출제 전문가야. '시계와 시간'을 주제로 초등학교 2학년 학생들이 풀 수 있는 문장제 문제를 만들려고 해. 아래 조건에 맞춰 기초, 보통, 심화 3가지 난이도로 문제를 각각 3개씩 만들어 줘.

- 등장인물: 짱구와 친구들
- 배경: 짱구네 집, 떡잎 유치원, 놀이터
- 문제 형식: 이야기가 담긴 문장제 문제와 정답, 간단한 풀이 포함

## 미션 2 │ 수학 개념을 설명하는 짧은 영상 만들기

(예) #주제: 데칼코마니와 대칭의 첫 만남 #요구사항: 따뜻한 색감의 2D 애니메이션 스타일.

## 미션 3 │ 간단한 구구단 퀴즈 앱 만들기

(예) 초등학교 3학년을 위한 곱셈 구구단 퀴즈 앱을 만들어 줘. 객관식 문제가 5개씩 나오고, 디자인은 빨강, 노랑, 파랑 등 원색을 사용해서 알록달록하고 귀엽게 만들어 줘. 정답을 맞히면 '참 잘했어요!' 메시지를 보여 줘.